KB145141

자율주행
자동차 만들기 2/e

자율주행 자동차 만들기 2/e

자율주행의 원리부터 연구 사례까지

리우 샤오샨·리 리윤·탕 지에·우 슈앙·장 뤽 고디오 지음

남기혁·김은도·서영빈 옮김

i!i
에이콘

에이콘출판의 기틀을 마련하신 故 정완재 선생님 (1935-2004)

지은이 소개

리우 샤오샨^{Shaoshan Liu}(shaoshan.liu@perceptin.io)

자율주행 기술 기업 퍼셉트인^{PerceptIn}의 의장이자 공동 창업자다. 창사 이래, 퍼셉트인은 월든 인터내셔널^{Walden International}, 매트릭스 파트너스^{Matrix Partners}, 삼성 벤처스^{Samsung Ventures} 등 일류 벤처 캐피털사로부터 1200만 달러 이상의 투자를 유치했다. 퍼셉트인을 설립하기 전까지 바이두 USA, 링크드인^{LinkedIn}, 마이크로소프트^{Microsoft}, 마이크로소프트 리서치^{Microsoft Research}, INRIA, 인텔 리서치^{Intel Research}, 브로드컴^{Broadcom}을 포함한 주요 R&D 연구소에서 10년 이상의 경력을 쌓았다. UC 어바인에서 학부 및 대학원을 마치고 컴퓨터 공학 박사 학위를 취득했다. 60편 이상의 수준 높은 논문을 발표했고, 로보틱스와 자율주행에 대한 150개 이상의 미국 국제 특허를 보유하고 있으며, 베스트셀러 교과서인『자율주행 자동차 만들기』(에이콘, 2018)와『자율주행 차량과 로봇』(홍릉, 2021)의 주요 저자이기도 하다. IEEE의 시니어 회원이고, IEEE 컴퓨터 협회의 저명한 연사이며, ACM의 저명한 연사다. IEEE 자율주행 기술에 대한 스페셜 테크니컬 커뮤니티의 설립자이기도 하다.

리 리윤 Liyun Li

현재 캘리포니아 서니베일에 있는 바이두 실리콘밸리 연구센터에서 소프트웨어 아키텍트로 근무하고 있다. 바이두 자율주행 팀의 초기 멤버로서, 바이두 자율주행차를 위한 스마트 행위 결정, 모션 계획, 차량 제어를 비롯한 다양한 자율주행 기술을 개발하고 선도하고 있다. 바이두에 합류하기 전에는 현재 마이크로소프트에 인수된 링크드인 LinkedIn의 선임 소프트웨어 엔지니어로 근무했다. 뉴욕대에서 컴퓨터 과학 박사 학위를 취득했으며, 주요 연구 분야는 응용 머신러닝이다.

탕 지에 Jie Tang(cstangjie@scut.edu.cn)

현재 중국 광저우에 있는 SCUTSouth China University of Technology의 컴퓨터 과학 및 공학부 조교수로 근무하고 있다. SCUT에 부임하기 전에 UC 리버사이드와 클락슨 대학교에서 2013년 12월부터 2015년 8월까지 박사 과정 후 연구원으로 근무했다. 2006년 국방과학기술대학에서 컴퓨터 과학 학사를 2012년 베이징 이공대학에서 컴퓨터 과학 박사 학위를 취득했다. 2009년부터 2011년까지 UC 어바인의 PASCAL 랩에서 방문 연구원으로 근무했다.

우 슈앙 Shuang Wu

이투Yitu 사에서 과학자로 근무하고 있다. 미국 캘리포니아 서니베일에 있는 바이두 AI 랩에서 선임 연구원으로, 바이두 USDC에서 선임 아키텍트로 일했다. USC에서 물리학 박사 학위를 취득했고, UCLA에서 박사 과정 후 연구원으로 근무했다. 컴퓨터 및 생체 비전, 전산 광고와 음성 인식 분야의 응용 머신러닝을 연구했으며, NIPS와 ICML을 비롯한 여러 학회에 꾸준히 논문을 발표하고 있다.

장 뤽 고디오 Jean-Luc Gaudiot(gaudiot@uci.edu)

1976년 파리의 ESIEE에서 공학사를, UCLA에서 1977년 과 1982년에 석사와 박사 학위를 취득했다. 현재 UC 어 바인의 전기공학 및 컴퓨터 과학과 교수로 근무하고 있다. 2002년 UCI에 부임하기 전에 USC에서 1982년까지 전기 공학부 교수로 일했다. 주요 연구 분야는 멀티스레드 아키 텍처, 장애 대응fault-tolerant 멀티프로세서, 재설정 아키텍처 등이며, 지금까지 250편 이상의 저널 및 학회 논문을 발표 했다. NSF, DoE, DARPA뿐 아니라 다수의 산업체 지원으로 연구를 수행하고 있 다. IEEE 컴퓨터 소사이어티에서 다양한 직책을 수행했으며 2017년에는 회장으로 선출됐다.

| 옮긴이 소개 |

남기혁(kihyuk.nam@gmail.com)

고려대학교 컴퓨터학과에서 학부와 석사 과정을 마친 후 한국전자통신연구원ETRI에서 선임 연구원으로 재직하고 있으며, 현재 ㈜프리스티에서 네트워크 제어 및 검증 소프트웨어 개발 업무를 맡고 있다. 에이콘출판사에서 출간한 『GWT 구글 웹 툴킷』 (2008), 『자바 7의 새로운 기능』(2013), 『iOS 해킹과 보안 가이드』(2014), 『Neutron 오픈스택 네트워킹』(2015), 『실전 IoT 네트워크 프로그래밍』(2015), 『현대 네트워크 기초 이론』(2016), 『도커 컨테이너』(2017), 『스마트 IoT 프로젝트』(2017), 『파이썬으로 배우는 인공지능』(2017), 『메이커를 위한 실전 모터 가이드』(2018), 『트러블 슈팅 도커』 (2018), 『Go 마스터하기 2/e』(2021) 등을 번역했다.

김은도(maniada2@gmail.com)

한양대학교에서 응용물리학과를 졸업한 뒤 과학기술연합대학원대학교UST를 통해 한국전자통신연구원 표준연구본부에 근무하며 정보통신네트워크공학을 전공으로 박사 학위를 취득했다. 현재는 KT 융합기술원 인프라연구소에 선임연구원으로 재직 중이며 주 연구 분야는 SDN과 NFV다. ICT-DIY 활동에 관심이 많아, 대학원생 시절 ICT-DIY 커뮤니티의 리더를 역임하기도 했다.

서영빈(dudqls103@gmail.com)

서울시립대학교에서 기계정보공학을 전공한 후 현재 과학기술연합대학원대학교에서 무기체계공학을 전공으로 박사 과정을 밟고 있다. 복합항법을 중점으로 위성항법으로도, 순수항법으로도 연구하면서 다양한 분야를 공부하고 있다. 지금은 베이지안 필터 이론을 하나 만들어 지형대조항법과 엮어볼 궁리를 하는 중이다. 일 이외에는 게임이나 야구, 연주로 시간을 보내고 있지만 아직은 연구가 제일 재미있다.

| 옮긴이의 말 |

자율주행 기술이란 말을 들은 지는 꽤 됐지만 정말 빠르게 발전하고 실제로도 적용된다고 생각하게 된 것은 최근 몇 년 사이였습니다. 탈 수 있을 거라는 막연한 상상과 믿고 탈 수 있을지에 관해 의심을 갖고 있던 터라 현재 자율주행 자동차의 수준을 보면 더욱 놀랍습니다. 이번 책은 자율주행 자동차에 관련된 기본 기술부터 구현 원리까지 얇지만 핵심 주제를 모두 다루고 있습니다. 특히 퍼셉트인^{Perceptln}을 창업한 공저자의 경험이 담긴 부분은 인상적입니다. 로컬라이제이션을 비롯한 일부 장은 수식이 많이 들어가고 논문 같은 딱딱함이 남아 있지만, 전반적인 기술을 파악하는 데는 부족함이 없습니다.

자율주행 기술은 근본적으로 다양한 기술의 융합이 필요해서 이번 번역은 다양한 배경을 가진 역자들이 공동으로 작업했습니다. 항상 그렇듯이 빠른 이해에 중점을 두고 번역했습니다. 용어도 완벽한 한글화를 추구하기보다는 이해에 도움된다면 과감히 음차 표기로 진행했습니다. 항상 좋은 책을 소개해주시는 에이콘출판사 대표님과 편집부 임직원께 감사드립니다. 바쁜 시간 쪼개면서 까다로운 요구사항을 묵묵히 받아준 공역자 은도 씨와 영빈 씨, 현업 동향과 용어에 대해 소중한 조언을 해준 손영준 연구원에게도 감사의 말을 전합니다.

– 남기혁

하드웨어 및 소프트웨어 기술의 눈부신 발전을 통해 컴퓨터의 성능이 지속적인 향상을 거듭하며 크기 또한 소형화되면서 이제는 감히 상상하기도 힘들 정도의 방대한 데이터를 빠르게 처리 가능한, 소위 빅데이터의 시대가 열렸다. 빅데이터 기술의 발전은 인공지능이라는 또 다른 이슈를 낳았으며, 거기에 안정적인 초고속 통신 기술이 더해져 급기야 어릴 적 상상 속에만 존재했던 자율주행 기술을 현실로 만들었다.

이 책에서는 자율주행 차량의 역사에서 출발해 핵심 인프라 및 알고리듬과 다양한 인공지능 기법 적용에 이르기까지의 모든 내용을 모듈별로 나눈 뒤 적합한 시나리오를 예로 들어 상세히 설명하고 있다. 특히 글만으로는 이해하기 힘든 복잡한 자율주행 관련 핵심 알고리듬을 그림을 통해 효과적으로 설명하고 있어, 학계와 산업계를 막론하고 자율주행 기술을 공부하려는 모든 사람에게 입문서 같은 책이 될 것이다. 이 책을 통해 자율주행 기술 분야에 입문한 수많은 공학도들이 미래 대한민국의 자율주행 산업을 선도할 수 있기를 희망한다.

나 역시도 이러한 훌륭한 기술 서적의 번역서 출판 작업에 참여하며 해당 분야에 대해 다시금 학습할 수 있는 좋은 기회가 돼 큰 보람을 느낀다. 마지막으로, 번역 작업의 총괄로서 번역의 기회를 마련해준 남기혁 님에게 진심으로 감사하며, 함께 번역에 참여한 서영빈 님, 손영준 님에게도 깊은 감사의 말을 전한다.

– 김은도

이 책을 통해 자율주행 차량이 무엇인지부터 시작해 어떤 센서를 활용하는지, 어떤 알고리듬을 적용하는지, 어떤 요소를 고려해야 하는지를 알 수 있다. 자율주행을 본격적으로 다루는 사람보다는 자율주행을 처음 시도하는 사람에게 적절한 책이다. 해당 절에 대한 논문을 묶은 느낌이지만, 공학에 기본적인 지식이 있는 사람이라면 큰 무리 없이 읽을 수 있으리라 생각한다.

최대한 저자가 의도한 부분을 살려 번역하려고 노력했다. 한글로 번역한 후 나중에 다시 보니 의미가 달라지는 경우도 있었는데, 독자들이 혼란에 빠지지 않도록 재차 수정해 최대한 오역을 제거했다. 특히, 영어 그대로 읽는 단어들을 어떻게 번역해야 할지 고민이 많았다. 주변의 연구원에게 물어봐도 딱히 와 닿는 답변을 듣지 못한 경우도 있었다. 최대한 국내에서 발표된 논문에서 사용되고 있는 한글 용어들을 적용하고, 특별히 한글 명칭이 나와 있지 않을 때는 의미를 살릴 수 있는 한글 명칭으로 번역했다.

번역을 시작하고 나서 계절이 몇 번이나 바뀌었다. 오랫동안 신경 쓴 만큼 좋은 품질의 책이 만들어졌기를 바란다. 또한 나를 번역의 세계로 인도해주시기도 했고 같이 이 책의 번역에 참여하신 KT의 김은도 선임연구원님께도 감사를 드린다. 번역을 꼼꼼히 체크해주시고 항상 인생에 도움이 될 말씀을 해주시며, 번역에 함께 힘내주신 남기혁 대표님에게도 깊은 감사의 말씀을 드리고 싶다.

– 서영빈

| 차례 |

03   자율주행을 위한 인지   107

| 요약 |

이 책은 컴퓨터 및 공학 지식을 갖춘 일반 독자를 대상으로 자율주행 자동차에 관련된 기술의 전반을 소개한다. 저자가 자율주행 자동차 시스템을 설계하면서 얻은 실전 경험이 담겨 있다. 자율주행 자동차를 위한 시스템은 크게 세 가지 서브시스템 즉, (1) 로컬라이제이션, 인지, 계획, 제어를 위한 알고리듬, (2) 로보틱스 OS 및 하드웨어 플랫폼을 비롯한 클라이언트 시스템, (3) 데이터 스토리지, 시뮬레이션, HD 매핑, 딥러닝 모델 트레이닝을 위한 클라우드 플랫폼 등이 복잡하게 구성된다. 알고리듬 서브시스템은 센서에서 수집한 원본 데이터로부터 추출한 의미 있는 정보를 통해 환경을 파악하고, 향후의 동작을 결정한다. 클라이언트 서브시스템은 실시간 및 신뢰성 요구사항을 만족하도록 알고리듬을 통합한다. 클라우드 플랫폼은 자율주행 차량을 위한 오프라인 컴퓨팅 및 스토리지 기능을 제공한다. 클라우드 플랫폼을 활용함으로써 새로운 알고리듬을 테스트하고 HD 맵을 업데이트할 수 있을 뿐 아니라, 인식과 추적과 의사결정 모델에 대한 트레이닝을 향상할 수 있다.

초판이 많은 대학교에서 자율주행 강의에 교재로 채택되고 독자들로부터 많은 유용한 의견과 피드백을 받았다. 이를 바탕으로, 개정판에서는 여러 장을 확장하거나 새로 작성했으며 2건의 상용 사례 연구를 추가했다. 또한 강사들이 강의에서 이 책을 더 잘 활용할 수 있도록 1장을 시작하기 전에 '책을 통한 교육과 학습'이라는 제목의 장을 추가했다. 개정판은 자율주행의 최신 발전을 살펴보고, 상용 자율주행 프로젝트에 독자들이 학습한 내용을 활용하는 방법을 더 잘 이해할 수 있도록 실질적인 사례 연구를 담았다.

학생이나 연구원뿐만 아니라 개발자에게도 도움이 되는 책이다. 자율주행에 관심 있는 학부생이나 대학원생이라면 자율주행을 구성하는 전반적인 기술을 모두 살펴볼 수 있다. 자율주행 시스템을 개발하는 현업 개발자라면, 이 책에서 소개하는 여러 가지 실전 기술을 참조할 수 있다. 연구원도 다양한 기술을 효과적이면서 깊이 있게 다루는 방대한 참고문헌을 참고할 수 있을 것이다.

키워드
자율주행, 무인 자동차, 인지, 자동차 로컬라이제이션, 계획 및 제어, 자율주행 하드웨어 플랫폼, 자율주행 클라우드 인프라스트럭처

| 들어가며 |

자율주행 기술은 육지를 달리거나 물 위를 달리거나 하늘을 날아다니는 등, 다양한 형태의 이동 수단에 적용되고 있다. 구체적인 응용 분야 또한 무인 택시 서비스부터 주요 지역에 대한 자동 공중 감시 시스템에 이르기까지 굉장히 다양하다. 자율주행 기술은 지난 수십 년 동안 꾸준히 발전하면서 현재 수준의 혁신을 이뤘지만, 이동 수단의 유용성과 효율성, 무엇보다도 중요한 안전성을 보장하기 위해서는 설계 과정의 수많은 난제를 해결해야 한다.

이 책은 난제들을 개괄적으로 소개하고 문제를 해결하기 위한 공통적인 방법을 제시하고자 집필했다. 자율주행 시스템의 궁극적인 성공을 위해서는 높은 기술 수준, 하드웨어와 소프트웨어의 완전한 통합, (클라우드 서버 같은) 고정형resident 플랫폼과의 긴밀한 시너지 효과 등이 반드시 필요하다. 이 책은 지상을 주행하는 자동차를 중점적으로 소개한다. 그중 특히 도심이나 교외의 도로, 그리고 오프로드도 달리는 자동차를 대상으로 설명한다. 학계뿐만 아니라 산업계 엔지니어 독자들에게 주변 환경의 감지에서 인지, 행동이나 클라우드 기반 서버 지원에 이르기까지, 자율주행 자동차를 개발하는 과정에서 부딪히는 문제와 해결 방법, 향후 연구 주제 등을 개괄적으로 소개한다. 부족한 설명을 보완하기 위해 방대한 참고문헌을 제공했는데, 그동안 이 분야에 쌓인 연구 기술 결과 더미에서 방향을 찾아가는 데 도움이 될 것이다.

이 책의 초판은 큰 호평을 받아 많은 대학의 자율주행 강의와 기업 내부 교육에 채택됐다(책의 자세한 내용은 '책을 통한 교육과 학습'에서 확인할 수 있다). 독자들로부터 수많은 유용한 의견과 피드백을 받은 것이 매우 다행이라 생각한다. 이는 개정판의 내용과 품질의 향상에 큰 도움이 됐다. 개정판에서는 독자의 의견과 피드백을 바탕으로 다음과 같은 요소를 개선했다. 우선 3장과 4장을 확장해 최신 인지 기술을 포함시켰고, 내용을 더 쉽게 이해할 수 있도록 5장, 6장, 7장을 다시 작성했으며, 10장과 11장에 두 가지 상용 사례 연구를 추가해 독자들이 실제 환경에서 책에서 배운 내용을 적용하는 방법을 쉽게 이해할 수 있도록 했다. 또한 강의에서 책을 더 잘 활용할 수 있도록 '책을 통한 교육과 학습'이라는 장을 추가했다. 개정판이 자율주행의 최신 발전을 포착하고, 독자들이 학습한 내용을 상용 자율주행 프로젝트에 활용할 수 있도록 실질적인 사례 연구를 제시했다고 생각한다.

이 책의 구성

1장, '자율주행 개요'에서는 IT의 간략한 역사와 자율주행 시스템에 관련된 알고리듬과 시스템의 아키텍처와 이를 뒷받침하는 데 필요한 인프라스트럭처를 소개한다. 2장, '자율주행을 위한 로컬라이제이션'에서는 자율주행에서 가장 중요한 작업인 로컬라이제이션의 개념과 이를 위해 가장 많이 사용하는 접근 방식을 설명한다. GNSS, INS, LiDAR, 휠 오도메트리에 관련된 원칙과 장단점을 상세히 소개하고, 이러한 기법을 다양한 방식으로 통합하는 방법도 살펴본다. 3장, '자율주행을 위한 인지'에서는 센서 데이터를 통해 주변 환경을 파악하는 인지 기법을 살펴본다. 이 과정에서 장면 이해, 이미지 플로우, 추적 등에 현재 사용하고 있는 다양한 알고리듬을 소개한다. 이미지 분류, 개체 탐지, 의미 분할 등에 사용되는 대용량 데이터 세트와 굉장히 복잡한 연산은 인지 작업에 널리 사용되는 딥러닝 기법으로 처리하는 것이 가장 효과적인데, 이를 이용해 탐지, 의미 분할, 이미지 플로우를 처리하는 방법은 4장, '딥러닝을 통한 자율주행의 인지'에서 자세히 다룬다. 자율주행 자동차가 주변 환경을 파악했다면 향후 발생 가능한 이벤트(예: 주변에 있는 다른 차량의 움직임)를 어떻게든 예측해서 차량의 이동 경로를 계획해야 한다. 여기에 대해서는 5장, '예측 및 경로 계획'에서 다룬다. 6장, '결정, 계획, 제어'에서는 동작 결정, 계획, 제어를 좀 더 상세히 소개한다. 상명하달식 의사결정뿐 아니라, (한 모듈은 차로 변경을 추천하고, 다른 모듈은 그 차로에서 장애물을 감지한 경우처럼) 대립되는 결정사항을 조율하는 과정에서 모듈끼리 피드백을 주고받아야 하는데, 이를 위해 행위(동작) 기반 의사결정(예: 마르코프 결정 프로세스, 시나리오 기반 분할 정복)과 동작 계획에 대한 알고리듬이 중요하다. 처리 과정은 강화 학습 기반의 계획 및 제어 기법으로 보완할 수 있다. 7장, '강화 학습 기반의 계획 및 제어'에서는 다양한 상황에 대한 시나리오에 완벽히 대처하도록 강화 학습 기법을 자율주행 시스템에 통합하는 방법을 설명한다. 지금까지 설명한 기법은 모두 시스템 하부에 있는 온보드 컴퓨팅 플랫폼을 통해 실행되는데, 이를 8장, '자율주행을 위한 클라이언트 시스템'에서 소개한다. ROS의 개요를 설명한 뒤, 실제 하드웨어에서 적용하는 방법을 간략히 소개한다. 실시간 컴퓨팅 요구사항뿐 아니라 온보드 고려사항(전력 소모 및 방열)을 충족시키는 데 굉장히 중요한 이기종 컴퓨팅도 설명한다. 다시 말해 범용 CPU부터 GPU, FPGA를 비롯한 다양한 프로세싱 유닛을 함께 사용해야 한다. 9장, '자율주행을 위한 클라우드 플랫폼'에서는 지금까지 설명한 모든 기술을 하나로 엮는 데 필요한, 다시 말해 클라우드 플랫폼은 새로 배치할 알고리듬에 대한 분산 시뮬레이션 테스트나 오프라인 딥러닝 모델 트레이닝, 고정밀HD 맵 생성 등에 대한 서비스를 제공하는 데 필요한 클라우드 플랫폼용 인프라스트럭처를 소개한다. 10장, '복잡한 교통 환경에서의 자율주행 라스트마일 배송 차량'에서는 복잡한 교통 환경에서 작동하는 상용 자율주행 라스트마일 배송 차량에 대한 사례 연구를 제시한다. 11장, '퍼셉트인 자율주행 자동차'에서는 마이크로트랜짓 서비스를 위한 합리적인 가격의 자율주행 자동차에 대한 사례 연구를 제시한다.

오탈자

내용을 정확하게 전달하려고 최선을 다했지만, 실수가 있을 수 있다. 책에서 텍스트상의 문제를 발견해서 알려준다면, 매우 감사하게 생각할 것이다. 오자를 발견한다면 http://www.acornpub.co.kr/contact/errata에서 구체적인 내용을 알려주기 바란다. 보내준 내용이 확인되면 해당 서적의 정오표에 그 내용이 추가될 것이다. 정오표는 에이콘출판사의 도서정보 페이지 http://www.acornpub.co.kr/book/autonomous-vehicle-systems-2e에서 찾아볼 수 있다.

질문

이 책에 관한 질문은 옮긴이의 이메일이나 에이콘출판사 편집 팀(editor@acornpub.co.kr)으로 문의할 수 있다.

책을 통한 교육과 학습

1. 서론

자율주행은 최근 몇 년 간 학계와 산업에서 상당히 인기있는 주제이나, 이 분야의 인재의 공급이 제한적이라는 장벽이 빠른 발전을 가로막고 있다. 이러한 현상이 발생하는 데는 몇 가지 이유가 있다. 첫째, 우선 자율주행은 다양한 기술이 복잡하게 섞여있어 가르치기 어렵다. 둘째, 대부분의 자율주행 강의는 복잡한 자율주행 기술 스택에서 한 가지 기술에 집중하기 때문에 자율주행 기술을 포괄적으로 소개할 수 없다. 셋째, 좋은 통합 실험이 없다면 학생들이 서로 다른 기술 조각 사이의 상호작용을 이해하기 어렵다.

문제를 해결하기 위해, 자율주행 강의에 사용되는 위한 모듈식 통합 접근 방식을 개발했다. 자율주행에 관심이 있는 학생들에게 있어 이 책은 전체 자율주행 기술 스택에 대한 포괄적인 개요를 제공한다. 실무자들에게 있어 이 책은 특정 모듈에 대한 효과적이고 깊은 탐색에 도움이 되는 실질적인 기술과 많은 참고 자료를 제공한다. 또한 학생들이 서로 다른 모듈 사이의 상호작용을 이해할 수 있도록 통합 실습 실험 플랫폼을 개발했다. 교육 방식은 자율주행 기술의 개요에서 시작하고, 서로 다른 기술 모듈을 거쳐 통합 실험으로 끝난다. 모듈의 순서는 학생들의 배경과 관심 수준에 따라 유연하게 조정할 수 있다는 점에 유의해야 한다. 이 방식을 기술적 배경이 제한적인 학부생들을 위한 자율주행 강의 소개, 대학원생 수준의 임베디드 시스템 강의, 그리고 숙련 엔지니어를 위한 2주 간의 전문 교육 등 세 가지 시나리오에 이 방식을 성공적으로 적용했다.

개요의 나머지 내용은 다음과 같이 구성된다. 2장에서는 기존의 자율주행 강의를 논평한다. 3장은 제안된 모듈식 통합 교습 방법을 자세히 설명한다. 4장에서는 제안된 강의 방법을 적용한 세 가지 사례 연구를 제시하고 5장에서 결론을 맺는다.

2. 기존의 자율주행 강의

자율주행은 학계와 산업계의 이목을 끌고 있다. 그러나 포괄적이고 복잡한 자율주행 시스템은 인지, 로컬라이제이션, 의사결정, 실시간 운영 체제, 이기종 컴퓨팅heterogeneous computing, 그래픽/비디오 프로세싱, 클라우드 컴퓨팅 등과 같은 다양한 기술이 포함된다. 이러한 특성으로 인해 강사들은 자율주행에 연관된 기술의 모든 측면을 숙달해야 하는데, 학생들은 기술들의 상호작용을 이해하기가 훨씬 어렵다.

문제 기반 학습PBL, Problem-Based Learning은 자율주행에 연관된 지식과 기술을 가르치기 위한 현실적이고 실용적인 방법이다[20]. 코스타 등(Costa et al.)은 학생들이 자율주행 시스템을 설계하고 이해할 수 있도록 Gazebo 3D 시뮬레이터가 통합된 시뮬레이터를 개발했다[13]. 실증으로부터의 교육 방법론 측면에서, 아르날디 등(Arnaldi et al.)은 소형 자율주행 자동차를 위한 임베디드 프로그래밍을 구현해 기계 학습 애플리케이션을 위한 합리적인 구성을 제안했다[14]. 그러나 이러한 접근 방식은 일반적으로 기계 학습과 같은 한두 가지 기술만 다루며 전체 시스템을 포괄적으로 이해할 수는 없다.

일부 주요 대학들은 이미 자율주행과 관련된 강좌를 제공하고 있다. MIT는 자율주행을 위한 두 가지 과정을 제공한다. 첫 번째 과정은 인공지능에 초점을 맞추고 있으며, 일반인과 재학생 모두 온라인으로 이용할 수 있다. 온라인에서 딥러닝, 강화학습, 로보틱스, 심리학 등의 주제에 대해 여러 명의 연사를 초청하는 방식으로 진행된다[15]. 다른 과정에서는 자율주행 자동차에 대한 딥러닝에 집중하고, 자율주행 자동차를 만들면서 딥러닝에 관해 가르친다[16]. 스탠퍼드 대학 또한 자율주행에 사용될 수 있는 핵심 인공지능 기술을 소개하는 과정을 제공한다[17]. 그러나 강의는 모두 기계학습에 초점을 맞추고 있으며 자율주행에 관련된 다른 기술은 크게 다루지 않아 학생들이 자율주행 시스템을 포괄적으로 이해하는 것이 쉽지 않다.

실험 플랫폼과 경쟁 개발competition development의 측면에서, 폴 등(Paul et al.)은 자율교육 및 연구를 위한 저가의 오픈소스 플랫폼 덕키타운Duckietown을 제안했다[18]. 덕키타운의 자율주행 자동차에는 라즈베리 파이2 및 센싱을 위한 단안 카메라가 탑재돼 있다. 또한 많은 학생들의 열정을 자극하고 자율주행과 관련된 교통 시스템의 핵심 기술 학습을 장려하기 위해 많은 자율주행 대회가 개최됐다[19, 21–23]. 그러나 플랫폼을 사용해 대회에 참가하려면 학생들이 자율주행에 관련된 기본적인 기술을 먼저 이해해야 하는데, 현재 교육과정이 부족하다.

숙련된 자율주행 연구자 및 실무자로서, 자율주행 자동차 시스템의 제작법을 배우는 가장 좋은 방법은 각 기술 모듈의 기본 개념을 파악한 다음 모듈을 통합해 상호 작용 방식을 이해하는 것이라고 생각한다. 기존의 자율주행 강의는 한두 가지 기술에 집중하거나, 학생들이 직접 자율주행 자동차를 제작하도록 했다. 그 결과, 개별 기술 모듈과 시스템 통합 사이의 단절이 생겼으며, 자율주행에 관심이 있는 학생이 높은 진입 장벽을 느끼게 하거나 심지어는 진출하지 못하게 했다. 문제를 해결하기 위해 자율주행 교육을 통해 축적된 경험을 공유하기 위해 설계한 모듈식 통합 접근 방식을 소개할 것이다.

3. 모듈식 통합 교육 접근 방식

자율주행에 적용되는 여러 기술들은 자율주행 교육을 매우 까다롭게 하는 문제를 해결하기 위해 자율주행을 위한 모듈식 통합 교육 방법을 제안한다. 구현을 위해 포괄적인 자율주행 교육이 가능하도록 교재나 멀티미디어 온라인 강의와 같은 모듈식 교육 자료를 개발했다.

3.1 교육 방법

지난 몇 년 동안, 학부 및 대학원 수준의 강의와 더불어 새로운 엔지니어에게 자율주행의 개념을 가르쳤는데 자율주행이 복잡하다는 인식으로 인해 학생들이 배움을 꺼린다는 점을 알게 됐다. 자율주행 분야에 진입하는 숙련 엔지니어들조차도 자율주행이 수많은 생소한 주제를 다루기 때문에 큰 스트레스를 받는다고(다른 말로 하자면, 이런 이유가 그들을 불편하게 만들었다고) 한다.

　반면, 모듈식 통합 접근 방식은 자율주행을 가르치기 위한 효과적인 방법이라는 것이 밝혀졌다. 모듈식 통합 접근 방식은 복잡한 자율주행 기술 스택을 모듈로 나누고, 학생들이 가장 익숙한 모듈에서 시작해 다음 모듈로 넘어가도록 한다. 이를 통해 학생들은 높은 흥미를 유지하고 전체 학습 과정에서 만족스러운 진전을 이룰 수 있다. 모든 모듈을 살펴본 다음, 학생들은 모듈 사이의 상호작용을 이해하기 위한 몇 가지 통합 실험을 수행하게 된다. 교육 방법의 효과가 올라가는 것 외에도, 이 접근 방식은 강사들이 기술적 배경이 거의 없는 학부생, 일반적인 컴퓨터 과학 지식을 갖춘 대학원생, 특정 분야의 전문적인 지식을 갖춘 숙련 기술자와 같이 서로 다른 기술적 배경을 가진 학생들의 요구에 맞춰 강의 커리큘럼을 유연하게 조절할 수 있도록 해 준다.

그림 1은 제안된 모듈식 통합 교육 접근 방식을 묘사한다. 그림 1에서 강의는 9개의 모듈과 통합 실험으로 구성된다. 학부생과 대학원생은 자율주행 기술에 대한 일반적인 개요부터 시작할 수 있지만, 학부생은 관련 기술의 기초를 이해하는 데 더 많은 시간이 필요할 수 있다. 학생은 전통적인 인지와 딥러닝을 활용한 인지를 거쳐 로컬라이제이션으로 넘어갈 수 있다. 다음 과정에서 학생들은 계획, 제어, 모션 플래닝motion planning, 엔드 투 엔드 계획을 비롯한 의사결정 파이프라인을 배울 수 있다. 이 과정을 마친 학생들은 클라이언트 시스템과 클라우드 플랫폼을 자세히 살펴볼 수 있다. 마지막으로 모듈 간의 상호작용을 이해하기 위한 통합 실험을 수행할 수 있다.

임베디드 시스템에 대한 배경 지식이 충분한 숙련 엔지니어는 일반적인 개요에서 시작해 곧바로 클라이언트 시스템 모듈로 이동해 익숙한 관점에서 새로운 자료에 친숙해질 수 있으므로 높은 흥미도를 유지할 수 있다. 숙련 엔지니어들은 클라우드 플랫폼 모듈로 이동할 수 있다. 클라우드 플랫폼 모듈은 클라이언트 시스템 모듈

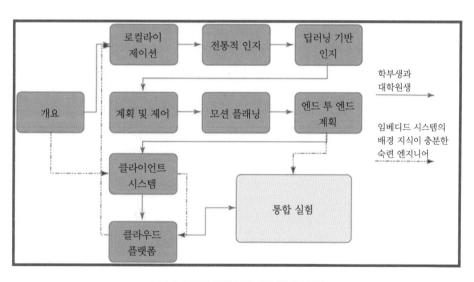

그림 1 모듈식 통합 교육 접근 방식의 예시

과 마찬가지로 숙련 엔지니어들에게 익숙한 시스템 디자인에 초점을 맞춘다. 모듈을 숙달한 순간, 숙련 엔지니어들은 나머지 모듈을 학습할 수 있는 충분한 배경 지식과 자신감을 갖추게 된다.

3.2 모듈식 교육 자료

자율주행 기술 스택의 주요 모듈을 모두 다루기 위해 **자율주행 자동차 만들기**Creating Autonomous Vehicle Systems의 개정판을 제작했다. 이 책은 자율주행 자동차 시스템을 실제로 구축한 경험을 공유하는 기술적 개요를 담았다. 자율주행 자동차 시스템의 개요를 제공하는 9개의 장과 로컬라이제이션 기술 설명에 이어 전통적인 인지 기술, 딥러닝 기반 인지, (특히 예측 및 라우팅 기술에 대한) 계획과 제어 하위 시스템, 계획과 제어 하위 시스템을 위한 모션 플래닝 및 피드백 컨트롤, 강화학습 기반 계획 및 제어, 클라이언트 시스템 디자인의 세부 정보, 자율주행을 위한 클라우드 플랫폼의 세부 정보를 다룬다.

이 책은 학생, 연구자, 실무자 모두를 대상으로 한다. 자율주행에 관심이 있는 학부생과 대학원생에게 전체 자율주행 기술 스택에 대한 포괄적인 개요를 제공한다. 자율주행 실무자들에게 있어 이 책은 자율주행 시스템의 구현에 대해 다양한 실용적 기술을, 연구자에게 다양한 기술을 효과적으로 심층 탐구하기 위한 많은 참고 자료를 제공한다.

이 책에 덧붙여, IEEE Computer Society와 O'Reilly와 협력해 각 모듈을 소개하는 온라인 강의를 제작했다[5, 6]. 온라인 강의를 통해 멀티미디어 프레젠테이션과 더불어 학생들이 특정한 기술을 심도 있게 이해할 수 있을 것이다.

3.3 통합 실험 플랫폼

자율주행 교육의 공통적인 문제는 실험 플랫폼이 부족하다는 것이다. 자율주행 강의에서 새로 개발한 알고리듬의 성능을 검증하기 위해 대부분 시뮬레이터를 사용한다[11]. 그럼에도 불구하고, 시뮬레이션 접근 방식은 학생들이 서로 다른 모듈의 상호작용을 이해할 수 있는 환경을 제공하지 못한다. 자율주행 자동차를 실험 플랫폼으로 사용하는 것은 실용적이지 못한데, 시범 자율주행 자동차는 80만 달러가 넘는 비용이 들기 때문이다.

통합 실험을 수행하는 간단한 방법은 휴대전화와 같은 모바일 플랫폼을 사용하는 것이다. 오늘날 휴대전화는 대개 (GPS, IMU, 카메라 등) 많은 센서와 강력한 (CPU, GPU, DSP를 포함하는) 이기종 컴퓨팅 플랫폼으로 구성된다. 따라서 휴대전화는 로컬라이제이션과 인지에 있어 훌륭한 통합 실험 플랫폼으로 사용될 수 있다. '휴대전화 기반 퍼셉트인 로봇 시스템Perceptin Robot System Running on a Cell Phone' 영상에서 볼 수 있듯이, 실시간 로컬라이제이션이나 장애물 탐지 및 회피뿐 아니라 시속 5마일로 모바일 로봇을 조종할 수 있는 삼성 갤럭시 7의 계획 및 제어 기능을 성공적으로 구현했다.

4. 사례 연구

몇몇의 기관과 대학들은 실험 플랫폼과 교육 방식을 이미 채택했거나 채택하는 과정에 있다. 앞서 언급한 교육 방식과 자료를 적용한 세 가지 사례 연구를 제시한다. 첫번째 사례 연구는 기술적 배경이 부족한 학부생들을 위한 자율주행 강의를, 두 번째 사례 연구는 자율주행에 대한 세션을 추가한 대학원 수준의 임베디드 시스템 강의를 소개한다. 마지막 사례 연구는 숙련 엔지니어를 위한 2주 간의 전문 교육을 소개한다. 세 가지 사례 연구는 이 책에서 자율주행을 가르치기 위한 제안한 접근 방식의 유연성을 입증하기 위해 신중하게 선정됐다.

4.1 자율주행 교육 소개
자율주행 입문 강의는 학부생 및 대학원생을 대상으로 하며, 분기나 학기에 따라 15~20개의 강의로 구성된다. 또한 통합 실험을 위한 20시간의 실험 세션이 포함된다. 강의의 전체적인 목표는 프로그래밍, 알고리듬, 운영체제에 대한 기본적인 지식이 있는 학생들에게 자율주행의 기술적 개요를 제공하는 것이다.

학생들의 배경 지식은 제한적이기 때문에 모든 모듈에 완전히 숙달될 수는 없다. 다만 관심 있는 모듈을 탐구할 수 있도록 흥미를 유지하고 기본 지식을 갖추게 하는 것이 목표다. 이를 위해 그림 1의 접근 방식을 따라 강의를 9개의 모듈로 분할했다. 각 세션을 시작할 때에는 '자율주행 자동차 만들기Creating Autonomous Vehicle Systems'와 같이 짧은 영상을 재생해 기술의 요약과 데모를 제공하는 방식으로 높은 흥미도를 유지한다[5]. 그 다음 각 기술의 구현을 자세히 설명한다. 또한 학생들이 통합 실험을 수행하도록 하기 위해 수업 시간 내내 휴대전화를 사용하게 한다. 특히 로컬라이제이션 실험에서 학생들은 실시간 GPS 로컬라이제이션 데이터를 추출하고, IMU 데이터와 융합해 로컬라이제이션 데이터를 개선한다. 인지 실험에서 학생들은 휴대전화에 MXNET와 같은 딥러닝 프레임워크를 설치하고 간단한 물체 인식 네트워크를 실행해 본다.

학생들이 서로 다른 모듈의 상호작용을 깊이 이해하도록 다중 통합 실험을 개발했다. 입문자들을 위한 강의이기 때문에 GPS, IMU, 카메라 데이터를 융합해 실시간으로 정확한 위치를 갱신하는 것과 같은 상급 통합 실험을 위한 기술적 배경은 충분히 제공되지 않는다. 문제를 해결하기 위해 학생들은 충분한 기술적 배경을 얻을 수 있도록 스스로 연구하고, 상당한 시간과 노력을 들여 실험을 수행해야 한다. 사실 어떤 학생도 상급 과제를 해결할 수 없을 것이라고 생각했다. 놀랍게도, 8%의 학생들이 상급 과제를 성공적으로 해결할 수 있었다. 이러한 결과는 모듈식 통합 교육 접근 방식을 통해 학생들이 기술에 대한 포괄적인 개요를 얻을뿐 아니라 관심 있는 모듈을 탐구해 전문가가 될 수 있음을 보여준다.

4.2 임베디드 시스템 강의에 자율주행 자료를 추가하기

기존 대학원 수준의 임베디드 시스템 강의에 어떻게 자율주행 시스템이 임베디드 시스템에 통합되는지 살펴보는 세션을 추가했다. 임베디드 시스템 강의는 한 학기에 60시간의 강좌와 20시간의 실험으로 진행되는데, 그중에서 6시간의 강좌와 10시간의 실험을 자율주행을 위해 배정했다. 강의를 시작하기 전에 학생들이 자율주행으로 공학 경력을 시작할 생각이 있는지를 조사했다. 대부분 학생은 많은 관심을 보였지만, 동시에 자율주행이 그들에게 너무나도 복잡할 것을 우려했다는 점이 흥미로웠다.

자율주행 시스템의 설계에 대한 학생들의 걱정을 덜어주기 위해, 학생들이 이기종 컴퓨팅과 같은 다양한 소프트웨어 및 하드웨어 최적화 기술을 이용해 임베디드 시스템을 설계하고 구현하는 기초 기술을 파악한 다음 강의 마지막에 자율주행 세션을 도입했다. 사례 연구 세션을 시작하기 전에는 자율주행에 대한 학생들의 이해가 개념적인 수준으로 제한됐다. 56명의 등록된 학생들 중 불과 10명의 학생들만이 로컬라이제이션과 인지와 같은 자율주행 관련 기술을 나열할 수 있었지만, 누구도 이러한 기술의 세부 사항을 이해하지는 못했다.

세션에서 사용할 수 있는 시간은 제한돼 있어, 자율주행의 개요를 제시한 다음 두 모듈–로컬라이제이션과 인지에 초점을 맞췄다. 로컬라이제이션에 쓰이는 ORB-SLAM[9]와 개체 탐지에 쓰이는 SqeezeNet[10]과 같은 두 가지 간단한 알고리듬을 구현하는 것을 자세히 다뤘다. 학생을 4인 1조로 편성해 안드로이드 휴대전화를 이용한 통합 실험을 수행시켰고, CPU만을 사용할 때와 GPU나 DSP와 같은 이기종 컴퓨팅 구성 요소를 사용할 때의 성능을 비교하도록 했다. 프로젝트를 완료한 후, 학생들은 그들이 선택한 디자인을 요약하고 수업 시간에 디자인 결과를 발표하게 된다. 발표를 통해 학생들이 다른 그룹이 사용하는 기술을 이해하고, 서로 배워 나갈 수 있게 해 준다.

결과는 고무적이었다. 그룹에 따라 선택된 서로 다른 최적화 전략을 보는 것은 매우 흥미로웠다. 일부 그룹은 빠른 위치 갱신을 위해 로컬라이제이션 작업에 컴퓨팅 리소스를 우선 할당한 반면, 다른 그룹은 실시간으로 장애물을 회피하기 위해 인지에 컴퓨팅 리소스를 우선 할당했다. 또한 세션을 통해 자율주행에 대한 불안감이 사라졌고, 강의 후에 85%의 학생들이 자율주행을 계속 배우고 싶어한다고 조사됐다.

4.3 전문적인 훈련

자율주행 업체의 가장 큰 고민은 자율주행에 대한 경험이 있는 인재풀이 제한적이기 때문에 자율주행 엔지니어를 채용하기 어렵다는 것이다. 따라서 숙련 엔지니어가 한 가지 자율주행 모듈을 탐구할 수 있는 기술적 지식을 신속하게 갖출 수 있는 전문적인 훈련 세션을 개발해야 한다.

대부분 임베디드 시스템과 일반적인 소프트웨어 엔지니어링 배경 지식을 갖춘 엔지니어들이 빠르게 자율주행에 적응할 수 있도록 자율주행 업체와 긴밀하게 협력했다. 문제는 세 가지였다. 첫째, 교육 세션이 2주에 불과해 기술의 세부 사항을 자세히 살펴볼 시간이 없었다. 둘째, 교육 기간 동안 비슷한 기술적 배경을 가진 엔지니어들을 서로 다른 엔지니어링 업무에 투입해야 했다. 셋째, 엔지니어들에게 신뢰성은 큰 문제였는데, 엔지니어들이 자율주행의 복잡성을 단시간에 파악할 수 있을지를 우려했기 때문이다.

문제를 해결하기 위해, 세션의 첫 주 동안 모든 엔지니어들에게 기술 개요부터 클라이언트 시스템 및 클라우드 플랫폼 모듈을 가르쳤다. 엔지니어들은 임베디드 시스템과 일반적인 소프트웨어 엔지니어링에 대한 배경지식을 갖췄기 때문에 모듈부터 가르치는 것이 상당히 편리했다. 엔지니어들은 시스템 모듈을 통해 다양한 업무의 특성 및 임베디드 시스템과 클라우드 시스템에 통합하는 방법을 배웠다. 둘째 주에는 엔지니어들이 첫 주에 배운 성과와 다양한 기술에 대한 관심을 바탕으로 인지, 로컬라이제이션, 의사결정 등의 특정한 모듈을 더 깊이 다루도록 했다.

통합 실험에서는 학부나 대학원 수업과 달리, 엔지니어들에게 2주 간의 교육을 거쳐 실제 재품을 제작할 수 있는 기회가 주어진다. 훈련 세션에서는 센서팀 1명, 인지팀 2명, 로컬라이제이션팀 2명, 의사결정팀 2명 등 7명의 엔지니어가 팀을 구성했다. 개발 과정에 대한 데모 영상이 'Perceptin Autonomous Vehicle Development'
에 나와 있다[7].

5. 결론

자율주행에서 가장 중요한 기술이 무엇인지에 대한 질문을 받곤 하는데 해답은 언제
나 통합이었다. 앞서 언급했고 또 강조했듯이, 자율주행은 하나의 기술이 아니라 다
양한 기술이 통합된 복잡한 시스템이다. 그러나 통합을 이뤄내기 전에 자율주행에
포함된 각 기술 모듈을 이해해야 한다. 기존의 지율 주행 강의는 하나 혹은 두 개의
기술 모듈에 집중하거나, 학생들이 직접 자율주행 자동차를 제작하게 해 학생들의
진입장벽을 높였다. 학생들 대부분은 자율주행에 큰 관심을 보이지만 자율주행에 관
련된 복잡성을 감당하지 못할 것이라는 두려움에 자율주행에서 멀어진다.

자율주행을 가르치기 위한 모듈식 통합 교육 접근 방식을 개발했다. 모듈식 통합
교육 접근 방식은 복잡한 자율주행 시스템을 다양한 기술 모듈로 나눈 다음 학생들
에게 각 모듈을 이해시킨다. 학생들이 모듈의 기본 개념을 파악한 다음, 모듈 사이
의 상호작용을 이해할 수 있는 통합 실험을 수행하게 된다.

이 방법론은 학부생 수준에서 자율주행을 소개하는 강의, 자율주행을 주제로 한
대학원 수준의 임베디드 시스템 강의, 자율주행 회사의 전문적인 훈련 세션과 같은
시범 사례 연구에서 성공적으로 적용됐다. 세 가지 시범 사례 연구의 학생들은 서로
다른 배경 지식이 있었지만, 모듈식 교육 접근 방식을 통해 학생들의 요구에 맞게 모
듈의 순서를 유연하게 조정할 수 있었고 통합 실험을 통해 서로 다른 모듈 사이의 상
호작용을 이해시킬 수 있었다. 학생들은 이를 통해 모듈뿐 아니라 모듈 사이의 상호
작용에 대한 포괄적인 이해를 할 수 있었다. 또한 경험을 통해 제안된 접근 방식은
학생들이 익숙한 모듈에서 시작해 다른 모듈을 배울 수 있게 해주기 때문에 높은 흥
미도와 좋은 성과를 유지할 수 있었다.

참고문헌

[1]   Liu, S., Peng, J., and Gaudiot, J-L. 2017. Computer, drive my car! *Computer*, 50(1), pp. 8 – 8.

[2]   Liu, S., Tang, J., Zhang, Z., and Gaudiot, J-L. 2017. Computer architectures for autonomous driving. *Computer*, 50(8), pp. 18 – 25.

[3]   Liu, S., Tang, J., Wang, C., Wang, Q., and Gaudiot, J-L. 2017. A unified cloud platform for autonomous driving. *Computer*, (12), pp. 42 – 49.

[4]   Liu, S., Li, L., Tang, J., Wu, S., and Gaudiot, J-L. 2017. Creating autonomous vehicle systems. *Synthesis Lectures on Computer Science*, 6(1), pp. i – 186. xxi

[5]   IEEE Computer Society, Creating Autonomous Vehicle Systems, accessed 1 Feb 2018, https://www.youtube.com/watch?v=B8A6BiRkNUw&t=93s. xxi, xxii

[6]   OReilly, Enabling Computer-Vision-Based Autonomous Vehicles, accessed 1 Feb 2018, https://www.youtube.com/watch?v=89giovpaTUE&t=434s. xxi

[7]   PerceptIn Autonomous Vehicle Development, accessed 1 Feb 2018, https://www.youtube.com/watch?v=rzRC57IXtRY. xxiv

[8]   PerceptIn, PerceptIn Robot System Running on a Cell Phone, accessed 1 Feb 2018, https://www.youtube.com/watch?v=Mib8SXacKEE. xxi

[9]   ORB-SLAM, accessed 1 Feb 2018, http://webdiis.unizar.es/~raulmur/orbslam/. xxiii

[10]   SqueezeNet, accessed 1 Feb 2018, https://github.com/DeepScale/SqueezeNet. xxiii

[11]   Tang, J., Liu, S., Wang, C., and Liu, C. 2017. Distributed simulation platform for autonomous driving. *International Conference on Internet of Vehicles (IOV)* 2017: pp. 190 – 200. xxi

[12]   Apache MXNET, accessed 1 Feb 2018, https://mxnet.apache.org/. xxii

[13]   Costa, V., Rossetti, R., and Sousa, A. 2017. Simulator for teaching robotics, ROS and autonomous driving in a competitive mindset. *International Journal of Technology and Human Interaction*, 13(4), p. 14. xviii

[14]   Arnaldi, N., Barone, C., Fusco, F., Leofante, F., and Tacchella, A. 2016. Autonomous driving and undergraduates: An affordable setup for teaching robotics, *Proceedings of the 3rd Italian Workshop on Artificial Intelligence and Robotics*, pp.,5 – 9, Genova, Italy, November 28, 2016. xviii

[15]   Artificial General Intelligence, accessed 1 Feb 2018, https://agi.mit.edu/. xviii

[16]   Deep Learning for Self-Driving Cars, accessed 1 Feb 2018, https://selfdrivingcars.mit.edu/. xviii

[17]   Artificial Intelligence: Principles and Techniques, accessed 1 Feb 2018, http://web.stanford.edu/class/cs221/. xviii

[18]   Paull, L., Tani, J., Zuber, M.T., Rus, D., How, J., Leonard, J., and Censi, A. 2016. Duckietown: An open, inexpensive and flexible platform for autonomy education and research, *IEEE International Conference on Robotics and Automation*, Singapore, May. 2017, pp. 1–8. DOI: 10.1007/978-3-319-55553-9_8. xviii

[19]   Karaman, S., Anders, A., Boulet, M., Connor, M.T., Abbott, J., Gregson, K.L., Guerra, W. J., Guldner, O.R., Mohamoud, M.M., Plancher, B.K., Robert, T-I., and Vivilecchia, J.R. 2017. Project-based, collaborative, algorithmic robotics for high school students: Programming self-driving race cars at MIT. *IEEE Integrated STEM Education Conference*, pp. 195–203, 2017. xviii

[20]   Tan, S. and Shen, Z., Hybrid problem-based learning in digital image processing: A case study, *IEEE Transactions on Education*, 2017, (99): pp. 1–9. xviii

[21]   Robotica 2017, accessed 1 Feb 2018, http://robotica2017.isr.uc.pt/index.php/en/competitions/major/autonomous-driving. xviii

[22]   Autonomous Driving Challenge, accessed 1 Feb 2018, http://www.autodrivechallenge.org/. xviii

[23]   NXP CUP Intelligent Car Racing, accessed 1 Feb 2018, https://community.nxp.com/groups/tfc-emea. xviii

자율주행 개요

본격적으로 자율주행 시대가 펼쳐지고 있다. 과거의 역사를 통해 앞으로 펼쳐질 미래를 가늠하듯이, 자율주행도 그동안 발전한 자취부터 돌아보면서 자율주행 기술에 대한 얘기를 본격적으로 시작해본다.

정보 기술은 1960년대부터 본격적으로 발전하기 시작했다. 이 시기에 페어차일드 세미컨덕터Fairchild Semiconductors와 인텔Intel이 마이크로프로세서를 생산하면서 정보 기술의 토대가 마련됐고, 부산물로 실리콘 밸리Silicon Valley가 탄생했다. 마이크로프로세서 기술은 생산성 향상에 크게 기여했지만 대중이 쉽게 접근할 수 있는 기술은 아니었다. 1980년대에 접어들면서, 마이크로소프트와 애플이 정보 기술의 두 번째 기반인 GUIGraphics User Interface(그래픽 유저 인터페이스)를 도입하면서 '집집마다 PC

나 맥 한 대씩'이란 비전은 현실이 됐다. 2000년대에 이르러 누구나 컴퓨팅 파워를 누릴 수 있게 됐고, 구글을 비롯한 인터넷 회사의 등장으로 사람과 정보가 서로 쉽게 연결되면서 정보 기술의 세 번째 토대가 마련됐다. 예를 들어, 구글이 제공하는 서비스는 정보 제공자와 정보 소비자를 간접적으로 연결해준다. 그 후로 2010년대에 접어들면서 페이스북Facebook과 링크드인LinkedIn 같은 소셜 네트워크 회사의 등장으로 오프라인 세상이 인터넷으로 이전하는 효과를 가져오면서 정보 기술의 네 번째 토대가 마련됐다. 인터넷 기반 세상의 규모가 엄청나게 커지면서 2015년 즈음 우버Uber나 에어비앤비Airbnb처럼 인터넷 기반 서비스 회사들의 등장으로 인터넷 기반 상거래 사회가 형성되면서 정보 기술의 다섯 번째 토대가 마련됐다. 물론 우버나 에어비앤비에서 제공하는 서비스는 서비스 제공자에 대한 효율적인 접근 수단으로 인터넷을 사용할 뿐, 서비스 자체는 여전히 사람이 제공하는 것이다.

1.1 자율주행 기술의 개요

그림 1.1을 보면 자율주행autonomous driving이란 하나의 기술이 아닌, 여러 가지 서브시스템이 상당히 복잡하게 구성된 시스템이다. 서브시스템은 크게 세 가지로 나뉜다. 첫째는 센싱sensing, 인지perception, (복잡한 상황을 추론하기 위한) 의사결정decision을 처리하는 알고리듬이고, 둘째는 OS와 하드웨어 플랫폼으로 구성된 클라이언트 시스템이고, 셋째는 HDHigh-Definition(고정밀, 고해상도) 지도와 딥러닝 모델 트레이닝deep learning model training, 시뮬레이션, 데이터 스토리지 등을 제공하는 클라우드 플랫폼이다.

첫 번째 서브시스템인 알고리듬은 센서로 수집한 원본raw(미가공, 원시) 데이터로부터 의미 있는 정보를 추출해 주변 환경을 파악하고 다음 동작을 결정한다. 두 번째 서브시스템인 클라이언트 시스템은 실시간 및 신뢰성 요구사항을 만족하도록 여러 알고리듬을 서로 엮는다. 가령, 카메라에서 60Hz 주기로 생성하는 데이터를 제때 처리하려면 클라이언트 시스템의 프로세싱 파이프라인에서 가장 긴 작업도 최대 16ms 이내에 작업을 완료해야 한다. 세 번째 서브시스템인 클라우드 플랫폼은 자율주행차autonomous car에 필요한 오프라인 컴퓨팅 및 스토리지 기능을 제공한다. 클라우드 플랫폼을 활용하면 새로운 알고리듬을 테스트하고 HD 맵을 업데이트해 인지와 추적 및 의사결정 모델에 대한 트레이닝 수준을 높일 수 있다.

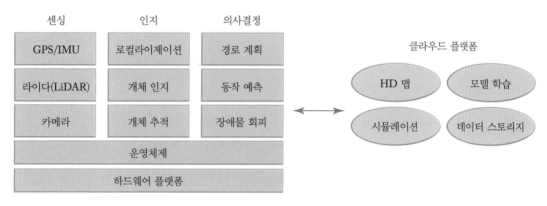

그림 1.1 자율주행 시스템 아키텍처

1.2 자율주행 알고리듬

알고리듬 서브시스템은 센서로 수집한 미가공 원본 데이터로부터 의미 있는 정보를 추출하는 센싱sensing과, 차량의 위치에 대한 로컬라이제이션localization(위치 추정/측정)을 통해 주변 환경을 파악하는 인지perception와, 목표 지점까지 안전하고 안정적으로 도달하는 데 필요한 동작을 결정하는 의사결정decision으로 구성된다.

1.2.1 센싱

자율주행차마다 공통적으로 사용하는 센서가 몇 가지 있다. 자율주행차에서 사용하는 센서마다 장단점이 있기 때문에, 다양한 센서로부터 수집한 데이터를 잘 조합해야 신뢰성과 안전성을 높일 수 있다. 대표적인 센서는 다음과 같다.

- **GPS와 IMU**: GPS와 IMU는 자율주행차의 위치를 파악하는 데 필요하다. 이 센서는 관성 정보와 지리적 위치에 대한 측정 값을 200Hz 이상의 다소 빠른 주기로 알려준다. GPS는 로컬라이제이션 센서 중에서도 상당히 정확한 편에 속하지만 업데이트 주기가 대략 10Hz 수준으로 다소 긴 편이다. 따라서 최신 위치 정보를 실시간으로 제공하는 데 사용할 수 없다. 반면 IMU는 시간의 흐름에 따른 누적 오차로 인해 위치 추정 값의 정확도가 갈수록 떨어진다. 하지만 IMU의 업데이트 주기가 200Hz 이상으로 굉장히 짧아서 실시간 요구사항을 만족시킬 수 있다. GPS와 IMU를 잘 조합하면 차량 위치에 대한 정확한 정보를 실시간으로 업데이트할 수 있다.

- **라이다**LiDAR: 라이다는 매핑mapping, 로컬라이제이션, 장애물 회피obstacle avoidance 등에 사용된다. 레이저 빔을 표면에 쏴서 반사될 때까지 걸리는 시간을 재는 방식으로 거리를 측정한다. 정확도가 상당히 높기 때문에 HD 맵을 생성해서 이동 중인 자동차의 위치를 파악해 추정(로컬라이제이션)한 뒤, 앞에 나타난 장애물을 감지하는 작업에 주로 활용한다. 흔히 사용하는 벨로다인Velodyne 64빔 레이저 같은 제품은 10Hz 주기로 회전하면서 측정 값을 초당 130만 번 읽는다.

- **카메라**camera: 카메라는 주로 차로 감지lane detection, 신호등 감지traffic light detection, 보행자 감지pedestrian detection 등과 같은 개체 인지 및 추적object recognition and tracking 작업에 활용한다. 현재 개발된 자율주행차는 안전성을 높이기 위해 1080p 카메라를 8개 이상 장착한다. 이렇게 장착한 카메라로 차량의 앞과 뒤와 양 옆에 있는 개체를 감지하고 인지하며 추적한다. 카메라는 대체로 60Hz 주기로 작동하며, 차량에 장착된 카메라 전체에서 생성되는 원본 데이터는 초당 1.8GB에 이른다.

- **레이더**radar**와 소나**sonar: 레이더와 소나(초음파 탐지) 시스템은 주로 장애물 회피

를 위한 최후의 수단으로 사용한다. 레이더와 소나로부터 생성된 데이터는 차량 이동 경로 선상에서 가장 가까이 있는 대상까지의 거리뿐 아니라 속도 정보도 담고 있다. 어떤 대상이 가까이 있다고 감지해서 충돌 위험이 있다고 판단되면, 브레이크를 밟거나 방향을 틀어 장애물을 피한다. 따라서 레이더와 소나에서 생성된 데이터는 가공할 일이 많지 않으며, 메인 연산 파이프라인을 거치지 않고 제어 장치로 곧바로 전달해서 방향을 전환하거나swerving, 브레이크를 밟거나, 안전 벨트를 당기는 '긴급한' 동작을 수행한다.

1.2.2 인지

수집된 센서 데이터는 차량의 주변 환경을 파악하는 인지perception 단계로 전달된다. 자율주행의 인지 단계는 로컬라이제이션, 개체 탐지object detection, 개체 추적object tracking이라는 세 가지 작업으로 구성된다.

　로컬라이제이션 작업은 GPS/IMU를 활용해 현재 위치를 계산한다. 앞에서 언급한 바와 같이 GPS는 결과의 정확도가 상당히 높은 반면 업데이트 주기가 길고, IMU는 업데이트 속도가 굉장히 빠른 대신 정확도는 떨어진다. 그래서 두 값의 장점만 조합해 최신 위치 정보를 실시간으로 정확하게 제공하도록 칼만 필터Kalman Filter 기법을 이용한다. 처리 과정은 그림 1.2와 같다. IMU는 5ms마다 차량의 최신 위치 정보를 알려주는데, 시간이 갈수록 오차가 누적된다. IMU에서 발생하는 오차는 100ms 주기마다 전달되는 GPS 정보로 보정한다. GPS와 IMU를 조합한 장치로 전파 업데이트propagation and update 모델을 구현함으로써 로컬라이제이션 결과를 빠르고 정확하게 계산한다. 하지만 GPS와 IMU를 조합한 로컬라이제이션 결과를 완전히 믿을 수는 없다. 그 이유로는 다음과 같이 세 가지가 있다. (1) 정확도는 1미터 범위에서만 보장된다. (2) GPS 신호는 다중 경로multipath 문제를 갖고 있다. 다시 말해, 신호가 건물에 반사되면서 노이즈가 증가한다. (3) 하늘이 가려진 곳에서는 GPS 값을 정확히 받을 수 없다. 따라서 터널 같은 곳에서는 GPS가 작동하지 않는다.

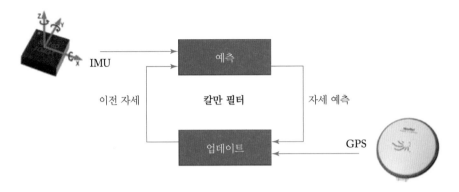

그림 1.2 GPS와 IMU를 조합한 위치 측정

로컬라이제이션에 카메라도 활용할 수 있다. 비전^{vision} 기반으로 구현한 로컬라이
제이션 파이프라인을 간략히 표현하면 다음과 같다. (1) 스테레오 이미지 쌍에 대한
삼각 측량을 통해 시차 맵^{disparity map}부터 구한다. 시차 맵은 각 지점^{point}의 깊이 정보
를 추출하는 데 활용한다. (2) 연속적으로 들어오는 스테레오 이미지 프레임 사이에
서 두드러진 특징을 찾아서 각 프레임에 있는 특징점^{feature point} 사이의 상호 연관 관
계를 파악한다. 그러면 이전 두 프레임을 통해 움직임을 추정할 수 있다. (3) 추출한
두드러진 특징과 기존에 파악한 맵을 비교하는 방식으로 차량의 현재 위치를 알아낼
수도 있다. 하지만 비전 기반 위치 측정 기법은 조명 상태에 민감하기 때문에 이 방
식에 전적으로 의존할 수는 없다.

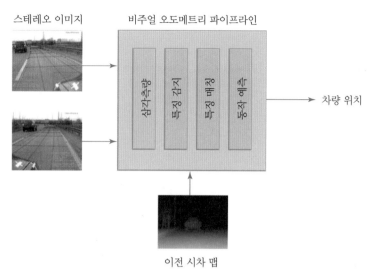

스테레오 이미지　　　　비주얼 오도메트리 파이프라인

삼각측량　특징 감지　특징 매칭　동작 예측

차량 위치

이전 시차 맵

그림 1.3 스테레오 비주얼 오도메트리(stereo visual odometry)

세 가지 이유 때문에 라이다 기반 시스템은 파티클 필터particle filter 기법에 주로 의존한다. 라이다로부터 생성된 포인트 클라우드point cloud(점군)로 주변 환경에 대한 형태를 기술shape description할 수는 있지만, 포인트 단위로 구별하기는 굉장히 힘들다. 그래서 파티클 필터를 적용해 관측된 형태를 기존에 파악된 맵과 비교하는 방식으로 불확실성을 줄인다. 파티클 필터를 적용해 라이다 측정 값과 맵의 상호 연관성을 파악하는 방식으로 이동 중인 차량의 로컬라이제이션을 처리할 수 있다. 파티클 필터 기법은 10cm 수준의 정확도로 로컬라이제이션을 실시간으로 처리할 수 있으며, 도시 환경에서 효과적이라고 입증됐다. 하지만 라이다 자체의 문제도 있다. 비가 오거나 먼지가 많을 때처럼 공기 중에 부유 입자가 많으면 측정 값에 노이즈가 굉장히 많이 발생한다. 로컬라이제이션의 신뢰성과 정확도를 높이기 위해서는 그림 1.4에 나온 바와 같이 여러 센서의 장점만을 취합하는 센서 융합sensor-fusion 프로세스가 필요하다.

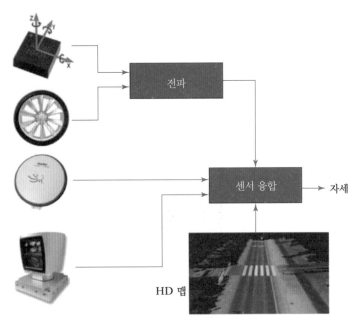

그림 1.4 센서 융합 기반 위치 측정 파이프라인

1.2.3 개체 인지 및 추적

라이다는 깊이 정보에 대한 정확도가 상당히 높아서, 자율주행 관련 작업 중에서도 개체 감지 및 추적 작업에 주로 활용한다. 최근 들어 딥러닝 기술이 급속도로 발전함에 따라 딥러닝 기반의 개체 감지 및 추적의 정확도가 상당히 높아졌다. 개체 인지object recognition 작업은 딥 뉴럴 네트워크Deep Neural Network 중에서도 CNNConvolution Neural Network(컨볼루션 신경망)을 많이 사용한다. 일반적으로 CNN 기반 파이프라인은 다음과 같은 계층으로 구성된다. (1) 컨볼루션 계층Convolution Layer은 입력 이미지로부터 다양한 특징을 추출하기 위한 여러 가지 필터를 갖고 있다. 각 필터마다 '학습 가능한' 매개변수 집합이 있는데, 학습training 과정에서 이 값을 채운다. (2) 활성 계층Activation Layer은 타깃 뉴런의 활성 여부를 결정한다. (3) 풀링 계층Pooling Layer은 매개변수의 개수를 줄여서 신경망(뉴럴 네트워크)의 연산을 줄이는 방식으로 표현 공간의 크기를 줄인다. (4) 완전 연결 계층Fully Connected Layer은 이전 계층에서 활성화된 뉴런

이 모두 연결된 상태다.

개체 추적object tracking이란 원하는 개체를 선택해서 개체의 이동 궤적trajectory을 자동으로 추정estimation하는 기법이다. 주변에 움직이는 자동차뿐 아니라 도로를 건너는 보행자를 추적하는 데 객체 추적 기법을 적용해 현재 차량과의 충돌을 방지하는데 활용한다. 최근에는 딥러닝 기술을 이용한 개체 추적의 성능이 기존에 사용하던 컴퓨터 비전 방식보다 훨씬 높아졌다. 즉, 다양한 시점과 차량의 위치 변화에 보다 안정적으로 대처하도록, 보조 이미지를 활용해 여러 층으로 쌓은 오토 인코더Auto-Encoder에 오프라인에서 범용 이미지 특징을 학습시키는 방식으로 오프라인에서 학습한 모델을 실제 주행에 적용한다.

그림 1.5 물체 인지 및 추적[34](허가 하에 게재함)

1.2.4 동작

차량의 주변 환경을 파악했다면, 의사결정 단계에서 안전하고 효율적인 동작 계획action plan을 실시간으로 생성한다.

동작 예측

복잡한 도로에서 사람이 운전할 때 겪는 가장 큰 어려움 중 하나는 다른 운전자의 다양한 동작을 예측해서 자신의 운전에 반영하는 것이다. 특히 차선이 많은 도로를 달리거나 신호가 바뀌는 시점에 있을 때 더욱 그렇다. 이런 환경에서도 안전하게 주행하려면 의사결정 단계에서 주변에 있는 차량의 동작을 예측한 결과를 토대로 동작 계획을 수립해야 한다. 동작을 예측하기 위한 방법으로 다른 차량의 도달 가능한 지점에 대한 확률 모델을 만들고, 도달 가능한 지점에 대한 확률 분포를 구하는 기법이 있다.

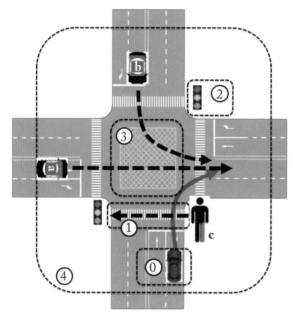

그림 1.6 동작 예측

경로 계획

급격히 변하는 환경에 신속히 대처하면서 자율주행하기 위한 경로를 계획하는 문제는 상당히 복잡하다. 모든 상황에 완벽히 대처하게 하려면 더더욱 힘들다. 단순하게 생각하면 가능한 모든 경로를 탐색한 뒤 비용 함수cost function로 최적의 경로를 골라내면 된다. 하지만 엄청난 연산량이 필요해 실시간으로 이동 경로를 제공하는 것 자체가 불가능할지도 모른다. 모든 경우에 결정적인deterministic 알고리듬을 적용할 때 발생하는 계산 복잡도를 줄여서 실시간으로 경로를 계획하기 위해 확률 기반 기법을 주로 사용한다.

장애물 회피

자율주행에서 안전은 굉장히 중요하다. 따라서 자동차가 물체와 절대로 부딪히지 않도록 장애물 회피obstacle avoidance 메커니즘을 최소한 두 단계 이상으로 구성한다. 첫 번째 단계는 능동형proactive 메커니즘으로, 트래픽 예측traffic prediction을 기반으로 처리한다. 차량이 주행하는 동안 트래픽 예측 메커니즘을 통해 충돌까지 남은 시간이나 최소 거리에 대한 추정치 등을 계산하며, 구한 정보를 토대로 필요한 시점에 장애물 회피 메커니즘이 작동해 주변 경로를 다시 계획한다. 능동형 메커니즘으로 처리할 수 없으면, 두 번째 단계인 레이더 데이터 기반의 수동형(반응형reactive) 메커니즘이 작동한다. 이동 경로상의 물체가 레이더에 감지되면, 주행 제어 시스템에 개입해 장애물을 피하도록 조작한다.

1.3 자율주행 클라이언트 시스템

클라이언트 시스템은 실시간 및 신뢰성 요구사항을 만족하도록 앞에서 소개한 여러 알고리듬을 통합한다. 이 과정에서 다음과 같은 몇 가지 어려움이 발생한다. 센서에서 생성된 방대한 양의 데이터를 충분히 처리할 수 있을 정도로 프로세싱 파이프라인이 빨라야 한다. 어느 한 부분에서 오류가 발생하더라도 복구할 수 있을 정도로 충분히 견고해야 한다. 또한 모든 연산을 처리할 때 엄격한 에너지 및 리소스 제약사항도 만족해야 한다.

1.3.1 ROS

ROSRobot Operating System는 로보틱스 애플리케이션에 특화된 강력한 분산 컴퓨팅 프레임워크로서, 현재 널리 사용되고 있다. 그림 1.7처럼 구체적인 작업(예: 로컬라이제이션)은 ROS 노드에서 구동한다. ROS 노드는 토픽topic과 서비스service를 통해 서로 통신한다. 자율주행 시스템 용도로 굉장히 뛰어난 프레임워크지만, 다음과 같은 문제점이 있다. (1) 신뢰성: ROS에서 마스터는 하나만 존재하고 장애가 발생한 노드를 복구하기 위한 모니터가 없다. (2) 성능: 메시지를 브로드캐스트 방식으로 보내는 과정에서 같은 메시지가 여러 번 중복될 수 있는데, 이로 인해 성능 저하가 발생한다. (3) 보안: 인증authentication과 암호화encryption 메커니즘이 없다. ROS 2.0부터는 문제를 보완할 예정이지만, 아직 엄격한 테스트를 거치지 않았고 상당수의 기능은 아직 사용할 수 없는 상태다. 따라서 자율주행 시스템에 ROS를 사용하기 전에 문제 해결 방안부터 마련해야 한다.

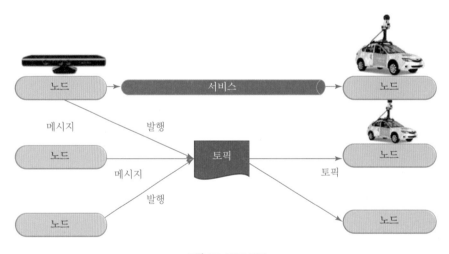

그림 1.7 ROS 구조

신뢰성

현재 나와 있는 ROS 구현은 마스터 노드가 하나뿐이다. 따라서 마스터 노드가 죽으면 전체 시스템이 죽는다. 이는 자율주행 시스템의 안전safety 요구사항에 어긋난다. 이를 해결하기 위해 주키퍼ZooKeeper와 유사한 메커니즘을 ROS에 구현했다. 그림 1.8에서 보는 바와 같이 메인 마스터 노드가 하나 있고 그 옆에 백업 마스터 노드가 하나 있다. 메인 노드가 죽으면 백업 노드가 이어받아 시스템이 휘청거리지 않고 정상적으로 구동하게 만든다. 또한 주키퍼 메커니즘을 통해 모니터링하다가 장애가 발생한 노드를 감지하면 이를 재구동함으로써 전체 ROS 시스템의 신뢰성 reliability을 보장한다.

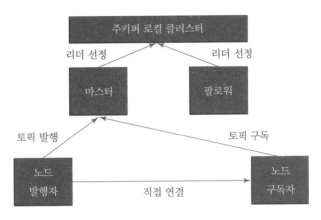

그림 1.8 주키퍼 메커니즘 기반의 ROS

성능

현재 ROS 구현은 성능 문제도 있다. ROS 노드 사이의 통신은 굉장히 빈번히 일어나기 때문에, 노드 사이의 통신을 반드시 효율적으로 처리해야 한다. 로컬 노드 끼리는 루프백loop-back 메커니즘으로 통신한다. 루프백 파이프라인을 통과할 때마다 20ms가량의 오버헤드가 발생한다. 로컬 통신 오버헤드를 제거하기 위해 공유 메모리 메커니즘을 활용해 메시지가 TCP/IP 스택을 거치지 않고 목적지 노드로 곧바로 가도록 처리했다. 또한 ROS 노드가 메시지를 브로드캐스팅하는 과정에서 여러 개의 복사본을 만들기 때문에 시스템의 대역폭을 상당히 잡아먹는다. 그림 1.9에서 보는 바와 같이 브로드캐스팅 대신 멀티캐스트 메커니즘으로 대체함으로써 전반적인 시스템 처리량을 크게 향상했다.

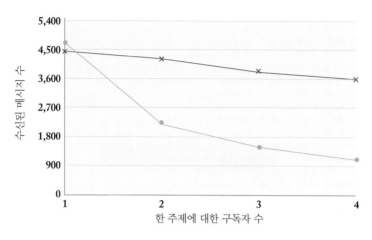

그림 1.9 ROS에서 멀티캐스트 방식을 사용할 때와 브로드캐스트 방식을 사용할 때의 성능 비교

보안

ROS의 문제점 중에서도 가장 중요한 것은 보안이다. 다음과 같이 두 가지 문제가 발생할 수 있다. 하나는 악의적인 해커가 ROS 노드에 침투해서 메모리를 끊임없이 할당하는 작업을 수행해 시스템 메모리 전체를 고갈시키는 방식으로 노드를 다운시킬 수 있다. 다른 하나는, ROS 노드끼리 주고받는 메시지를 중간에 가로채는 중간자 공격MITM, Man-In-The-Middle을 시도할 수 있다. 기본적으로 메시지를 암호화하지 않기 때문이다. 첫 번째 문제는 LXCLinux Container(리눅스 컨테이너)[1]를 사용해 각 노드마다 허용된 리소스 양을 제한하는 방식으로 해결할 수 있었다. 또한 LXC에서 제공하는 샌드박스sandbox 메커니즘을 통해 노드를 외부로부터 보호할 수 있어서 리소스 누수 현상도 방지할 수 있다. 두 번째 문제는 통신 과정에 주고받는 메시지를 암호화하면 된다.

1.3.2 하드웨어 플랫폼

자율주행 시스템용 하드웨어 플랫폼을 설계할 때 발생하는 이슈를 쉽게 이해할 수

---

1 현재 널리 사용되는 도커(Docker)의 기반 기술로 리눅스 커널에서 기본으로 제공하는 cgroup, network namespace 등을 조합한 것이다(8장 참조).

있도록 자율주행 분야의 선도 업체에서 사용하는 컴퓨팅 플랫폼 구현을 살펴보자. 하드웨어 플랫폼은 2개의 컴퓨트 박스로 구성되며, 각각 인텔 제온^{Xeon} E5 프로세스 1개와 엔비디아^{Nvidia} K80 GPU 가속기가 4개에서 8개까지 장착된다. 두 번째 컴퓨트 박스는 첫 번째와 기능과 사양이 동일하며, 신뢰성을 보장하기 위해 마련된 것이다. 즉, 첫 번째 박스에 장애가 발생하자마자 두 번째 박스가 그 역할을 넘겨받는다. 최악의 경우 두 박스 모두 한계 상태에 도달할 수 있는데, 이때 대략 5000W의 전력 소모가 발생하면서 엄청난 열을 발산한다. 또한 박스 하나를 구성하는 데 드는 비용만 20,000~30,000달러(2,000~3,000만 원 이상)에 육박해, 전체 시스템을 구성하기에는 일반인이 감당하기 힘든 비용이 든다.

설계를 그대로 적용함으로써 발생하는 전력 소모와 열 발생, 비용 문제는 일반인이 자율주행 시스템을 구축하기 힘든 장벽으로 작용한다. 자율주행 시스템을 구축하기 위한 최소 사양을 모색하고, 모바일용 ARM SoC로 어느 정도 수준까지 구축할 수 있는지 알아보기 위해, 최대 전력 소비량이 15W에 불과한 ARM 기반 모바일 SoC에 간단한 비전 기반 자율주행 시스템을 구현해봤다. 결과부터 말하면 성능은 실전 요구사항 수준에 가깝게 나왔다. 로컬라이제이션 파이프라인은 초당 25개의 이미지를 처리할 수 있어서 초당 30개의 속도로 생성되는 이미지를 거의 따라잡을 수 있었다. 딥러닝 파이프라인은 초당 2~3개의 물체를 인지할 수 있었다. 계획 및 제어 파이프라인은 6ms 이내에 경로를 계획할 수 있었다. 구축한 시스템을 차량에 장착해 로컬라이제이션 과정에 아무런 손실 없이 시속 5마일 정도의 속도로 달릴 수 있었다.

1.4 자율주행 클라우드 플랫폼

자율주행 차량은 일종의 모바일 시스템이어서 이를 지원하는 클라우드 플랫폼이 필요하다. 클라우드의 주요 기능은 크게 분산 컴퓨팅과 분산 스토리지라는 두 가지가 있다. 새로운 알고리듬을 검증하기 위한 시뮬레이션과, HD 맵 제작, 딥러닝 모델 학습 등에도 활용할 수 있다. 플랫폼을 구축하기 위해 분산 컴퓨팅은 스파크Spark로, 이기종 컴퓨팅heterogeneous computing은 OpenCL로, 인메모리 스토리지는 알럭시오Alluxio로 구현했다. 스파크와 OpenCL, 알럭시오를 조합함으로써 낮은 지연 시간과 높은 처리량을 안정적으로 보장하는 자율주행 클라우드를 구축할 수 있었다.

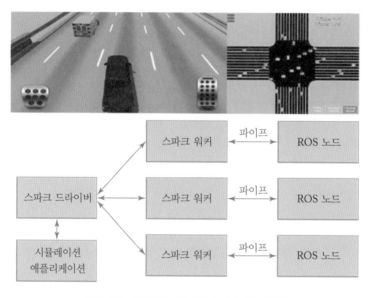

그림 1.10 스파크와 ROS 기반 시뮬레이션 플랫폼

1.4.1 시뮬레이션

클라우드의 대표적인 응용 분야는 시뮬레이션simulation이다. 새로 개발한 알고리듬을 자동차에 배치하기 전에 엄격한 테스트를 거쳐야 한다. 실제 자동차로 테스트하려면 막대한 비용이 소요되며 한 번 테스트하는 데 걸리는 시간도 상당하다. 그래서 ROS 노드에 데이터를 재생하는 방식으로 구현된 시뮬레이터에서 주로 테스트한다. 하지만 새로 개발한 알고리듬을 단 한 대의 머신에서 테스트하기에는 시간도 오래 걸릴 뿐만 아니라 테스트 범위를 충분히 확인할 수 없다. 문제를 해결하기 위해, 그

림 1.10과 같은 분산 시뮬레이션 플랫폼을 개발했다. 분산 컴퓨팅 노드들은 스파크로 관리하고, 각 노드마다 ROS 리플레이 인스턴스를 구동했다. 당시 사용한 자율 주행용 물체 인지 테스트 세트를 단 한 대의 서버에서 구동하면 세 시간 가량 걸렸지만, 위와 같이 구축한 분산 시스템에서는 최대 8개 노드를 사용하면서 25분 만에 테스트를 끝낼 수 있었다.

1.4.2 HD 맵 생성

그림 1.11에서 보는 바와 같이 HD(고정밀) 맵 생성map production 과정은 여러 단계로 복잡하게 구성된다. 각 단계는 원본 데이터 처리raw data processing, 포인트 클라우드 생성point cloud production, 포인트 클라우드 정렬point cloud alignment, 2D 반사 맵 생성, HD 맵 레이블링, 최종 맵 생성 등으로 구성된다. 스파크를 통해 각 단계를 하나의 스파크 잡job으로 연결했다. 여기서 중요한 부분은 스파크에서 제공하는 인메모리 컴퓨팅 메커니즘을 활용했다는 점이다. 중간 상태의 데이터를 하드디스크에 저장할 필요가 없어서 맵 생성 프로세스의 성능을 크게 향상할 수 있었다.

HD 맵 생성 파이프라인

그림 1.11 클라우드 기반 HD 맵 생성

1.4.3 딥러닝 모델 학습

자율주행 시스템에서 다양한 딥러닝 모델을 사용하기 때문에 모델의 유효성과 효율성을 지속적으로 향상하도록 업데이트해야 한다. 자율주행 과정에서 생성되는 원본 데이터의 양이 엄청나기 때문에, 하나의 서버만으로는 모델을 빠르게 학습시킬 수 없다. 문제를 해결하기 위해 스파크와 (바이두에서 최근 오픈 소스로 공개한 딥러닝 플랫폼인) 패들Paddle을 기반으로 확장성이 뛰어난 분산 딥러닝 시스템을 구축했다. 그림 1.12와 같이 스파크 드라이버에서 스파크 컨텍스트와 패들 컨텍스트를 관리하고, 각 노드마다 있는 스파크 실행자executor에서 패들 트레이너 인스턴스를 구동했다. 그 위에 이기종 컴퓨팅 자원 관리를 위한 얀YARN과 매개변수 서버를 위한 알럭시오Alluxio를 얹었다. 구성한 시스템을 통해 리소스를 추가할수록 성능이 선형적으로 확장하는 시스템을 구축할 수 있었다.

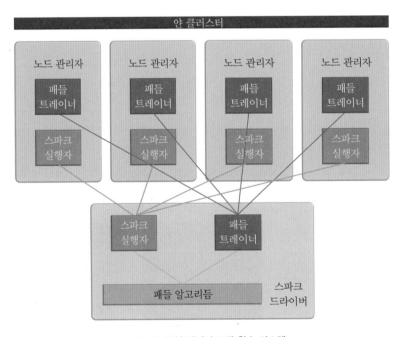

그림 1.12 분산 딥러닝 모델 학습 시스템

1.5 시작에 불과하다

자율주행과 인공지능은 하나의 기술이 아니라 여러 가지 기술을 결합한 것이다. 따라서 알고리듬뿐 아니라 시스템 통합과 클라우드 플랫폼에 대한 혁신이 필요하다. 자율주행 및 인공지능 분야는 이제 막 시작했기에 앞으로도 엄청난 기회가 생길 것이다. 2020년에 이르면 AI 시대가 본격적으로 펼쳐지면서, 지금보다 훨씬 많은 AI 기반 제품들이 시장에 출시되는 모습을 볼 수 있으리라 예상한다.

자율주행을 위한
로컬라이제이션

자율주행 자동차에서 가장 핵심적인 태스크는 자동차의 위치를 실시간으로 정확하게 알아내는 로컬라이제이션localization이다. 2장에서는 GNSS, 라이다LiDAR, HD 맵, 비주얼 오도메트리visual odometry, 추측 항법dead reckoning 센서 등을 사용하는 다양한 로컬라이제이션 기법을 살펴본다. 로컬라이제이션의 정확도를 높이기 위해 다양한 센서를 조합해서 실전에 적용한 사례도 몇 가지 소개한다.

2.1 GNSS를 이용한 로컬라이제이션

사람이 운전할 때는 주로 위성 항법 시스템GNSS, Global Navigation Satellite System을 활용해 로컬라이제이션을 수행한다. 자율주행 자동차의 로컬라이제이션 작업도 GNSS로 처리할 수 있다. GNSS와 관련된 기술을 자세히 소개하고 자율주행에 GNSS를 적용할 때의 장단점을 살펴본다.

2.1.1 GNSS 개요

GNSS에는 GPS, GLONASS, Galileo, BeiDou 등이 있다. GNSS의 개념을 이해하기 쉽도록 GPS를 예로 들어 살펴보자. GPS는 수신기가 처리할 수 있는 형태로 부호화된 위성 신호를 보낸다. GPS 수신기는 위성 신호를 받아서 위치와 속도와 시간을 추정한다[1]. 작업을 제대로 처리하려면 4개의 GPS 신호를 받아서 3차원상의 위치와 수신기 클록 기준으로 발생한 시간차를 계산해야 한다. GPS 위성은 지표면으로부터 약 20,200km 높이에 있는 원형에 가까운 6개의 궤도에 분산 배치된다. 각 궤도는 적도를 기준으로 55° 기울어져 있으며, 지구 한 바퀴를 도는 데 약 11시간 58분이 걸린다.

위성이 송신하는 신호는 f_0 = 10.23MHz의 기본 주파수를 갖도록 생성한다[1]. 이때 신호는 원자 시계를 기준으로 정확하게 동기화되는데, 오차는 하루에 약 10~13초에 불과하다. L1, L2로 표현하는 위성의 L 밴드 캐리어 신호는 기본 주파수 f_0에 대한 정수곱으로 생성된다. L1 및 L2 캐리어 신호는 이진 위상 변조bi-phase modulation를 통해 코드로 변환해 수신기에 위성의 시계clock 정보와 궤도 매개변수 등의 정보를 보낸다. 전달된 코드 신호는 +1과 −1로 이뤄진 시퀀스로 구성되며, 각각 이진 값 0과 1에 대응된다. 이진 위상 변조는 캐리어 신호에서 코드 위상이 변할 때마다 캐리어 위상을 180° 반전시킨다. 위성 신호에는 위성 궤도, 궤도의 섭동orbit perturbation, GPS 시간, 위성의 시계, 이온층 매개변수, 시스템 상태 메시지 등과 같은 정보가 담겨 있다. 항법 메시지는 25개의 프레임으로 구성되며, 한 프레임의 길이는 1,500비트다. 각 프레임은 300비트의 길이를 갖는 5개의 서브프레임으로 이뤄져 있다.

GNSS에서 두 번째로 중요한 부분은 기준 좌표계의 정의다. 기준 좌표계reference coordinate system는 위성의 움직임을 표현하고 관측 대상을 모델링하며, 측정 결과를 해석하는 데 핵심적인 역할을 한다. GNSS가 제대로 작동하려면 2개의 기준 좌표계가 필요하다. 하나는 위성의 움직임을 표현하는 공간 고정 관성 좌표계space-fixed, inertial reference system이고, 다른 하나는 관측 위치와 위성 측지satellite geodesy의 결과를 표현하는 지구 고정 지형 기준 좌표계earth-fixed, terrestrial reference system다. 두 좌표계를 사용할 때 지구 고정 좌표계와 공간 고정 좌표계 사이의 좌표 변환 매개변수를 주로 사용하는데, GNSS 수신기나 후처리 소프트웨어는 지구 고정 좌표계 기준으로 수신기 위치를 계산하는 데 이 값을 직접 활용한다. 지구 기준 좌표계는 서로 직교하는 세 축으로 정의하며, 지구의 자전축에 정렬시킨 Z축을 CIOConventional International Origin라 정의한다. X축은 그리니치 자오선을 향하고, Y축은 X축과 Z축에 수직을 이루면서 오른손 좌표계right-handed coordinate system를 형성한다. GPS는 지심 등위 회전 타원체를 표현하는 WGS84로 기준 좌표계를 정의하고 있다[2].

지난 수십 년 간 하늘에 떠 있는 GNSS 위성의 수가 늘어나면서, 최근에는 다중 위성군multiple constellation을 지원하는 GNSS 수신기가 등장하기 시작했다. 최신 디바이스는 거의 대부분 다중 위성군을 지원한다. 다중 위성군을 지원함으로써 특히 일부분이 가려진 영역에서도 가용성이 증가하고, 위성의 수가 많기 때문에 정확도도 올라가며, 시스템에 침투하기 어려워져서 좀 더 견고하게 만들 수 있는 등의 장점을 얻을 수 있다.

2.1.2 GNSS 오차 분석

이상적인 GNSS라면 오차가 전혀 없는 정확한 로컬라이제이션 결과를 얻을 수 있지만 수많은 요인으로 인해 GNSS에 오차가 발생한다. GNSS에서 오차를 발생시키는 요인을 살펴보자.

- **위성 시계 오차**satellite clock error : GNSS 위성 내부의 원자 시계에 조금이라도 오차가 발생하면 수신기에서 계산한 위치에 오차가 크게 발생한다. 대략 10ns 정도의 시계 오차로 3m가량의 위치 오차가 발생한다.

- **궤도 오차**orbit error: GNSS 위성은 정해진 궤도를 정확히 따라서 움직인다. 하지만 위성 시계와 마찬가지로 궤도에도 약간씩 오차가 발생한다. 위성의 궤도에 오차가 발생하면, 지상의 컨트롤 시스템은 이를 보정하는 신호를 보내서 위성의 예상 위치를 나타내는 위성 궤도력satellite ephemeris을 업데이트한다. 지상 컨트롤 시스템을 통해 교정해도 미세한 궤도 오차는 여전히 남아 있는데, 이로 인해 최대 2.5m의 위치 오차가 발생할 수 있다.

- **이온층 지연**ionospheric delay: 이온층은 지구 표면으로부터 80~600km 떨어진 대기층으로서, 이온ion이라고 불리는 전기적 성질을 띠는 입자로 이뤄져 있다. 이온의 영향으로 인해 위성의 신호가 지연되는 현상이 발생해 대략 5m 범위로 상당히 큰 위치 오차가 발생한다. 이온층 지연의 정도는 태양의 활동, 연도, 계절, 시간, 위치 등에 따라 달라져 위치 오차에 미치는 영향을 정확히 파악하기 힘들다. 또한 이온층을 통과하는 인공위성 신호의 주파수에 따라 이온층 지연 시간이 달라진다.

- **대류층 지연**tropospheric delay: 대류층은 지구 표면과 가까운 대기층이다. 대류층 지연의 정도는 대류층 내부의 습도, 온도, 대기압에 따라 달라진다. 대류층의 환경은 지표에서의 환경과 상당히 비슷하기 때문에, 기지국과 수신기에서 발생하는 대류층 지연은 상당히 비슷하다. 그래서 RTK GNSS로 대류층 지연을 보정한다. RTK에 대해서는 다음 절에서 설명한다.

- **다중 경로 오차**multipath error: 다중 경로 오차란 빌딩의 벽과 같은 물체에 반사된 GNSS 신호를 안테나가 수신할 때 발생한다. 반사된 신호의 이동 거리가 더 길어서 다른 신호보다 수신기에 더 늦게 입력된다. 지연된 신호로 인해 수신기에서 계산한 위치에 오차가 발생한다.

여러 가지 요인에 따라 발생하는 오차 범위를 정리하면 그림 2.1과 같다. 각 오차에 대한 자세한 내용은 [3, 4, 5, 6]을 참고한다.

오차 요소	오차 범위
위성 시계 오차	±2m
궤도 오차	±2.5m
이온층 지연	±5m
대류층 지연	±0.5m
수신기 노이즈	±0.3m
다중 경로 오차	±1m

그림 2.1 GNSS 시스템 오차[3]

2.1.3 위성 기반 오차 보정 시스템

SBAS^{Satellite-Based Augmentation Systems}는 GNSS의 측정 오차를 보정하는 역할을 한다. 특히 GNSS에서 부족한 정확성, 완전성, 지속성, 유효성 등을 SBAS로 보완할 수 있다. SBAS는 전 대륙에 걸쳐 정확한 위치에 배치된 기준국을 통해 GNSS 측정치를 얻는다. 여기서 발생한 GNSS 오차를 컴퓨팅 센터로 보내서 차분 보정 값을 계산하고 무결성^{integrity} 메시지를 만들어서 정지 궤도 위성을 통해 기존의 GNSS 메시지에 덧붙이거나 덮어씌우는 식으로 대륙 전체로 브로드캐스트한다. SBAS 메시지는 정지 궤도 위성을 이용해 브로드캐스트하기 때문에 광범위하게 안정적으로 전달할 수 있다.

여러 나라에서 SBAS 시스템을 직접 구축했다. 유럽은 EGNOS^{European Geostationary Navigation Overlay Service}를 보유하고 있으며 주로 유럽 대륙을 대상으로 제공하고, 미국은 WAAS^{Wide Area Augmentation System}를 보유하고 있다. 중국도 자체적으로 구현한 SBAS를 제공하는 BDS^{BeiDou System}를 개발했다. 일본은 MSAS^{Multi-functional Satellite Augmentation System}라는 시스템을 보유하고 있으며, 인도는 GAGAN^{GPS and GEO Augmented}

Navigation이란 이름으로 자체 개발한 SBAS를 인도 전역에 제공하고 있다. 나라마다 개발한 SBAS 시스템은 세계 공통 표준을 따르기 때문에 서로 연동할 수 있다.

참고로 상용 GNSS 수신기는 대부분 SBAS 기능을 제공한다. 특히 WAAS는 최소 95%의 측정 시간 동안 수평축과 수직축에 대한 위치 정확성이 7.6m 이하여야 한다고 규격에 명시하고 있다. 실제로 WAAS에서 측정한 결과를 보면, 대부분 미국 영토에서 수평축과 수직축에 대해 각각 1.0m, 1.5m 이하의 정확성을 보이는 것을 관측할 수 있다.

2.1.4 RTK와 DGPS

경험한 바에 따르면 다중 위성군을 지원하는 상용 GNSS 시스템의 로컬라이제이션 정확성은 대부분 반경 2m 정도였다. 이 정도의 정확성은 사람이 자동차를 운전하는 데는 충분할지 몰라도, 자율주행 자동차가 정상적으로 주행하는 데는 부족하다. 자율주행 자동차가 차선을 유지하려면 로컬라이제이션 정확성이 센티미터 수준이어야 한다. 정밀도를 확보하려면 RTK^{Real-Time Kinematic}나 DGNSS^{Differential GNSS}를 적용해야 한다. RTK와 DGNSS의 작동 방식을 알아본다.

RTK GNSS는 위성의 시계 오차, 궤도 오차, 이온층 지연 오차, 대류층 지연 오차를 줄이는 방식으로 정확성을 높인다. 그림 2.2는 RTK GNSS의 기본 개념을 보여준다. GNSS 오차를 보정하기 위한 좋은 방법은 위치를 정확히 알고 있는 기준국에 GNSS 수신기를 설치하는 것이다. 기준국 수신기는 위성 데이터를 통해 수신기의 위치를 계산해서 이 값을 현재 알고 있는 위치와 비교해 오차를 계산한다. 그 결과로 나온 오차 보정 정보를 기준국에서 자동차로 전달한다.

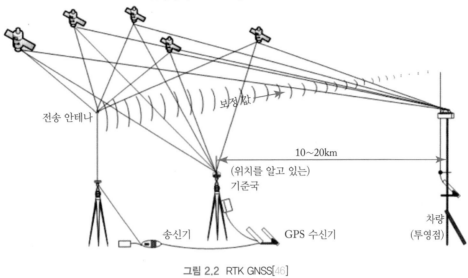

RTK
위치 정확도 ±2cm 정도

전송 안테나

보정값

10~20km

(위치를 알고 있는)
기준국

송신기   GPS 수신기

차량
(투영점)

그림 2.2 RTK GNSS[46]

　　좀 더 구체적으로 설명하면, RTK는 캐리어 위상을 기반으로 위치를 계산하기 때문에 코드 기반 위치 계산 방식보다 훨씬 정밀하다. 코드 기반 위치 계산 방식code-based positioning이란 수신기가 획득한 위성의 의사 난수 코드 정보를 통해 위치를 계산하는 기법이다. 여기에 차분 보정을 적용하면 약 5m의 정확성을 갖는다. 캐리어 기반 위치 계산 방식carrier-based ranging이란 캐리어 전파 신호를 사용하는 캐리어 위상 수신기로 데이터를 수집해서 위치를 계산하는 기법이다. 캐리어 신호의 주파수는 의사 난수 코드의 주파수보다 더 높기 때문에 의사 난수 코드만 사용할 때보다 결과가 정확하다. 의사 난수 코드를 적용할 때의 기준국과의 유효 거리는 캐리어 코드를 적용했을 때의 기준국과의 유효 거리보다 훨씬 좁다. 캐리어 기반 위치 계산 방식에 차분 보정을 적용하면 1m 미만의 정확성을 갖는다. 캐리어 기반 위치 계산 방식은 위성과 자동차 사이의 캐리어 사이클 수를 결정한 다음, 여기에 캐리어 파장을 곱하는 방식으로 의사 거리를 계산한다. 이렇게 계산해도 여전히 위성 시계, 위성 궤도

력, 이온층 지연, 대류층 지연 등으로 인한 오차가 여전히 남아 있다. 오차를 제거해 캐리어 측정치의 정밀도를 높이려면 측정치를 기준국에서 자동차로 전송해야 한다.

RTK GNSS는 미지정수 추정 기법ambiguity resolution과 차분 보정을 통합한 알고리듬으로 자동차의 위치를 판단한다. RTK GNSS를 통해 자동차에 보장되는 위치 정확도는 기준국과의 거리 및 차분 보정의 정확도에 따라 달라진다. 차분 보정의 정확도는 기준국의 위치가 좋고 기준국에서 수신하는 위성 정보의 질이 높을수록 더 높아진다. 간섭이나 다중 경로 오차 같은 환경의 영향을 최소화하도록 기준국의 위치를 잘 정하는 것은, 기준국과 자동차의 수신기나 안테나의 품질 못지않게 중요하다.

2.1.5 PPP 알고리듬

RTK GNSS를 적용하면 자율주행에 필요한 밀리미터급의 정확도를 얻을 수 있지만, 이렇게 하려면 기준국을 직접 설치해야 하는데 이를 관리하는 비용이 엄청나다. PPPPrecise Point Positioning(정밀 단독 측위) GNSS 시스템으로 문제를 해결하는 방법을 살펴본다[7, 8].

그림 2.3은 PPP GNSS의 작동 과정을 보여준다. 여러 기준국이 전 세계에 설치돼 있고, 각 기준국은 정밀한 기준 위성 궤도와 기준 GNSS 위성 시계 정보를 실시간으로 받아서 위성 로컬라이제이션 결과에 적용할 보정 정보를 계산한다. 계산을 마친 보정 정보는 위성이나 인터넷을 통해 최종 사용자에게 전송된다. 위성의 위치와 시계 정보가 정밀할수록 위성 시계 오차와 궤도 오차를 최소화할 수 있다. 그런 다음, 이중 주파수 GNSS 수신기를 통해 캐리어 주파수에 비례하는 이온층 오차의 1차 효과를 제거한다. 이렇게 하면 이중 주파수 GNSS 측정치를 통해 1차 이온층 지연을 완전히 제거할 수 있다. 또한 UNB 모델[9]로 대류층 지연을 보정한다. 정확도를 높이기 위해 위치나 기타 미지수를 추정할 때 잔여 대류층 지연도 측정한다[10]. PPP는 여러 기법을 조합하기 때문에 센티미터 단위의 정확도로 위치를 알아낸다.

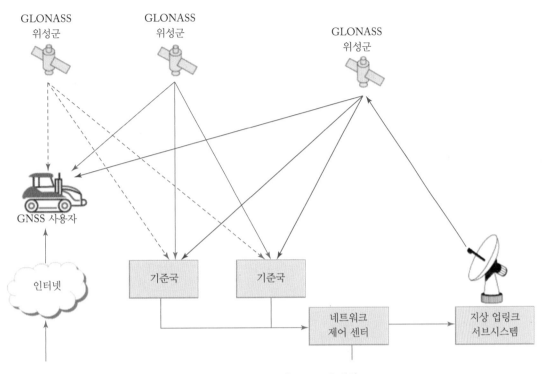

GLONASS
위성군

GLONASS
위성군

GLONASS
위성군

GNSS 사용자

인터넷

기준국

기준국

네트워크
제어 센터

지상 업링크
서브시스템

그림 2.3 PPP GNSS(NovAtel 사 제공)

PPP 알고리듬은 수신기 좌표와 시계 정보를 정밀하게 계산하기 위해 이중 주파수 수신기에서 받은 코드 및 위상 관측 정보와 정밀한 위성 궤도 및 시계 정보를 사용한다. 위성으로부터 받은 정보는 모두 확장 칼만 필터EKF, Extended Kalman Filter 같은 필터를 거친다. 위치, 수신기 시계 오차, 대류층 지연, 캐리어 위상 미지정수ambiguity는 EKF 상태로 추정된다. EKF를 통해 시스템의 노이즈를 최소화하고, 추정한 위치의 정확도를 센티미터급으로 높일 수 있다. 정확하고 안정적인 값으로 수렴할 때까지 GNSS 측정을 연속적으로 수행해서 EKF 상태에 대한 추정치를 개선한다.

PPP는 하나 이상의 근접 기준국에서 관측 정보를 가져올 필요가 없고, RTK처럼 기준국에 대한 상대 위치가 아닌 절대 위치를 제공한다는 점에서 RTK와 다르다. PPP는 상대적으로 밀도가 낮은 기준국 네트워크에 있는 기준국 측정 정보로 지상 처리 센터에서 계산한 정밀한 궤도와 시계 데이터만 있으면 된다. 주목할 점은 PPP는 단 하나의 GPS 수신기만 사용하므로 사용자 주변에 기준국이 없어도 된다는 것이다. PPP는 글로벌 기준 프레임에 따른 위치 해를 계산하기 때문에 글로벌 위치 계산법이라고 볼 수 있다. 결론적으로 PPP는 위치 해의 성능이 로컬 기준국에 상대적으로 결정되는 RTK보다 위치 해의 일관성이 훨씬 뛰어나다. 또한 PPP는 SBAS 시스템과 구조가 비슷하다. SBAS에 비해 PPP의 주된 장점은 정밀한 GNSS 기준 궤도 정보와 시계 정보를 실시간으로 받아서 정확도를 센티미터급으로 높일 수 있다는 점이다. 이에 비해 SBAS는 미터급의 정확도만 제공한다. 또한 PPP는 하나의 보정 스트림을 전 지역에서 사용할 수 있지만, SBAS는 특정 지역에서만 사용할 수 있다.

PPP에서 발생하는 가장 큰 문제는 대기 조건, 위성의 배치, 다중 경로 환경 같은 지역적인 편향을 보정해서 센티미터급의 정확도를 제공하는 데 약 30분 가량의 상당히 긴 시간이 걸린다는 것이다. 통합 후처리 PPP 서비스는 현재 많이 나와 있지만, 실시간 PPP 시스템은 아직 시작 단계에 머물러 있다[11, 12, 13].

2.1.6 GNSS INS 통합

지금까지는 그동안 발전한 GNSS 기술에 대해 살펴봤다. 2.1.6절에서는 관성 정보를 활용해 GNSS의 로컬라이제이션 성능을 높이는 방법을 소개한다[14]. INS^{Inertial} $^{Navigation System}$는 IMU$^{Inertial Measurement Unit}$로 측정한 회전과 가속도 정보를 이용해 시간에 따른 상대적인 위치를 계산한다. 흔히 사용하는 6축 IMU는 3개의 직교축에 배치한 6개의 상호 보완^{complimentary} 센서로 구성된다. 각 축마다 가속도계와 자이로스코프가 장치된다. 가속도계^{accelerometer}는 선형 가속도를 측정하고, 자이로스코프^{gyroscope}는 회전 가속도를 측정한다. IMU는 센서를 이용해 3차원 공간의 상대적인 움직임을 정밀하게 측정한다. INS는 IMU로 측정한 값을 이용해 위치와 속도를 계산한다. 또한 IMU의 측정 값으로 각 축에 대한 가속도 정보를 알 수 있는데, 이 값은 자세(롤, 피치, 방위각)를 추정하는 데 활용된다.

일반적으로 INS 시스템은 1kHz 수준의 매우 빠른 업데이트 주기로 위치 정보를 계산한다. 하지만 INS에는 몇 가지 단점이 있다. INS는 초기 시작점을 기준으로 상대적인 위치 해만 제공해서 이러한 초기 시작점 정보를 반드시 제공해야 한다. 두 번째 문제는 더 심각하다. IMU를 통한 3차원 항법은 초당 수백에서 수천 번의 합 연산을 통해 이뤄지는데, 이 과정에서 발생하는 측정 오차도 함께 누적된다. 외부 기준을 이용해 보정하지 않으면 INS 시스템의 결과가 실제 위치와 급격히 멀어진다. 따라서 INS를 이용해 로컬라이제이션을 수행할 때는 반드시 정확한 외부 기준 정보를 제공해야 한다. 그래야 칼만 필터 같은 수학적 필터로 로컬라이제이션 오차를 최소화할 수 있다.

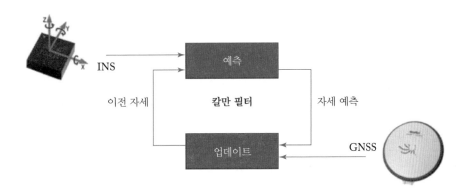

그림 2.4 칼만 필터를 통한 GNSS/INS 통합

그림 2.4를 보면 GNSS로부터 외부 기준 정보를 얻는다. GNSS는 초기 시작점으로 사용할 절대 좌표를 제공한다. 또한 GNSS는 INS 필터 추정치를 업데이트하기 위한 연속적인 위치와 속도 값도 제공한다. (터널을 통과할 때와 같이) 신호 방해로 인해 GNSS 신호가 손상되더라도, INS를 이용해 단기간의 자동차 위치를 알아낼 수 있다.

2.2 HD 맵과 라이다를 이용한 로컬라이제이션

웨이모Waymo, 바이두Baidu, BMW 등에서 제작한 상용 자율주행 자동차의 시제품은 대부분 라이다와 HD 맵을 통해 로컬라이제이션을 수행한다. 2.2절에서는 라이다와 HD 맵의 원리를 알아보고, 두 가지 장치를 조합해 자율주행 자동차의 정확한 로컬라이제이션을 수행하는 방법을 소개한다.

2.2.1 라이다 개요

라이다 기술을 개략적으로 소개한다. 라이다LiDAR란 'Light Detection And Ranging'의 약자로, 목표물에 펄스 레이저를 쏘아 반사된 펄스를 센서로 측정하는 방식으로 목표물까지의 거리를 계산한다[15]. 레이저가 목표물에 부딪혔다가 돌아오는 시간과 레이저의 파장을 이용해 목표물에 대한 3차원 디지털 모델을 만든다. 라이다의 기본 작동 과정은 다음과 같다. 먼저 라이다 장치에서 초당 150,000펄스의 빠른 속도로 레이저 광선을 목표면에 쏜다. 그런 다음, 라이다 장치에 달린 센서로 펄스가 반사돼 돌아올 때까지 걸린 시간을 측정한다. 빛의 속도는 기존에 알려진 값으로 항상 일정하게 유지되기 때문에 목표물과 라이다 장치 사이의 거리를 정확하게 계산할 수 있다. 이 과정을 끊임없이 빠른 속도로 반복하면 라이다가 측정하려는 물체의 표면에 대한 정밀한 '지도'를 만들 수 있다.

일반적으로 라이다의 탐지 기법은 간섭성coherent 탐지 방식과 비간섭성incoherent 탐지 방식(또는 직접 에너지 탐지 방식direct energy detection)이 있다[16]. 간섭성 라이다는 도플러Doppler 주파수나 위상의 변화를 측정하는 데 적합하며, 일반적으로 위상 혹은 주파수의 변조 형식으로 만들어진 전자기파의 정보를 추출하는 기법인 옵티컬 헤테로다인 검파 방법optical heterodyne detection을 사용한다. 이 방식은 상대적으로 낮은 전력을 소모하지만, 복잡한 송수신 장치를 갖추는 데 비용이 많이 든다는 단점이 있다. 비간섭성 빛을 발사하면 모든 방향으로 퍼져나간다. 반면 간섭성 빛은 전자기 스펙트럼에서 광학적인 부분 또는 주변에만 에너지파를 생성하도록 고도로 특화된 다이오드를 사용해 발사하는데, 이를 통해 각각의 에너지파가 모두 한 방향으로 이동하기 때문에 전력 소모량이 훨씬 적다.

간섭성 라이다와 비간섭성 라이다는 모두 고에너지 시스템과 마이크로펄스 시스템이라는 두 가지 펄스 모델로 구분한다. 고에너지 시스템high-energy system은 사람의 눈을 손상시킬 정도로 높은 출력의 빛을 쏘는 방식으로, 구름의 높이/형태/밀도나 구름 입자의 특성, 온도, 기압, 바람, 습도, 특정 가스의 농도 같은 다양한 대기 변수를 측정하는 데 사용된다. 반면 마이크로펄스 시스템micro-pulse system은 눈에 안전한 저전력의 빛을 사용하기 때문에 약간의 주의만 기울이면 안전하게 사용할 수 있다. 마이크로펄스 방식 라이다의 최초 설계를 보면[17], 라이다를 마이크로줄(μJ)급의 펄스 에너지를 갖는 고주파 레이저를 발사하는 다이오드로 구성했고, 빔 확산을 통해 라이다의 빛으로부터 눈을 보호했다. 이때 빛을 수신하는 수신부는 고체 가이거 모드 애벌랜치 포토 다이오드 검출기solid-state Geiger mode avalanche photodiode detector를 통해 광자를 세는 방식으로 작동한다. 자율주행에서 사용되는 라이다 장비는 레이저 안전 요구사항을 맞추기 위해 대부분 가장 안전한 간섭성 마이크로펄스 시스템 모델을 사용한다.

라이다에서 사용하는 레이저는 파장을 기준으로 분류한다. 주로 600~1,000nm 파장의 레이저를 사용하며, 최대 전력은 안전 요구사항을 만족하는 수준으로 제한한다. 1,550nm 파장의 레이저도 흔히 사용하는데, 주로 정확성이 낮더라도 먼 거리의 목표물을 측정할 때 사용한다. 또한 파장의 레이저는 야간투시경으로 볼 수 없기 때문에 군사용으로 활용할 수 있다. 군 항공기용 라이다 시스템은 1,064nm 파장을 갖는 단일 다이오드 야그YAG 레이저를 사용하고, 수심 측정용 라이다 시스템은 532nm 파장을 갖는 이중 다이오드 야그 레이저를 사용한다. 532nm 파장을 사용하는 레이저는 군 항공기용의 1,064nm 파장 레이저보다 수중에서의 빛의 감쇄가 적기 때문이다. 라이다의 해상도를 높이려면 수신부의 검출기가 기존보다 짧은 파장의 펄스를 수신해야 하고, 많은 데이터를 감당할 수 있도록 충분한 대역폭을 갖도록 전자장비를 설계해야 한다.

일반적인 라이다 시스템은 레이저 스캐너$^{laser\ scanner}$와 레이저 수신기$^{laser\ receiver}$로 구성된다. 스캐너 속도가 빠를수록 라이더에서 이미지를 생성하는 속도가 높아진다. 라이다의 스캔 방식은 방위각 및 고도, 이중 진동 평면 거울, 이중 축 스캐너, 다각형 거울 등 용도에 따라 다양하게 나와 있다. 이때 광학 시스템의 종류에 따라 시스템의 해상도와 탐지 가능 범위가 결정된다[18, 19]. 레이저 수신기는 반사된 신호를 읽고 저장한다. 레이저 수신기도 실리콘 애벌랜치 포토 다이오드$^{silicon\ avalanche\ photodiode}$와 광전자배증관^{photomultiplier}의 두 종류가 있다[20].

그림 2.5는 자율주행 자동차에 널리 사용되는 벨로다인^{Velodyne} HDL-64 라이다를 보여준다. 이 시스템은 64개의 라이다 채널을 +2°부터 −24.9°까지 배치해 26.9°의 수직 시야를 제공하고, 레이저 송/수신부가 회전할 수 있도록 설계해 360°의 수평 시야각을 제공한다. 회전 속도는 5~20Hz 사이에서 선택할 수 있는데, 이를 통해 라이다 센서가 만드는 관측 지점의 밀도를 사용자가 선택할 수 있다. HDL-64는 905nm의 파장과 5ns의 펄스의 레이저를 생성해 초당 2,200,000개의 관측 데이터를 수집할 수 있고, 120m 범위의 환경을 ±2cm의 정확도로 관측할 수 있다. HDL-64의 상부에는 (한 그룹에 16개씩 묶은 네 그룹을 배치한) 레이저 발신기가 있고, 하부에는 (두 그룹에 32개씩 묶은 두 그룹을 배치한) 레이저 수신기가 있다.

실제로 라이다 제조사와 사용자가 겪는 가장 큰 문제는 캘리브레이션^{calibration}이다 [21]. 라이다의 성능은 캘리브레이션 성능에 크게 좌우된다. 캘리브레이션을 잘하면 측정한 환경으로부터 정밀한 3차원 데이터를 만들어서 선형(혹은 평면)의 특징을 쉽게 추출할 수 있다. 반대로 캘리브레이션을 제대로 하지 못하면 형상을 추출하기 힘들고 신뢰도가 떨어지며, 심지어 형상 자체를 추출하지 못할 수도 있다.

멀티빔$^{multi-beam}$ 라이다 시스템은 광선의 집합 즉, 직선의 집합으로 모델링한다. 이 광선은 센서 고정 좌표계를 기준으로 레이저빔의 위치와 방향을 표현한다. 멀티빔 라이다 시스템의 캘리브레이션은 각 레이저 빔의 위치와 방향을 정의하는 매개변

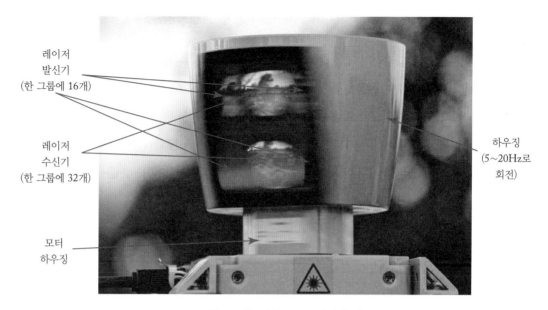

레이저
발신기
(한 그룹에 16개)

레이저
수신기
(한 그룹에 32개)

하우징
(5~20Hz로
회전)

모터
하우징

그림 2.5 벨로다인 HDL-64 라이다[45]

수를 추정하는 방식으로 이뤄진다. 교정 기술의 핵심은 라이다가 얻은 3차원 데이터
가 실제와 일치하도록 라이다의 캘리브레이션 매개변수를 추정하는 최적화 과정에
있다. 따라서 캘리브레이션 과정calibration process은 여러 매개변수에 대한 최적화 과정
으로서, 다음과 같은 단계로 구성된다.

- **매개변수 선택**: 3차원 좌표계에서 레이저 빔을 정의하기 위해서는 시작점의
  위치(3개)와 방향(2개)에 대한 총 5개의 매개변수가 필요하다. 레이저 빔을 통
  한 측정치를 교정하기 위한 거리 교정 매개변수를 추가하는 경우, 레이저 빔
  하나당 6개나 7개의 매개변수가 필요하다.

- **목적 함수의 선택**: 목적/비용 함수objective/cost function C는 최적화 과정의 기저를
  이루며, 측정한 3D 데이터 집합과 실제 환경을 정량적으로 비교하는 데 사
  용된다. 목적 함수 C는 라이다를 통해 얻은 데이터와 실제 값의 차이가 클
  수록 큰 비용을 내고, 차이가 적을수록 작은 값을 내야 한다.

- **데이터 분할**: 데이터 분할data segmentation 과정은 수집한 데이터로부터 교정 대상에 관련된 데이터를 추출한다. 교정 대상으로부터 참 값을 알 수 있다. 교정 과정에 적용할 환경은 데이터를 적절히 분할할 수 있도록 설계돼야 한다.

레이저 빔의 숫자가 늘어날수록 교정 매개변수의 수도 늘어난다. 따라서 캘리브레이션 과정의 난이도 역시 빔의 숫자에 비례해 높아진다. 적은 숫자의 레이저 빔을 사용하는 장비보다 많은 숫자의 레이저 빔을 사용하는 장비가 비싼 주된 이유가 바로 여기에 있다.

2.2.2 HD 맵 개요

HD 맵을 만드는 기술을 자세히 살펴볼 것이다. 먼저 자율주행에 HD 맵이 필요한 이유부터 이해해야 한다. 집에서 사무실로 가는 익숙한 길을 주행하는 경우를 생각해보자. 주행하기 전에 이미 머릿속에 경로를 담고 있기 때문에 주행 과정에서 특별히 안전에 유의해야 할 지점에 집중할 수 있다. 예를 들어 최근 몇 주 사이에 생긴 도로의 패인 곳과 같은 장애물을 충분히 예상할 수 있고, 큰 트럭이 속도 제한 표지판을 가리더라도 제한 속도를 알고 있을 것이다. 이와 달리 처음 가보는 길을 운전할 때처럼 경로에 대한 정보가 훨씬 부족한 상황에서는 좀 더 많은 주의를 기울여야 한다. 그래서 주행하는 순간마다 적절히 반응할 수밖에 없다. 자율주행 자동차도 마찬가지다. 자율주행 자동차가 좀 더 익숙하게 주행해서 안전에 집중할 수 있도록 HD 맵을 제공한다. 그렇다면 기존에 나와 있는 상용 디지털 지도를 활용하면 되지 않느냐고 생각할 수 있다. 상용 디지털 지도는 사람에 맞게 만들어졌기 때문에 해상도가 (미터급으로) 낮은 편이고, 정보의 업데이트 주기도 길다. 자율주행 자동차가 도로를 주행하려면 도로에 대한 구체적인 정보가 필요하다. 자동차가 특정한 차로를 따라 주행하려면 차로의 위치를 정확히 알아야 한다. 따라서 로컬라이제이션을 데시미터 단위로 정확히 수행해야 한다. 결론적으로 상용 디지털 지도만으로는 자율주행 자동차가 실시간으로 로컬라이제이션을 수행하기가 굉장히 힘들다. 특히 지도에 나온 정보와 실제 환경이 일치하지 않으면 더 힘들다.

자율주행 자동차를 위한 지도를 제작하기 위해 해결해야 할 중요한 문제는 크게 세 가지가 있다. 첫째, 지도의 정밀도가 센티미터급이어야 한다. 따라서 HD 수준으로 만들어야 한다. 둘째, 도로의 변화를 반영하도록 지도를 업데이트해야 한다. 실제로는 일주일에 한 번 업데이트한다. 셋째, 자율주행 시스템이 높은 성능을 유지하도록 다른 모듈과 매끄럽게 연동돼야 한다. 라이다와 다른 센서를 결합하면 정밀도를 높일 수 있다. 최신 정보를 반영하도록 딥맵DeepMap에서 사용하는 크라우드 소싱 방법을 적용할 수도 있고, 이와 반대로 구글이나 바이두에서 사용하는 측정 차량을 통한 주기적인 업데이트 방법을 적용할 수도 있다. 이렇게 만든 HD 맵을 자율주행 시스템의 다른 모듈과 매끄럽게 연동하려면 HD 맵을 실시간으로 업데이트해서 자율주행 자동차로 제공하는 고성능 자율주행 클라우드 인프라스트럭처를 구축해야 한다. 센티미터급의 정밀도를 갖는 HD 맵을 제작하는 방법에 대해서는 다음 절에서 소개한다.

HD 맵을 제작하는 핵심 기술은 주변 환경의 세밀한 지도를 만들어서 GNSS/INS 항법을 보완한 뒤, 자동차에 탑재된 라이다 센서로 HD 맵 기준의 자동차 위치를 알아내는 것이다[22, 23, 24]. 따라서 HD 맵 제작의 핵심은 여러 센서(GNSS/INS/LiDAR)를 융합해서 지도의 한 격자에서 발생하는 오차를 최소화하는 데 있다. 이때 먼저 GNSS/INS로 매번 스캔할 때마다 개략적인 위치 정보를 생성한 다음, 라이다로 2D 위치를 좀 더 정밀하게 측정한다. 여기서 가장 중요한 부분은 여러 센서를 조합해 고정밀 로컬 지도를 만들고, 로컬 지도를 연결해 글로벌 지도를 만드는 것이다.

먼저 HD 맵의 구조를 자세히 살펴보자. 기존 맵과 마찬가지로 HD 맵도 계층적인 데이터 구조를 갖는다. HD 맵의 기본 계층foundation layer, 혹은 바닥 계층bottom layer은 5×5cm 해상도를 갖는 정밀한 2차원 구조로 구성된다[23]. 기본 계층은 라이다로부터 받은 적외선 스펙트럼 데이터에서 도로 표면의 2차원 조감도를 저장한다. 기본 계층의 각 격자마다 라이다 반사 정보도 기록한다. 반사 정보를 통해 해당 격자가 표현하는 도로 영역에 장애물이 없는지 판단한다. HD 맵 기반으로 로컬라이제이션을 수행하려면, 현재 자율주행 자동차에서 실시간으로 측정한 라이다 스캔 정보와 기본 계층의 격자에 담긴 라이다 반사 정보를 비교해야 한다.

그림 2.6 HD 맵(DeepMap 제공)

기본 계층은 지상에 대한 직사 적외선 사진이라고 볼 수 있다. 기본 계층의 2차원 격자마다 x-y축 좌표와 적외선 반사 값이 할당돼 있기 때문이다. 라이다 스캔 측정치를 제대로 수집하려면 라이다 센서가 도로 표면을 향하도록 여러 개의 센서를 자동차 위에 설치해야 한다. 라이다 센서는 지표면에 대한 표본 지점뿐만 아니라, 적외선 반사에 대한 측정치도 제공한다. 반사 정보를 3차원 거리 정보에 텍스처링하면 지표면에 대한 고밀도 적외선 반사 이미지를 얻을 수 있다. 움직이는 물체가 후속 로컬라이제이션에 영향을 미치지 않게 하는 표준 기법 중 하나는, 레이저 스캔의 방향을 지표면에 맞추고 지표면과 일치하는 측정치만 남겨두는 것이다[23]. 평면과 수직을 이루는 물체를 제거할 수 있는 능력은 라이다의 대표적인 장점이다. 결과적으로 지표면의 성분만 지도에 남고 다른 자동차를 표현하는 성분은 자동으로 삭제된다. 지도는 밤에도 만들 수 있다. 라이다 시스템은 외부 광원을 사용하지 않기 때문이다. 따라서 라이다로 만든 지도는 수동 카메라를 통해 만든 지도보다 주변 조명에 크게 영향을 받지 않는다.

라이다 스캔으로부터 수집한 데이터는 주변 환경에 대한 로컬 지도처럼 사용할 수 있다. 하지만 좀 더 넓은 영역의 지도를 생성하려면 맵 매칭이라 부르는 과정을 통해 이렇게 만든 로컬 지도를 하나의 글로벌 지도로 만들어야 한다[24]. 맵 매칭map matching은 로컬 라이다 스캔 데이터를 서로 비교해 데이터가 겹치는 영역을 찾아서, 이 영역을 로컬 지도를 엮는 연결고리로 활용한다. 2개의 라이다가 각각 순차적으로 스캔한 결과가 $a1$, $a2$, …와 $b1$, $b2$, …라 하고, 여기서 두 격자가 겹치는 비율이 T를 넘으면 겹쳤다고 판단한다. 겹쳐진 영역을 발견하면 2개의 지도를 따로 만든다. 하나는 $a1$, $a2$, …로 얻은 데이터만 사용해 만들고, 다른 하나는 $b1$, $b2$, …로 얻은 데이터로만 만든다. 그런 다음, 측정 확률을 최대화하도록 정렬하는 지점을 찾는다. 이때 가능도likelihood을 최대화하는 지점은 각 반사 지도가 겹쳐지는 영역 안에 있다고 가정한다(이상적인 환경을 가정했다). 또한 이미지들의 서로 다른 x-y축 편차를 고려해 지도 사이에 선형 연관 영역linear correlation field을 계산한다. 참고로 라이다 스캔 과정에서 GNSS와 INS 데이터를 활용할 수 있기 때문에, 라이다 스캔 데이터가 들어올 때마다 자동차의 초기 자세 정보인 $\langle x, y, \theta \rangle$와 연결되도록 GNS와 INS 정보로 후처리한다. 여기서 x와 y는 스캔할 당시의 자동차 위치고, θ는 자동차의 진행 방향이다. 자세 정보는 두 지도에 대한 반사 값의 상관 계수를 계산할 때의 맵 매칭 과정에서 발생하는 오차를 줄이는 데 사용한다. 정렬 지점이 한 곳이라면, 상관 영역에서 하나의 극점만 찾는다. 이때 상관 영역의 극점은 로컬 정렬에 있어 가장 좋은 추정치라 가정한다.

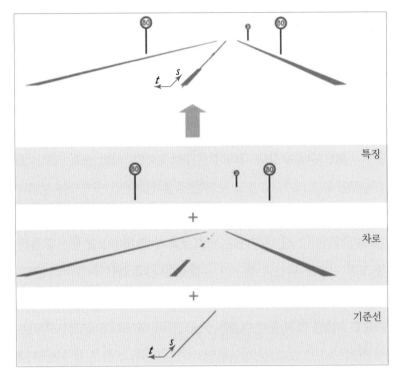

그림 2.7 HD 맵의 의미 계층

HD 맵에서 기본 계층의 위에는 의미 정보를 담은 계층이 있다. 그림 2.7을 보면 의미 계층은 차선 표식 정보와 해당 차로의 특성 정보를 저장한다. 자동차 센서의 측정 값은 날씨, 장애물, 다른 자동차로 인한 간섭 등에 영향을 받기 때문에, HD 맵에 나온 차로 정보를 통해 도로를 정확하고 안전하게 주행할 수 있으며, 옆 차선에 위험 요소가 없는지 실시간으로 판단할 수 있다. HD 맵의 차로 정보 위에는 도로 표지판과 신호등을 표현하는 계층도 있다. 이 계층은 두 가지 기능을 제공한다. 하나는 인지 단계의 입력으로 전달해서 자동차가 신호등과 속도 제한을 감지하는 데 사용된다. 다른 하나는 계획 단계의 입력으로 전달해서 자동차가 신호등과 속도 제한을 놓치더라도 HD 맵에 나온 신호등과 속도 제한 정보를 참고해 안전하게 주행하는 데 활용된다.

HD 맵과 관련해 저장 공간 문제도 발생한다. 높은 정밀도로 표현하다 보면 메모리와 저장 공간을 많이 차지하기 때문이다. 넓은 지역을 5cm 해상도로 표현한 지도는 상당한 메모리를 차지한다. [23]에서 제시한 바에 따르면, 지도의 크기를 줄이고 관련 데이터를 최대한 메모리에 넣기 위한 기법으로 두 가지가 있다. 하나는 관련 없는 정보를 제거하는 기법이다. 주행 중인 자동차에서 데이터를 수집하는 과정에서 레이저 스캔으로 들어오는 사각형 영역은 주행 거리의 제곱에 비례해 커지는 데 반해, 데이터 자체는 선형적으로 증가한다. 따라서 사각형 영역이 기하급수적으로 증가하지 않게 하려면, 사각형 영역을 정사각형 격자 단위로 나눠서 실제 데이터가 있는 정사각형만 저장하는 방식으로 레이저 스캔 평면의 공간을 줄인다. 그러면 격자 이미지를 5cm 해상도에서 대략 1마일(1.6km)에 10MB의 크기로 담을 수 있다. 따라서 1TB 하드디스크에 100,000마일(160,934km)의 정보를 저장할 수 있다. 첫 번째 기법이 스토리지 사용량을 최적화하는 데 반해, 두 번째 기법은 메모리 사용량을 줄이는 것이다. 자동차가 주행하는 동안에는 로컬 HD 맵만 필요하다. 또한 GNSS/INS 정보를 이용하면 자동차의 개략적인 위치를 실시간으로 알아낼 수 있다. 이 정보를 바탕으로 HD 맵에서 일부 영역만 동적으로 불러오면 전체 맵의 크기가 아무리 크더라도 항상 메모리에 담을 수 있다.

2.2.3 라이다와 HD 맵을 이용한 로컬라이제이션

HD 맵을 만들었다면, HD 맵을 활용해 자동차의 로컬라이제이션을 수행해야 한다 [25, 26, 27, 28]. 일반적으로 로컬라이제이션 과정에 파티클 필터particle filter를 적용하는데, 우선 파티클 필터로 거리range 데이터를 분석해 자동차 아래의 지평면을 추출한다. 그런 다음, 이와 측정한 적외선 반사 지도 정보에 대한 상관 함수를 피어슨 적률 상관 함수Pearson product-moment correlation를 통해 계산한다. 각 파티클은 시간에 대한 속도를 투영한 값을 갖는다. 속도는 휠 오도메트리, INS, GNSS를 사용하는 강

결합tightly coupled 관성 항법 시스템을 통해 추정한다.

HD 맵에 대한 로컬라이제이션에 깊이 들어가기 전에 먼저 로컬라이제이션에 필요한 수학적 도구부터 이해하고 넘어가자. 파티클 필터를 널리 사용하기 전에는 주로 칼만 필터로 상태 공간 모델state space model을 풀었다. 칼만 필터는 선형 가우시안 상태 공간 모델linear Gaussian state space model에 대한 최적해를 구하는 필터이다. 선형성 혹은 가우시안 조건을 만족하지 않는 환경이라면 확장 칼만 필터EKF, Extended Kalman Filter나 무향 칼만 필터UKF, Unscented Kalman Filter를 적용한다. 하지만 비선형성이 크고 가우시안 조건을 만족하지 않을 때는 칼만 필터로 추정한 결과를 신뢰할 수 없다. 이러한 환경에는 파티클 필터 기술을 적용하는 것이 좋다. 파티클 필터는 관측할 수 있는 시점부터 실시간으로 동작해 잠재 프로세스에 대한 주변 분포marginal distribution의 근사치를 구한다. 파티클 필터 알고리듬을 수행할 때 중요도 샘플링importance sampling 과정을 통해 ('파티클'이라고 하는) 이산 값과 그 값에 대한 비중의 집합으로 각 시점마다 분포의 근사치를 구한다[29]. 칼만 필터는 선형성과 가우시안 분포에 대한 가정에 의존한다. 특정한 파티클 필터에서는 칼만 필터의 비선형 및(혹은) 비가우시안 환경에 대한 작업을 순차 몬테 카를로 방법Sequential Monte Carlo methods으로 재현한다. 두 필터의 핵심적인 차이는 칼만 필터가 시스템 모델을 유도해 사용하는 반면, 파티클 필터는 상태와 이노베이션의 추정치를 시뮬레이션을 통해 만드는 데 있다. 선형 가우시안 모델에 대해 파티클 필터를 적용하면 칼만 필터와 동일한 가능도likelihood를 얻을 수 있다. 연산의 관점에서, 칼만 필터는 시뮬레이션을 하지 않기 때문에 선형 가우시안 모델보다 계산량이 상대적으로 적다. 정리하면, 선형 모델을 통해 시스템을 적절히 묘사할 수 없거나 센서의 불확실성이 가우시안 분포를 따르지 않는다고 하더라도 파티클 필터는 모든 모델을 충분히 많은 파티클로 이산화하는 것을 통해 확률 분포를 추정한다(이때 각 파티클이 상태 공간 모델의 역할을 한다).

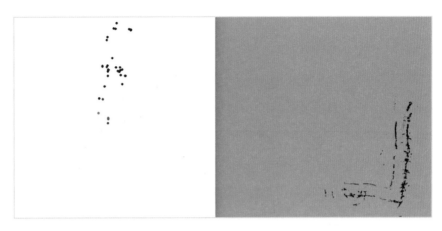

그림 2.8 파티클 필터의 동작

파티클 필터는 HD 맵의 로컬라이제이션 과정에서 실시간으로 적용된다. 그림 2.8은 파티클 필터의 로컬라이제이션 과정을 보여준다. 왼쪽 그림을 보면 전면 공간forward space에 파티클이 뿌려져 있다(전면 공간의 차원은 주로 GNSS/INS 오차에 맞춘다). 오른쪽 그림은 생성된 지도와 로봇의 이동 경로를 보여준다. 전면 공간의 파티클은 비중이 적용되는데, 비중이 높을수록 자동차의 현재 위치를 잘 나타낸다. 그림 2.8 에서 붉은 파티클은 비중이 높음을, 어두운 파티클은 비중이 낮음을 나타낸다. 파티클 필터 알고리듬은 예측과 업데이트라는 두 단계를 반복한다. 자동차가 움직일 때마다 파티클을 모델에 따라 이동시키는데, 이때 랜덤 오차를 반영해 추정 변수의 오차에 대한 효과를 나타낸다. 이 과정을 예측 단계prediction stage라 한다. 그런 다음 각 파티클의 비중을 최신 라이다 스캔 데이터로 재평가를 하는 과정을 업데이트 단계update stage라 한다. 특히 라이다 스캔 데이터가 파티클이 분포한 영역 주변에 형성되면, 파티클이 자동차의 실제 위치와 근접한다는 뜻이므로 비중이 매우 높아진다. 업데이트 과정 이후 좁은 영역에 높은 비중을 갖는 파티클이 몰려 있다면(수렴 상태), 로컬라이제이션의 정확도를 더 올리기 위해 좁은 영역에 대해 전체 알고리듬을 다시 수행하는데, 이를 리샘플링resampling이라고 한다.

파티클 필터는 실시간 성능을 내기 위해 3차원 자세 벡터(x, y, yaw)만을 다루고, 롤roll과 피치pitch는 충분히 정확하다고 가정한다. 파티클 필터를 통해 추정하는 움직임은 관성 속도 측정치에 기반한다. 라이다 측정 데이터에서 지표면과 관계없는 요소들은 매핑 과정 중 지평면 분석 과정에서 제거된다. 또한 라이다 측정 데이터는 현재 환경에 대한 지도가 만들어진 다음에 저장되는데, 따라서 사전 반사 값prior reflectivity value이 지도에 포함된다. 로컬라이제이션 오차를 줄이려면 현재 GNSS/INS 자세 추정치로부터 적은 숫자의 파티클을 지속적으로 만들어야 한다. GNSS를 사용할 수 있다면, 측정 가능도measurement likelihood의 계산에 GNSS 정보를 적용해 GNSS의 위치 추정치와 파티클의 거리가 너무 멀어지지 않게 해야 한다. 자동차의 로컬라이제이션을 복잡하게 만드는 요인 중 하나는 바로 날씨다. 비로 인해 젖은 표면은 마른 표면보다 적외선 빛을 덜 반사해서 도로의 가시성이 줄어든다. 파티클 필터는 거리를 측정할 때마다 밝기와 표준편차를 정규화해 문제에 대응한다. 이 과정은 측정 환경의 로컬 지도를 만들 때도 적용된다. 피어슨 적률 함수와 참 값을 모르는missing 변수의 상관 값을 계산할 때도 정규화된 최소자승법least squares difference method을 사용한다.

라이다를 통한 HD 맵의 로컬라이제이션 기초를 알아봤고 로컬라이제이션 과정에서 발생하는 문제점을 살펴보자. 첫 번째 문제는 로컬라이제이션 오차다. 앞에서 라이다 스캔과 HD 맵의 일치 여부를 이진 분류 방식으로 판단했다. 스캔 데이터와 맵이 일치하지 않으면 해당 라이다 스캔 데이터를 폐기한다. 이 방법은 간단하고 큰 문제가 발생하지는 않지만 실제로 큰 오차가 발생했을 수 있다. 이진 분류 방법을 개선하기 위해 [25]의 저자는 HD 맵을 확장하고 환경의 확률적 특성을 캡슐화하는 방식을 제안했다. 이를 통해 세계를 좀 더 정확하게 표현하고, 로컬라이제이션 성능을 크게 높일 수 있다. 저자는 환경과 라이다 스캔 데이터의 일치 여부를 직접 확인하지 않고 관측 데이터를 모두 더하는 방법을 사용했고, 로컬 지도의 측정 분산을 모델링했다. 이 방법은 앞서 언급한 비확률론적 방법과 비교했을 때 몇 가지 장점이 있다.

측정할 지표면이 (입사 경로와 반사 경로가 같은) 역반사 특성을 가질 때 표면의 반사 정도remission가 입사각에 상대적으로 영향을 적게 받는 뜻밖의 현상이 발생해서 로컬라이제이션의 오차가 줄어든다. 하지만 측정하는 지표면이 빛나는 물체 등으로 인해 각반사 특성이 나타나면 측정 위치가 다를 때 결과가 일정하지 않다. 차이를 무시하면 로컬라이제이션 오차가 커지지만, [25]에서 제안한 방법은 이런 점을 모두 고려해서 로컬라이제이션 오차를 줄이며, 움직이는 장애물에 대해 높은 견고성robustness을 제공한다. HD 맵의 반사 측정치 분포를 모델링함으로써 맵에 나온 경로에 있는 움직이는 장애물로 인한 영향을 자동적으로 제거할 수 있다. 세 번째 장점은 로컬라이제이션에서 사용되는 측정치 모델에 대한 확률적 해석을 직접 할 수 있다는 점이다.

라이다 기반의 로컬라이제이션에서 발생하는 두 번째 문제는 라이다 센서가 비싸다는 것이다. 3차원 라이다 장비는 한 대의 가격이 대략 100,000달러에 달한다. 높은 가격은 자율주행 자동차의 상용화를 방해하는 주된 원인 중 하나다. 문제를 해결하기 위해 가격 대 성능비가 좋은 센서를 최적화하는 다양한 방법이 제안되고 있다. 특히 [26]에서 저자는 고가의 라이다 장비를 통해 미리 만들어둔 HD 맵을 활용하되, 푸시브룸push-broom 2차원 스캐너 한 대를 사용해 도로상의 자동차에 대한 정밀한 로컬라이제이션을 수행하는 방식을 제안했다. 2차원 레이저 스캐너는 아래를 향해 발사하도록 조절돼 레이저가 연속적으로 지표면에 닿는다. 이런 방식을 통해 라이다 데이터의 작은 조각을 만들 수 있고, 통계적으로 HD 맵과 매칭할 수 있다. 기술을 적용하기 위해서는 자동차의 속도계에서 얻을 수 있는 정확한 속도 정보를 실시간으로 로컬라이제이션 모듈에 제공할 필요가 있다. 저자는 이 방식을 통해 정확한 GNSS/INS 로컬라이제이션 시스템을 구축하는 데 성공했다. [27]에서도 비슷한 대안을 제시했다. 논문의 저자는 2차원 라이다와 오도메트리 정보만으로 자동차의 3차원 도시 환경에 대한 로컬라이제이션을 수행하는 알고리듬을 고안했다.

눈, 비 같은 날씨 또한 라이다 기반의 로컬라이제이션에서 문제 요인이 되는데, 라이다의 성능이 기상 조건에 크게 영향을 받기 때문이다. 예를 들어, 악천후로 인해 도로의 페인트에 대한 시야가 차단되거나 도로 표면의 품질이 나빠지면 라이다 기반으로 로컬라이제이션을 제대로 할 수 없다. 악천후 환경은 라이다가 스캔한 반사 값에 악영향을 미치는데, 로컬라이제이션에 반사 대신 다른 정보를 활용한다면 문제를 해결할 수 있다. [28]에서 저자는 환경과 측정 데이터의 매칭에서 반사 대신 장면의 3차원 구조를 활용하는 방식을 제안했다. 이 방식을 적용하기 위해 저자는 환경의 구조를 가우시안 혼합$^{Gaussian mixture}$ 지도 형태로 전환했다. 이때 지도는 z 높이 분포에 대한 가우시안 혼합의 집합체와 같은 형태를 갖는다. 실시간성을 확보하기 위해 저자는 가우시안 혼합에 대한 래스터화 해석 테이블$^{rasterized lookup table}$을 사용하는 분기 한정 다해상도$^{branch-and-bound multi-resolution}$ 접근법을 개발했다.

2.3 비주얼 오도메트리

비주얼 오도메트리$^{VO, Visual Odometry}$는 하나 이상의 카메라에서 입력된 데이터만으로 자동차의 움직임을 추정하는 과정이다[30, 31, 32]. 비주얼 오도메트리에서 수행하는 주된 작업은 이미지 I_x와 I_{x-1} 사이의 상대적인 변화 T_x를 구한 다음, 이를 통해 자동차의 궤적^{trajectory} $V_{0:n}$을 구하는 것이다. 즉, 비주얼 오도메트리로 자세가 변할 때마다 경로를 점진적으로 복원한다. 그런 다음, 좀 더 정확한 로컬 궤적의 추정치를 구하기 위해 최근 자세 x에 대한 교정 작업을 반복한다. 반복 교정$^{iterative refinement}$은 최근 m개의 이미지에 대해 재구성한 3D 지점들의 재투영 오차의 제곱합을 최소화하는 방식으로 진행되는데, 이를 번들 조정$^{Bundle Adjustment}$이라 한다.

일반적인 비주얼 오도메트리의 진행 과정은 그림 2.9와 같다. 새로 들어온 이미지 I_x마다 다음과 같은 세 단계를 거친다. 첫 단계는 특징점$^{feature point}$을 추출한다. 두 번째 단계는 추출된 특징점과 일치하는 부분이 이전 프레임에 있는지 검사한다. 이때 각기 다른 프레임에서 공통되는 3차원 특징을 2D 특징으로 재투영하는 것을 이미지 대응image correspondence이라 한다. 세 번째 단계는 모션 추정motion estimation을 수행한다. 모션 추정은 $x-1$과 x의 두 시간 사이의 상대적인 움직임 T_x를 계산한 뒤, 결과로 나온 T_x와 이전 자세를 결합해 자동차의 현재 자세 V_x를 구한다. 마지막으로 최신 x 프레임에 대해 번들 조정을 수행해 로컬 궤적 추정치의 정확도를 높인다.

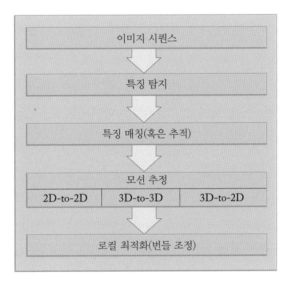

그림 2.9 비주얼 오도메트리의 파이프라인[30]

모션 추정은 VO 시스템에서 각 이미지마다 수행하는 핵심 연산 단계다. 즉, 모션 추정 단계에서 현재 이미지와 이전 이미지 사이에 발생한 자동차의 움직임(모션)을 계산한다. 모션을 모두 합쳐서 자동차의 전체 궤적을 복원한다. 특징을 2차원에서 대응했는지 아니면 3차원에서 대응했는지 여부에 따라 세 가지 방식으로 나뉜다. 첫째, 2D를 2D에 대응했다면 특징 f_{x-1}과 f_x는 2차원 이미지 좌표로 지정된다. 둘째, 3D를 3D에 대응했다면 특징이 3차원 이미지 좌표로 지정된다. 이 과정에서 각 프레임마다 3D 특징점에 대해 삼각측량을 한다. 셋째, 3D를 2D에 대응하는 경우 특징 f_{k-1}을 3차원 좌표로 지정하고, f_k는 이미지 I_x에 2차원으로 재투영한 것으로 대응한다. 모노큘러monocular 카메라는 3차원 특징을 2개의 인접한 이미지 I_{x-2}와 I_{x-1}로 삼각측량한 다음, 세 번째 이미지 I_x의 2차원 이미지 특징에 매칭한다.

2.3.1 스테레오 비주얼 오도메트리

관성 센서inertial sensor는 한쪽으로 흐르는 드리프트drift 현상이 발생하기 쉽고, 휠 오도메트리wheel odometry는 울퉁불퉁한 오프로드off-road(비포장) 지형에서는 측정 값이 불안정하기 때문에, 실시간 로컬라이제이션에 비주얼 오도메트리를 활용한다. 스테레오stereo(이중) 비주얼 오도메트리는 연속적으로 들어오는 스테레오 이미지 쌍으로부터 프레임 단위로 카메라의 움직임을 추정하는 방식으로 작동하는 기술로 자율주행에 널리 적용되고 있다. 예를 들어, [35]에서 제시한 알고리듬은 흔히 사용되는 비주얼 오도메트리 알고리듬과 다음과 같이 크게 두 부분에서 차이가 있다. 첫째, 카메라 움직임에 대해 사전에 어떤 가정도 하지 않는다. 둘째, 별도의 스테레오 알고리듬으로 계산한 디스패러티(시차, 양안차) 이미지disparity image를 기반으로 추정한다. 논문의 저자는 400m를 주행하는 동안 수집한 4,000프레임의 이미지에 대해 위치 오차가 (주행 거리의 0.25%에 해당하는) 1m 미만임을 보여줬다. 처리 시간은 512×384 이미지에 대해 20ms에 불과했다. 알고리듬의 기본 작동 과정은 다음과 같다. 첫째, 코너 특징 탐지corner feature detection 방식으로 각 프레임마다 특징을 검출한다. 둘째, 로컬 윈도에 대한 절대 합을 통해 프레임 사이의 특징을 매칭한다. 셋째, 일관된 매칭 집합 중 가장 큰 것을 찾는다(인라이어 검출inlier detection). 넷째, 인라이어 집합에 있는 특징에 대한 재투영 오차를 최소화하는 프레임 사이의 움직임(모션)을 찾는다. 특징 매칭 단계에서 부정확하게 대응되는 결과가 나오는 것을 피할 수 없는데, 그대로 내버려두면 프레임 사이의 모션 추정 값이 바람직하지 않은 방향으로 치우치게 된다. 문제를 해결하는 일반적인 방법은 매칭 오류가 발생하더라도 큰 영향을 받지 않도록 측정 알고리듬을 견고하게 만드는 것이다. 하지만 [35]에서 설명한 바에 따르면 인라이어 검출 단계에서 스테레오 데이터를 활용하는 방식을 사용했다. 이 방법은 특징점의 3D 위치는 강체성rigidity 조건을 반드시 지켜야 하며, 제약사항은 프레임 사이의 모션 추정치를 계산하기 전에 상호 일관된 특징 집합을 식별하는 데 활용할 수 있다는 점에 착안했다. 알고리듬은 초기 모션 추정치가 없어도 되므로, 굉장히 큰 이미지 전환 작업도 처리할 수 있다는 점이 주목할 만하다.

2.3.2 모노큘러 비주얼 오도메트리

모노큘러monocular(단일) 비주얼 오도메트리는 스테레오 비주얼 오도메트리와 달리, 상대적인 움직임과 3D 구조를 모두 2D 데이터로 계산해야 한다. 이는 절대적인 깊이에 대한 차이를 알 수 없기 때문이다. 첫 두 카메라 자세 사이의 거리를 주로 고정된 값으로 설정해서 초기 3차원 구조를 만든다. 새 이미지가 들어오면 3D 구조에 대한 정보를 이용해 처음 두 프레임의 상대적인 스케일과 카메라 자세를 결정한다. 모노큘러 VO는 크게 세 가지 방식 즉, 특징 기반 방법, 외관 기반 방법, 혼합 방법으로 나뉜다. 특징 기반 방법feature-based method은 프레임마다 반복적으로 나타나는 두드러진 특징을 기반으로 처리하고, 외관 기반 방법appearance-based method은 이미지 또는 이미지 일부 영역에 담긴 모든 픽셀의 강도intensity를 기반으로 처리하며, 혼합 방법hybrid method은 앞의 두 가지를 혼합한 방식이다.

[36]에서는 단일 전방위 카메라mono omnidirectional camera를 이용한 로컬라이제이션 방법을 제안했다. 전방위 카메라가 필요한 이유를 다음과 같이 설명했다. 첫째, 움직이는 자동차, 흔들리는 나무, 보행자를 비롯한 아웃라이어outlier가 많다. 둘째, 시각적인 특징의 수가 매우 적을 때가 있다. 셋째, 나무 같은 물체가 시야를 가리면 한동안 랜드마크를 추적할 수 없다. [36]에서는 움직임에 대한 모델 없이 카메라의 궤적을 정밀하게 추정하는 점증적 로컬라이제이션 시스템을 제안했다. 알고리듬을 적용하면 주어진 시점에 현재 위치만 추정하고, 카메라의 이전 위치는 수정할 필요가 없다. 시스템의 핵심은 3D 맵뿐 아니라 등극선 조건epipolar constraint에서 구한 정

보를 이용해 빠르고 간편하게 자세를 추정하는 데 있다. 논문의 저자는 등극선 조건을 사용하는 방법이 기존 방식보다 카메라의 궤적을 안정적으로 추정할 수 있다고 입증했다.

논문에서 제안한 알고리듬이 실제로 효과가 있는지 검증하기 위해 프레임 속도를 초당 10장의 이미지로 설정하고 2.5km를 주행하면서 실험을 해봤는데, 약 2% 이내의 로컬라이제이션 오차가 발생함을 확인했다.

2.3.3 관성 비주얼 오도메트리

관성 센서는 드리프트 문제가 발생한다는 단점이 있지만, 업데이트 주기가 1kHz 수준으로 상당히 짧다. 반면 비주얼 오도메트리로 위치를 정확히 업데이트하더라도 자동차가 방향을 급격히 틀면 상대적으로 느린 이미지 업데이트 속도로 인해 일치하는 특징점이 줄어들어 현재 위치를 놓치게 된다. 영상 센서에서 측정한 값과 관성 센서로 측정한 값은 상호 보완 관계에 있기 때문에 두 센서를 결합하면 자율주행 시스템에서 요구하는 수준의 견고하고 정확한 로컬라이제이션 및 매핑 결과를 얻을 수 있다. 영상 센서와 관성 센서를 결합해 실시간으로 로컬라이제이션을 수행하는 기술을 관성 비주얼 오도메트리VIO, Visual Inertial Odometry라 한다. 관성 비주얼 오도메트리에서 영상-관성 추정 문제를 해결하는 방법은 크게 두 가지, 배치 비선형 최적화 방법batch nonlinear optimization method[37]과 재귀 필터링 방법recursive filtering method[38]이 있다. 배치 비선형 최적화 방법은 관성 센서로 인한 오차와 영상 센서로 인한 시각 재투영 오차 모두를 최소화하는 방법이고, 재귀 필터링 방법은 관성 센서의 측정치를 상태 전파에 사용하고 영상 관측치를 상태 업데이트에 사용하는 최적화 방법이다.

[37]에서는 배치 영상 SLAM에 관성 센서 측정 값을 포함시키는 방식을 제안했다. 이 방식에서는 카메라의 측정 시점에서 관측한 랜드마크의 재투영 오차를 최소화하는 비선형 최적화 시스템을 구현해 카메라와 랜드마크의 위치를 추정했다. 관성 센서를 적용하면 연속적인 자세 사이의 시간적 제약이 발생할 뿐만 아니라, 연속

적인 속도 및 로봇의 상태 벡터가 증강된 가속도계 및 각속도계에 대한 관성 센서의 바이어스 추정치에서도 시간적인 제약이 발생한다. 논문의 저자는 영상–관성 로컬라이제이션과 매핑 문제를 영상 재투영 오차와 관성 센서의 시간 오차를 합친 비용 함수 $J(x)$에 대한 최적화 문제로 만들었다. 여기서 x는 자동차의 현재 상태를 표현한다.

알고리듬의 첫 단계는 전파^{propagation}다. 처음에는 관성 측정치로 자동차의 자세를 전파해서 자세에 대한 불확실한 추정치를 미리 구한다. 이때 랜드마크에 대해 충분히 잘 알려진 3D 위치가 포함된 로컬 지도와 과거의 프레임을 사용할 수 있다고 가정한다. 랜드마크의 연관성을 추정하는 첫 단계로, 3차원–2차원 매칭을 수행한다. 그런 다음, 2차원–2차원 매칭을 통해 3차원 랜드마크와는 관계없는 핵심적인 연관성을 추정한다. 이후 3D 랜드마크에 대한 새로운 위치를 초기화하기 위해 삼각 측위를 수행한다. 이때 현재 프레임과 사용 가능한 이전 프레임 사이의 스테레오 이미지 쌍에 대한 스테레오 삼각 측위가 수행된다.

두 번째 단계는 최적화다. 새로운 이미지 프레임이 들어오면 이 이미지에서 특징을 추출해 새로운 3차원 점으로 확장하는데, 이 점은 앞에서 설명했듯이 맵을 확장하는 데 활용한다. 이따금 프레임 하나를 키 프레임$^{key\ frame}$으로 선택해 최적화를 구동시킨다. 키 프레임을 선정하기 위한 한 가지 간단한 방법은, 매칭된 특징점에 비해 새로 검출된 특징점이 적은 프레임을 키 프레임으로 선정한다. 새로 추가된 키 프레임은 기존에 있던 다른 모든 키 프레임과 함께 영상 재투영 오차와 관성 센서 오차를 줄이기 위한 전역 최적화에 사용된다. 실험 결과에 따르면 최적화 기법을 적용해 500m를 주행했을 때 0.3% 미만의 주행 오차가 발생했다.

최적화 방법을 통해 로컬라이제이션 정확도를 높일 수 있지만 알고리듬을 반복적으로 수행하기 때문에 연산 비용도 높아진다. 연산량을 줄이기 위해 EKF 기반의 로컬라이제이션 기법이 제안됐다[38]. 논문은 EKF 알고리듬으로 카메라의 자세를 상태 벡터로 삼아 카메라의 슬라이딩 윈도를 유지하도록 하고, 관측된 특징을 자세 사이의 확률적 제약 조건을 적용하는 데 사용했다. 알고리듬은 크게 세 단계로 진행한다. 첫 단계인 전파propagation 단계는 각 관성 측정치마다 필터의 상태와 공분산covariance을 전파한다. 두 번째 영상 등록image registration 단계는 이미지가 기록될 때마다 현재 카메라 위치의 추정치로 상태 및 공분산 행렬을 보정한다. 세 번째 업데이트update 단계는 이미지에 대한 특징이 추출됐을 때 EKF 업데이트를 수행한다. 이 방식을 적용해 3.2km를 주행한 결과, 최종 위치 오차는 주행 거리의 0.31%에 해당하는 10m에 불과했다.

2.4 추측 항법과 휠 오도메트리

추측 항법dead reckoning이란 알고 있는 경로를 일정 시간 동안 주행하면서 나온 속도로 간단히 자동차의 현재 위치를 구하는 수학적 기법이다[39]. 현재 나온 자율주행 시스템은 대부분 추측 항법을 기반으로 항법 시스템을 구현한다. 추측 항법의 가장 간단한 구현 예로, 바퀴에 달린 휠 인코더로부터 측정한 거리로 자동차의 이동 경로를 측정하는 휠 오도메트리가 있다. 휠 인코더, 휠 오도메트리의 오차 요인, 휠 오도메트리의 오차를 줄이는 기법에 대해 살펴보자.

2.4.1 휠 인코더

오도메트리odometry는 주로 모터의 전기자armature나 바퀴의 축에 광학 인코더optical encoder를 직접 연결하는 방식으로 구현한다. 모바일 로봇은 대부분 바퀴를 통해 이동하기 때문에 오도메트리를 자세히 살펴보기 위해서는 각위치와 각속도를 정확하게 측정하는 센서의 기본 원리부터 이해할 필요가 있다. 휠 인코더의 종류는 다양하다. 광학 인코더, 도플러 인코더Doppler encoder, 차동 드라이브differential drive, 삼륜 드라이브tricycle drive, 애커만 스티어링Ackerman Steering, 싱크로 드라이브Synchro drive, 전방위 드라이브Omnidirectional drive, 랙 장착 방식racked vehicle 등이 있다.

애커만 스티어링AS, Ackerman Steering은 자동차 산업에서 독점적인 위치를 차지하는 인코더이기 때문에 애커만 스티어링을 집중적으로 살펴보겠다. 애커만 스티어링은 기하학적 구조로 인해 타이어의 미끄러짐이 발생하지 않게 회전축 안쪽 바퀴가 바깥쪽 바퀴보다 좀 더 날카롭게 꺾어지도록 설계된다. 그림 2.10에서 보는 바와 같이, 전방의 두 바퀴로부터 뻗어 나온 축은 두 뒷바퀴로부터 뻗어 나온 축과 교차한다. 따라서 각 타이어의 중심으로부터 지면을 따라 운동한 궤적은 회전중심점 P_1에 대한 원호의 집합이 되고, 모든 순간 속도 벡터는 호에 수직하게 될 것이다. 조향 기하 관계가 성립하는 것을 애커만 공식이 충족된다고 말한다.

$$\cot\theta_i = \cot\theta_o = \frac{d}{l}$$

θ_i는 회전축 안쪽 바퀴의 상대적인 조향각을, θ_o는 바깥쪽 바퀴의 상대적인 조향각을, l은 바퀴의 수직 거리를, d는 바퀴의 수평 거리를 나타낸다.

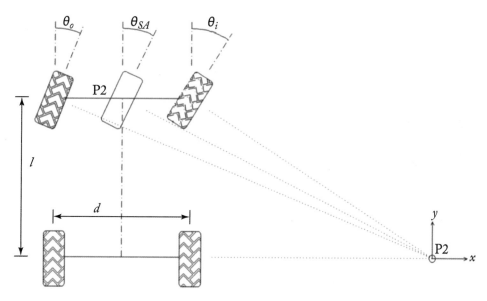

그림 2.10 애커만 스티어링[39]

애커만 스티어링은 모든 지형에 적용하는 데 필요한 접지력과 지상고를 지원하는 상태에서 상당히 정확한 오도메트리 결과를 제공한다. 그래서 실외에서 달리는 자율주행 자동차에 적합한 방식이다. 애커만 스티어링은 가솔린이나 디젤 엔진에 수동 또는 자동 기어를 장착하고, 트랜스퍼 케이스transfer case와 차동differential 기어와 여러 개의 유니버설 조인트universal joint를 통해 네 바퀴에 동력을 전달하는 자동차에서 주로 사용한다.

2.4.2 휠 오도메트리 오차

[39]에서 지적한 바와 같이, 휠 오도메트리는 바퀴의 회전과 조향 방향을 인코더로 측정한다. 오도메트리는 단기 정확도가 상당히 높고 저렴하며, 매우 짧은 주기로 측정할 수 있다. 하지만 오도메트리는 근본적으로 시간에 따른 움직임의 정보를 누적하는 방식이기 때문에 오차가 누적되는 현상이 반드시 발생한다. 특히 방향 오차가 누적되면 위치 오차가 크게 발생하는데, 그 정도는 이동 거리에 비례한다.

오도메트리 데이터에 절대 위치 측정 값을 결합하면 위치 추정 값의 정확도를 높일 수 있다. 오도메트리는 또한 (비주얼 오도메트리에 사용되는 시각적인 랜드마크나 특징 같은) 랜드마크 사이의 절대 위치를 업데이트하는 데도 활용된다. 일정 수준 이상의 위치 추정 정확도를 만족해야 할 때, 오도메트리의 정확도를 높이면 절대 위치 업데이트 주기를 늦출 수 있다. 즉, 주어진 주행 거리에 필요한 랜드마크의 수가 적어도 된다. 상당수의 매핑 및 랜드마크 매칭 알고리듬은 자동차가 위치를 잘 유지할 수 있으므로 제한된 영역에서도 랜드마크를 찾을 수 있고, 그 영역에 대한 특징을 빠르고 정확하게 매칭할 수 있다고 가정한다. 간혹 다른 정보 없이 오도메트리만으로 주행할 때가 있다. 예를 들어 외부 기준이 없거나, 랜드마크를 세우거나 랜드마크로 삼을 것이 없는 환경에 있거나, 다른 센서가 고장 나서 필요한 데이터를 받지 못하는 경우 등이 있다.

오도메트리는 바퀴의 회전이 평면상의 선형적인 이동 거리로 변환할 수 있다고 가정한다. 하지만 가정이 성립하는 경우는 제한적이다. 대표적인 예로 바닥에 떨어진 기름으로 인해 한쪽 바퀴가 미끄러질 때를 들 수 있다. 이때 회전한 양은 직선 이동 거리와 상관없음에도 불구하고 인코더는 거리 계산에 포함할 수 있다. 휠 오도메트리 오차가 발생하는 요인은 크게 시스템 오차와 비시스템 오차로 구분할 수 있다. 시스템 오차로는 바퀴 지름의 편차, 명목상의 수치와 다른 지름을 갖는 바퀴, 명목상의 수치와 다른 휠베이스, 정렬되지 않은 바퀴, 인코더 해상도의 한계 등이 있다. 비시스템 오차로는 평평하지 않은 지면에서의 주행, 예상치 못한 장애물을 지나는 주행, 미끄러운 바닥으로 인한 바퀴의 미끄러짐, 급격한 가속이나 회전으로 인한 바퀴의 미끄러짐, 충돌 등으로 인한 외력, 캐스터 휠 등으로 발생하는 내력, 바퀴의 접촉면이 넓은 상황 등이 있다.

오도메트리 오차를 효과적으로 줄이기 위해서는 시스템 오차와 비시스템 오차를 확실히 구분하는 것이 매우 중요하다. 예를 들어, 시스템 오차는 누적되기 때문에 더욱 중요하다. 매끈한 실내 환경에서는 비시스템 오차보다 시스템 오차에 큰 영향을 받는다. 반면 표면이 거칠고 불규칙한 노면에서는 비시스템 오차의 영향이 더 크다. 비시스템 오차는 예상치 못한 상황에 발생하고, 위치 오차가 커진다는 점에서 문제가 크다. 일반적으로 휠 오도메트리 기술과 영상 항법 시스템을 조합한 자율주행 시스템에 이미지 획득 주기를 설정할 때는 시스템 오차가 가장 크게 발생하는 상황에 맞춰서 설정한다. 설정한 시스템은 1개 이상의 비시스템 오차가 크게 발생하면 제대로 작동하지 못한다.

2.4.3 휠 오도메트리 오차의 경감

휠 오도메트리의 정확도는 기구학적kinematic 설계와 특정한 임계 수치에 따라 달라진다. 먼저 추측 항법의 정확도에 영향을 미치는 설계 고려사항부터 살펴보자[39]. 휠베이스가 짧은 자동차는 휠베이스가 긴 자동차보다 방향 오차가 발생할 확률이 높다. 전체 무게의 상당 부분을 지지하는 캐스터castor 휠을 장착한 자동차는 방향 전환 시 미끄러질 확률이 높다(이를 쇼핑 카트 효과라 부른다). 반대로 캐스터 휠이 지지하는 무게의 비중이 작으면, 방향 전환에 따른 미끄러짐은 발생하지 않는다. 또한 오도메트리에 가장 이상적인 바퀴 형태는 칼날처럼 얇고 모양도 변하지 않는 것이다. 따라서 알루미늄 휠에 접지력을 높이기 위한 고무층을 얇게 덮는 것이 좋다. 하지만 현실적으로는 이렇게 만들기 힘들다. 오도메트리에 쓰이는 바퀴는 주로 하중을 견딜 수 있도록 설계된 주행용 휠이라서 지표면에 닿는 면적이 넓어야 하기 때문이다. 휠 오도메트리에서 시스템 오차와 비시스템 오차를 줄이는 방법을 정리해보자.

주요 기법은 다음과 같다.

- **보조 바퀴와 베이직 인코더 트레일러**: 일반적으로 칼날처럼 얇고 하중을 받지 않는 인코더 휠을 추가로 장착하면 오도메트리의 정확성을 향상할 수 있다. 인코더 휠은 동력 전달에 사용하지 않기 때문에 매우 얇게 만들 수 있다. 이 방식은 차동 드라이브, 삼륜 드라이브, 애커만 차량에 적용할 수 있다.

- **베이직 인코더 트레일러**: 오도메트리의 성능을 높이는 또 다른 방법은 2개의 인코더 휠이 달린 트레일러의 활용이다. 뒤에서 끌려오는 차량에 오도메트리를 적용하기란 거의 불가능하다. 끌려오는 차량은 조향 과정에서 미끄러짐이 크게 발생하기 때문이다. 따라서 인코더 트레일러 기법은 특수한 지형에 오도메트리를 수행할 때만 사용할 수 있다. 작은 장애물이나 계단 등 울퉁불퉁한 지형에서 주행하면 인코더 트레일러가 틀어진다. 그럼에도 불구하고 인코더 트레일러를 부분적으로라도 적용하면 좋은 이유는, 실제 자동차는 대부분 상대적으로 매끈한 콘크리트 바닥에서 달리므로 인코더 트레일러로 측정한 오도메트리 데이터는 대부분 유용하게 쓸 수 있기 때문이다.

- **시스템 캘리브레이션**: 장치나 센서를 추가로 장착하지 않고도 오도메트리의 정확도를 높이는 방법은 자동차를 신중하게 캘리브레이션calibration하는 것이다. 시스템 오차는 자동차 고유의 특성으로 발생하는데 자동차의 마모나 하중의 변화에 따라 아주 서서히 변한다. 따라서 시스템 오차는 상당한 시간 동안 일정한 값처럼 나타난다. 또한 자동차를 정밀하게 캘리브레이션하

여 오차를 줄일 수도 있다. 하지만 자동차의 형상이나 부품에 존재하는 미세한 편차로도 상당한 오도메트리 오차가 발생하기 때문에 캘리브레이션하기는 쉽지 않다.

- **상호 참조**: 서로의 위치를 참조할 수 있는 2개의 로봇을 사용하는 방법도 있다. 한 로봇이 다른 장소로 이동할 때 다른 로봇은 제자리에 있으면서 움직이는 로봇을 관측하고 그 위치를 측정한다. 즉, 로봇이 정지된 로봇이라는 고정된 물체를 기준으로 로컬라이제이션을 수행한다. 하지만 멈췄다가 가는 방식으로 측정하면 주행의 효율성이 떨어진다.

- **IPEC**Internal Position Error Correction: IPEC는 2개의 모바일 로봇이 상대방의 오도메트리 오차를 서로 보정하는 기법이다. 상호 참조 방법과 달리, IPEC는 두 로봇 모두 빠르고 연속적으로 움직이는 환경에서도 적용할 수 있다. 이 방법을 적용하려면 두 로봇 모두 자신의 상대 위치를 측정할 수 있고, 연속적으로 정확하게 이동해야 한다. IPEC는 오도메트리 오차가 '빠르게 커지는fast-growing' 경우와 '느리게 커지는slow-growing' 경우를 구분하는, 오차의 증가율이란 개념을 바탕으로 작동한다. 예를 들어, 로봇이 방향을 이리저리 바꾸며 울퉁불퉁한 바닥을 지나면 뚜렷한 방향 오차가 즉시 발생한다. 하지만 이 과정에서 발생하는 로봇의 측방향 오차는 처음에는 작지만(느리게 커지지만), 방향 오차로 인해 무한히 커진다. IPEC 알고리듬은 상대 위치 측정치를 충분히 빠른 속도로 업데이트해(약 20ms) 각 로봇의 방향에 대한 빠르게 커지는 오차를 측정할 수 있게 한다. 이때 업데이트 중 발생하는 두 로봇의 측방향 오차는 거의 없다고 가정한다.

2.5 센서 융합

지금까지 다양한 로컬라이제이션 기법을 살펴봤다. 실전에서는 견고성과 안정성을 높이기 위해 다양한 센서를 조합해 로컬라이제이션을 수행하는 방식을 많이 사용한다[40, 41, 42]. 자율주행 자동차에서 이렇게 센서 융합 기법을 적용하는 세 가지 사례와 각 사례에서 사용하는 로컬라이제이션 방식을 살펴본다.

2.5.1 어반 챌린지의 CMU 보스

그림 2.11 CMU 자율주행 자동차[47]

그림 2.11에 나온 보스BOSS는 GPS, 라이다, 레이더, 카메라 등 다양한 센서를 탑재해 다른 자동차를 추적하고, 장애물을 탐지하며, 도로 모델을 기준으로 로컬라이제이션을 수행한다[40]. 또한 보스는 실제 도로에서 시속 48km의 속도로 안전하게 주행할 수 있다. 시스템은 처음부터 DARPA의 어반 챌린지Urban Challenge에 맞게 개발됐다. 보스의 로컬라이제이션 시스템을 살펴보자.

보스의 로컬라이제이션은 DGPS^{differential GPS} 기반의 자세 추정부터 시작한다. 자세 추정 값은 상용 위치 추정 시스템을 통해 얻은 데이터와 차선의 랜드마크에 대한 측정치를 결합하는 방식으로 구한다. 이때 세부 정보가 있는 도로 지도를 활용해 도로 차선 표식을 측정한다. 글로벌 위치의 초깃값은 DGPS와 IMU 센서, 100Hz로 위치 측정치를 제공하는 휠 인코더를 조합한 센서 융합 시스템으로 추정하기 때문에 GPS 오류에 영향을 적게 받는다. GPS 신호가 안정적이라면 로컬라이제이션 오차는 0.3m 이내로 줄일 수 있다. 또한 여러 센서를 사용하기 때문에 GPS 신호 없이 1km를 주행해도 로컬라이제이션 오차가 1m 이내다.

시스템은 매우 정확하지만 차선에 대한 정보는 제공하지 않는다. 차선의 범위 탐지는 도로를 바라보도록 SICK LMS 라이다로 처리한다. 센서로 차선에 대한 표식을 탐지하는 방식으로 차선 범위를 가늠한다. 차선 표식은 도로의 다른 부분보다 밝기 때문에, 도로 전체를 측정한 조명도에 기울기 함수를 적용하면 차선을 쉽게 탐지할 수 있다. 관측 결과에 나온 봉우리와 골짜기는 차선 표식의 경계일 가능성이 높다. 차선이 아닌 것을 차선으로 인식할(거짓 긍정^{false positive}) 가능성을 줄이기 위해, 간격이 적절한 봉우리와 골짜기 쌍만 차선 표식으로 간주한다. 선정된 차선 표식 후보를 주변 영역의 조명을 기준으로 한 밝기에 따라 다시 걸러낸다. 이 과정을 거쳐 최종적으로 차선 표식의 위치를 결정한다.

보스는 로컬라이제이션의 정확도를 더욱 높이기 위해 고정된 장애물과 차선의 정보를 담은 도로 지도를 만들었다. 도로 지도는 HD 맵의 원조인 셈인데, 기본적으로 센티미터급의 정확도를 갖는 디지털 지도를 기반으로, 라이다로 탐지한 기하학적 요소 정보를 추가했다. 기하학적 요소에는 차선 표식과 장애물이 있다. 보스의 매핑 시스템은 자동차에 달린 여러 레이저 스캐너로 측정한 데이터를 취합해 측정 순간에 대한 지도와 시간적으로 보정된 장애물 지도를 만든다. 측정 순간에 대한 장애물 지도는 장애물이 움직이는지 검증하는 데 사용하고, 시간적으로 보정된 장애물 지도는 움직이는 장애물을 데이터에서 제거하는 데 사용되며, 지도에 나타나는 가

짜 장애물의 숫자를 줄이도록 보정한다. 도로의 경계석, 수풀, 갓길 같은 기하학적 특징은 도심과 비포장 환경에서 길의 모양을 결정할 수 있는 정보를 제공한다. 라이다 데이터가 정밀하면 기하학적 특징을 먼 거리에서도 정확하게 감지하는 데 충분한 정보를 제공한다. 기하학적 특징을 탐지하는 알고리듬은 다양한 형태의 도로 표지석, 갓길, 배수로, 경사면의 변화에 충분히 대응할 수 있도록 견고하게 만들어야한다. 예를 들어, 보스 제작팀은 도로 분리대를 탐지하기 위해 두 가지 원칙을 적용해 라이다의 탐지 과정을 단순화했다. 첫째, 도로 표면은 상대적으로 평평하고, 표면의 특성이 매우 느리게 변하며, 눈에 띄는 높이 변화는 도로의 가장자리에서 발생한다고 가정했다. 즉, 도로의 가장자리에 대한 주요한 특성을 지표면의 높이 차이로 간략화했다. 둘째, 3차원 탐지군point cloud을 형성하지 않고 각 라이다 스캔을 독립적으로 수행했다. 그래서 입력 데이터를 한 차원에 대해서만 처리하도록 알고리듬을 단순화했다. 도로 지도를 기반으로 (2.3절에서 소개한) 파티클 필터를 적용해 자동차의 로컬라이제이션을 수행한다.

2.5.2 어반 챌린지의 스탠퍼드 주니어

그림 2.12에 나온 스탠퍼드 주니어Stanford Junior(이하 주니어)는 어반 챌린지에 참가한 스탠퍼드 대학교의 작품이다. 주니어는 2006년식 폭스바겐 파사트 왜건에 5개의 라이다, DGPS 보정 관성 항법 시스템, 5개의 레이더, 2개의 인텔 쿼드코어 컴퓨터를 탑재했다[41]. 이 자동차는 장애물 탐지 범위가 120m에 달하며, 어반 챌린지 규정에 맞추어 시속 48km까지 속도를 낼 수 있다.

CMU 보스와 마찬가지로, 주니어도 실시간으로 GPS 좌표를 통합해주는 DGPS 보정 관성 항법 시스템, 관성 측정치, 휠 오도메트리 측정치를 이용해 로컬라이제이션을 수행한다. 시스템의 실시간 위치 및 방향 오차는 대략 100cm/0.1° 이하이다. 자동차의 상부에 설치된 라이다 센서는 실시간으로 인접한 도로를 3차원 구조로 측정한다. 라이다 센서는 차선 표식 탐지와 정밀한 로컬라이제이션을 위한 도로의 적외선 반사 측정치도 제공한다.

그림 2.12 스탠퍼드 대학교의 자율주행 자동차[48]

주니어는 도로망에 대한 디지털 지도를 탑재하고 있다. 센서 피드백 없이 이러한 디지털 지도와 GPS 기반 관성 항법 시스템만으로는, 차선을 유지할 수 있을 정도로 정확한 자동차 좌표를 보정할 수 없다. 게다가 디지털 지도가 완벽하지 않아서 다른 정보 없이 주행할수록 오차가 늘어난다. 따라서 주니어는 디지털 지도와 함께, 로컬 라이다 센서 측정 값으로 세밀한 로컬라이제이션을 수행한다. 로컬라이제이션을 수 행할 때 도로 분리대 같은 장애물과 도로 반사라는 두 가지 정보를 활용한다. 도로 반사는 RIEGL LMS-Q120과 SICK LMS 센서로 측정하며, 두 센서 모두 지표면 을 향해 설치된다. 세밀한 로컬라이제이션을 수행하기 위해 1차원 히스토그램 필터 를 활용해 디지털 지도를 기준으로 자동차의 측방향 편차를 추정한다. 히스토그램 필터는 도로의 반사 정보와 도로 분리대의 발견 정보를 통해 측방향 편차에 대한 사 후 확률 분포를 추정한다. 반사 패턴이 디지털 지도에 나온 차선 표식이나 도로 경계와 나란하면 두 간격만큼 확률적으로 보상한다. 반대로 관측된 도로 표지석이 지도에 나온 주행 경로와 부딪히면 둘 사이의 편차만큼 뺀다. 필터를 통해 GPS 기반 INS 시스템의 측정 위치에 대한 편차를 항상 정밀하게 추정할 수 있다.

2.5.3 메르세데스 벤츠의 버사

2.5.2절에서 소개한 CMU 보스와 스탠퍼드 대학교의 주니어는 GNSS/INS 시스템으로, 먼저 개략적으로 로컬라이제이션한 뒤에 라이다 스캔 데이터와 디지털 지도를 활용해 세밀한 로컬라이제이션 결과를 구했다. 그런데 라이다 센서 기반의 방법에는 두 가지 문제가 있다. 첫째, 라이다 장비 한 대 가격은 미화 80,000달러 이상으로 상당히 비싸다. 둘째, HD 맵을 만드는 데 라이다 가격보다 훨씬 많은 비용이 든다(한 도시의 HD 맵을 구축하고 유지하는 데 수백만 달러가 든다). 대안으로 디지털 지도와 컴퓨터 비전을 활용하는 방법이 있다. 대표적인 예로 메르세데스 벤츠Mercedes Benz가 제작한 자율주행 자동차인 버사Bertha가 있다. 버사는 정밀한 디지털 맵에 비전과 레이더 센서만으로 복잡한 교통 상황을 파악한다[42]. 2.5.3절에서는 자율주행 자동차 버사의 로컬라이제이션 방식을 자세히 살펴보자.

그림 2.13을 보면 버사 시스템은 다음과 같은 센서를 사용한다. 먼저 GPS 모듈로 기본적인 로컬라이제이션을 수행한다. 또한 120° 범위의 단거리 레이더 4개로 교차로의 상황을 감시한다. 그리고 자동차의 양 측면에 장착된 2개의 장거리 레이더로 외곽 도로의 교차로에서 발생하는 빠른 교통 상황을 감시한다. 베이스라인이 35cm인 스테레오 카메라를 하나 달아서 60m 범위로 깊이 정보를 구한다. 대시보드 위에 광각 모노큘러 컬러 카메라를 설치해서 방향을 전환하는 중에도 신호등과 보행자를 인식한다. 후방에 장착된 1개의 광각 카메라는 자체 로컬라이제이션에 활용한다.

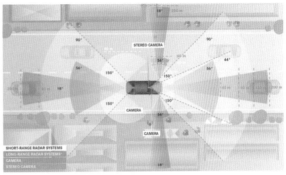

그림 2.13 메르세데스 벤츠 자율주행 자동차 버사[42]

중요한 정보로 상세 디지털 지도가 있는데, 차선의 위치 같은 기하학적 정보 뿐만 아니라, 제한 속도와 신호등을 비롯한 교통 규칙에 관련된 정보도 담겨 있다. 버사에서 사용하는 디지털 지도는 스테레오 카메라로 찍은 영상을 기반으로 만들어졌다. 각 스테레오 이미지 쌍마다 자동차 주변의 환경에 대한 3D 모델과 세부적인 편차 이미지가 생성된다. 3D 포인트는 현실에 맞춰world plane 투영된 형태로 변환되며, 기준 궤적에 적층된다. 특징점 지도와 차선 표식을 포함한 지도를 추출하는 데는 일관성을 보장하기 위해 동일한 스테레오 이미지를 사용한다. 기준 궤적reference trajectory은 RTK GNSS/INS 항법 시스템으로 기록하는데, 자율주행 과정에서 실시간으로 로컬라이제이션을 수행할 때는 이렇게까지 복잡한 시스템을 사용하지 않는다. 버사 팀은 OpenStreetMap 프로젝트에 사용된 도구를 활용해 자율주행에 쓰이는 지도를 만들고 관리한다[43].

버사를 로컬라이제이션하려면 GNSS/INS 시스템의 로컬라이제이션 오차가 반경 1m를 넘지 않아야 한다. 우선 로컬라이제이션의 정확도를 센티미터급으로 높이기 위해 상호보완 관계에 있는 2개의 맵 기반 로컬라이제이션 알고리즘을 개발했다. 첫 번째 알고리즘은 자동차 바로 앞에 있는 랜드마크를 점 형태로 탐지하는 랜드마크 기반 로컬라이제이션으로서, 인공 구조물이 많은 도심지에 특히 효과적이며, 특징 기반 로컬라이제이션이라고도 부른다. 두 번째 알고리듬은 외곽 지역에서 쉽게 감지할 수 있는 차선 표식과 도로 분리대를 활용하며, 이를 관측한 결과를 지도 기반 로컬라이제이션 추정 값으로 변환하는 방식으로, 차선 표식 기반 로컬라이제이션이라고 한다. 두 시스템 모두 비주얼 오도메트리 기술을 활용한다는 점을 주목해야 한다.

랜드마크 기반 로컬라이제이션은 먼저 매핑 단계에서 스테레오 이미지를 가져온다. 그런 다음, 시험 자율주행 과정에서 후방을 향해 설치된 모노큘러 카메라에서 또 다른 이미지를 가져온다. 두 이미지는 공간적으로 배치해서 설명자 기반 지점 특징 결합descriptor-based point feature association의 수단으로 사용한다. 지도 시퀀스에서의 두드러진 특징은 자동차 후방을 향해 설치된 카메라가 획득한 이미지에서 탐지된 특징과 연결한다. 스테레오 맵 시퀀스를 통해 랜드마크의 3차원 이미지를 재구성하고, 서로 일치하는 연관 특징을 통해 두 카메라 사이의 자세 변화를 6차원 강체 변환 형태로 구할 수 있다. 6차원 변환 결과를 지도 이미지의 글로벌 좌표에 대한 자세와 자동차에 장비한 휠 인코더 및 각속도 센서로부터 획득한 움직임 정보와 결합하면 글로벌 좌표에 대한 위치의 추정 값을 정확히 구할 수 있다.

외곽 도로 환경에서 고정된 특징은 차선 표식뿐일 때가 많다. 이로 인해 차선 표식 기반 로컬라이제이션 시스템이 개발됐다. 차선 표식 기반 로컬라이제이션의 첫 번째 단계는 모든 시각적 표식을 담은 정밀 지도의 제작이다. 도로 표식과 정지선뿐만 아니라, 도로 분리대와 트램tram의 선로도 지도에 표시한다. 다음 단계인 실시간 로컬라이제이션에서는 지도의 일부 영역을 현재 이미지에 투영한다. 이때 표본 지도에 대한 최근접 탐색법을 통해 이미지를 매칭한다. 이 과정에서 나온 잔차residual는 칼만 필터를 통해 최소화한다.

2.6 참고문헌

[1] Misra, P. and Enge, P., 2006. *Global Positioning System: Signals, Measurements and Performance*, 2nd ed. MA : Ganga-Jamuna Press. 15

[2] Leick, A., Rapoport, L., and Tatarnikov, D. 2015. *GPS Satellite Surveying*. John Wiley & Sons. DOI: 10.1002/9781119018612. 16

[3] Jeffrey, C. 2010. *An Introduction to GNSS*. Calgary, AB: NovAtel Inc. 17

[4] Groves, P.D. 2013. *Principles of GNSS, Inertial, and Multisensor Integrated Navigation Systems*. Artech house. 17

[5] Irsigler, M., Avila-Rodriguez, J.A., and Hein, G.W. 2005, September. Criteria for GNSS multipath performance assessment. In *Proceedings of the ION GNSS*. 17

[6] Rieder, M.J. and Kirchengast, G. 2001. Error analysis and characterization of atmospheric profiles retrieved from GNSS occultation data. *Journal of Geophysical Research: Atmospheres*, 106(D23), pp. 31755–31770. DOI: 10.1029/2000JD000052. 17

[7] Zumberge, J.F., Heflin, M.B., Jefferson, D.C., Watkins, M.M., and Webb, F.H. 1997. Precise point positioning for the efficient and robust analysis of GPS data from large networks. *Journal of Geophysical Research: Solid Earth*, 102(B3), pp. 5005–5017. DOI: 10.1029/96JB03860. 20

[8] Gao, Y. and Chen, K. 2004. Performance analysis of precise point positioning using real-time orbit and clock products. *Journal of Global Positioning Systems*, 3(1–2), pp. 95–100. DOI: 10.5081/jgps.3.1.95. 20

[9] Collins, J.P. and Langley, R.B. 1997. *A Tropospheric Delay Model for the User of the Wide Area Augmentation System*. Department of Geodesy and Geomatics Engineering, University of New Brunswick. 20

[10] Wubbena, G., Schmitz, M., and Bagge, A. 2005, September. PPP-RTK: precise point positioning using state-space representation in RTK networks. In *Proceedings of ION GNSS* (Vol. 5, pp. 13–16). 20

[11] Geng, J., Teferle, F.N., Meng, X., and Dodson, A.H. 2011. Towards PPP-RTK: Ambiguity resolution in real-time precise point positioning. *Advances in Space Research*, 47(10), pp. 1664–1673. DOI: 10.1016/j.asr.2010.03.030. 21

[12] Laurichesse, D. 2011, September. The CNES Real-time PPP with undifferenced integer ambiguity resolution demonstrator. In *Proceedings of the ION GNSS* (pp. 654–662). 21

[13] Grinter, T. and Roberts, C. 2013. Real time precise point positioning: Are we there yet? *IGNSS Symposium*, Outrigger Gold Coast, 16–18 July 2013, Paper 8. 21

[14] Caron, F., Duflos, E., Pomorski, D., and Vanheeghe, P. 2006. GPS/IMU data fusion using multisensor Kalman filtering: introduction of contextual aspects. *Information Fusion*, 7(2), pp. 221–230. DOI: 10.1016/j.inffus.2004.07.002. 21

[15] Schwarz, B. 2010. LIDAR: Mapping the world in 3D. *Nature Photonics*, 4(7), p. 429. DOI: 10.1038/nphoton.2010.148. 23

[16] Skinner, W.R. and Hays, P.B. 1994. A comparative study of coherent & incoherent Doppler lidar techniques. Marshall Space Flight Center. 23

[17] Spinhirne, J.D. 1993. Micro pulse lidar. *IEEE Transactions on Geoscience and Remote Sensing*, 31(1), pp. 48–55. DOI: 10.1109/36.210443. 23

[18] Baltsavias, E.P. 1999. Airborne laser scanning: existing systems and firms and other resources. *ISPRS Journal of Photogrammetry and Remote Sensing*, 54(2), pp. 164–198. DOI: 10.1016/S0924-2716(99)00016-7. 24

[19] Wehr, A. and Lohr, U. 1999. Airborne laser scanning—an introduction and overview. *ISPRS Journal of Photogrammetry and Remote Sensing*, 54(2), pp. 68–82. DOI: 10.1016/S0924-2716(99)00011-8. 24

[20] Donati, S. 1999. *Photodetectors* (Vol. 1). Prentice Hall PTR. 24

[21] Muhammad, N. and Lacroix, S. 2010, October. Calibration of a rotating multi-beam lidar. In *2010 IEEE/RSJ International Conference on Intelligent Robots and Systems (IROS)*, (pp. 5648–5653). IEEE. DOI: 10.1109/IROS.2010.5651382. 25

[22] Montemerlo, M. and Thrun, S. 2006. Large-scale robotic 3-d mapping of urban structures. *Experimental Robotics IX*, pp. 141–150. DOI: 10.1007/11552246_14. 26

[23] Levinson, J., Montemerlo, M., and Thrun, S. 2007, June. Map-based precision vehicle localization in urban environments. In *Robotics: Science and Systems* (Vol. 4, p. 1). DOI: 10.15607/RSS.2007.III.016. 26, 27, 28

[24] Konolige, K. 2004, July. Large-scale map-making. In *AAAI* (pp. 457–463). 26, 27

[25] Levinson, J. and Thrun, S. 2010, May. Robust vehicle localization in urban environments using probabilistic maps. In *2010 IEEE/RSJ International Conference on Robotics and Automation (ICRA)*, (pp. 4372–4378). IEEE. DOI: 10.1109/ROBOT.2010.5509700. 29, 31

[26] Baldwin, I. and Newman, P. 2012, May. Road vehicle localization with 2d push-broom lidar and 3d priors. In *2012 IEEE International Conference on Robotics and Automation (ICRA)*, (pp. 2611–2617). IEEE. DOI: 10.1109/ICRA.2012.6224996. 29, 32

[27] Chong, Z.J., Qin, B., Bandyopadhyay, T., Ang, M.H., Frazzoli, E., and Rus, D. 2013, May. Synthetic 2d lidar for precise vehicle localization in 3d urban environment. In *2013 IEEE International Conference on Robotics and Automation (ICRA)*, (pp. 1554–1559). IEEE. DOI: 10.1109/ICRA.2013.6630777. 29, 32

[28] Wolcott, R.W. and Eustice, R.M. 2015, May. Fast LIDAR localization using multiresolution Gaussian mixture maps. In *2015 IEEE International Conference on Robotics and Automation (ICRA)*, (pp. 2814–2821). IEEE. DOI: 10.1109/ICRA.2015.7139582. 29

[29] Chen, Z. 2003. Bayesian filtering: From Kalman filters to particle filters, and beyond.

Statistics, 182(1), pp. 1–69. DOI: 10.1080/02331880309257. 30

[30]   Scaramuzza, D. and Friedrich F. 2011. "Visual odometry [tutorial]." *Robotics &
       Automation Magazine, IEEE* 18.4, pp. 80–92. DOI: 10.1109/MRA.2011.943233.
       33

[31]   Nistér, D., Naroditsky, O., and Bergen, J. 2006. Visual odometry for ground vehicle
       applications. *Journal of Field Robotics*, 23(1), pp.3–20. DOI: 10.1002/rob.20103.
       33

[32]   Forster, C., Pizzoli, M., and Scaramuzza, D. 2014, May. SVO: Fast semi-direct
       monocular visual odometry. In *2014 IEEE International Conference on Robotics and
       Automation (ICRA)*, (pp. 15–22). IEEE. DOI: 10.1109/ICRA.2014.6906584. 33

[33]   Tardif, J.P., Pavlidis, Y., and Daniilidis, K. 2008. September. Monocular visual
       odometry in urban environments using an omnidirectional camera. In *IROS 2008.
       IEEE/RSJ International Conference on Intelligent Robots and Systems, 2008.* (pp.
       2531–2538). IEEE.

[34]   Scaramuzza, D., Fraundorfer, F., and Siegwart, R. 2009. May. Real-time monocular
       visual odometry for on-road vehicles with 1-point ransac. In *ICRA'09. IEEE
       International Conference on Robotics and Automation, 2009.* (pp. 4293–4299). IEEE.

[35]   Howard, A. 2008. September. Real-time stereo visual odometry for autonomous
       ground vehicles. In *Intelligent Robots and Systems, 2008.* IROS 2008. *IEEE/RSJ
       International Conference* on (pp. 3946–3952). IEEE. 34

[36]   Tardif, J.P., Pavlidis, Y., and Daniilidis, K. 2008, September. Monocular visual
       odometry in urban environments using an omnidirectional camera. In *IROS 2008.
       IEEE/RSJ International Conference on Intelligent Robots and Systems, 2008.* (pp.
       2531–2538). IEEE. DOI: 10.1109/IROS.2008.4651205. 35

[37]   Leutenegger, S., Lynen, S., Bosse, M., Siegwart, R., and Furgale, P. 2015. Keyframe-
       based visual-inertial odometry using nonlinear optimization. *The International Journal
       of Robotics Research*, 34(3), pp.314–334. DOI: 10.1177/0278364914554813. 35

[38]   Mourikis, A. I. and Roumeliotis, S. I. 2007. A multi-state constraint Kalman filter for
       vision-aided inertial navigation. In *Proceedings of the IEEE International Conference
       on Robotics and Automation (ICRA)*. DOI: 10.1109/ROBOT.2007.364024. 35, 36

[39]   Borenstein, J., Everett, H.R., and Feng, L. 1996. *Where am I? Sensors and Methods
       for Mobile Robot Positioning.* University of Michigan, 119(120). 37, 38, 39

[40]   Urmson, C., Anhalt, J., Bagnell, D., Baker, C., Bittner, R., Clark, M.N., Dolan,
       J., Duggins, D., Galatali, T., Geyer, C., and Gittleman, M. 2008. Autonomous
       driving in urban environments: Boss and the urban challenge. *Journal of Field
       Robotics*, 25(8), pp. 425–466. DOI: 10.1002/rob.20255. 41

[41]   Montemerlo, M., Becker, J., Bhat, S., Dahlkamp, H., Dolgov, D., Ettinger, S.,
       Haehnel, D., Hilden, T., Hoffmann, G., Huhnke, B., and Johnston, D. 2008.
       Junior: The Stanford entry in the urban challenge. *Journal of Field Robotics*, 25(9),
       pp. 569–597. DOI: 10.1002/rob.20258. 41, 43

[42]   Ziegler, J., Bender, P., Schreiber, M., Lategahn, H., Strauss, T., Stiller, C., Dang, T., Franke, U., Appenrodt, N., Keller, C.G., and Kaus, E. 2014. Making Bertha drive—An autonomous journey on a historic route. *IEEE Intelligent Transportation Systems Magazine*, 6(2), pp. 8–20. DOI: 10.1109/MITS.2014.2306552. 41, 44

[43]   Haklay, M. and Weber, P. 2008. Openstreetmap: User-generated street maps. *IEEE Pervasive Computing*, 7(4), pp. 12–18. DOI: 10.1109/MPRV.2008.80. 45

[44]   Van Sickle, J. 2015. *GPS for Land Surveyors*, 4th ed. CRC Press.

[45]   Jurvetson, S. 2009. "Velodyne High-Def LIDAR." Copyright 2009. CC BY 2.0. https://www.flickr.com/photos/44124348109@N01/4042817787. 24

[46]   Van Sickle, J. 2001. *GPS for Land Surveyors*, 2nd ed. CRC Press. 19

[47]   Jurvetson, S. 2008. "CMU carbot." Copyright 2008. CC BY 2.0. https://www.flickr.com/photos/jurvetson/2328347458. 41

[48]   Jurvetson, S. 2009. "Hands-free Driving." Copyright 2009. CC BY 2.0. https://www.flickr.com/photos/44124348109@N01/4044601053. 43

자율주행을 위한 인지

자율주행에서 인지의 목표는 차량 주변의 동적인 환경을 측정하고, 측정한 데이터를 기반으로 해 주변 환경을 신뢰할 수 있도록 자세히 묘사하는 것이다. 지능적인 자율주행을 안전하게 수행하기 위해서는 인지 모듈이 보행자, 자전거 및 다른 차량을 탐지할 수 있어야 하고, 도로 표면, 차선의 경계, 교통 신호를 인식할 수 있어야 하며, 움직이는 객체를 3차원으로 인식할 수 있어야 한다. 차후의 주행에 대한 결정, 계획 및 정확한 인지 결과를 통한 제어를 고려해보면 인지의 중요성은 결코 과소평가될 수 없다. 3장에서는 공용 데이터 세트, 문제의 정의, 최신 알고리듬을 통해 인지의 주된 기능을 다룬다. 예외적으로 딥러닝을 통한 인지는 4장에서 다룬다.

3.1 개요

자율주행 차량은 복잡하고 동적인 환경에서 동작한다. 따라서 주변의 물리적 환경을 제때에 정확히 인지하는 것은 매우 중요한 문제다. 차량의 인지 과정에는 카메라나 라이다, 근거리 레이더, 초음파 센서 같은 다양한 종류의 센서로부터 얻은 측정치를 활용할 수 있다. 센서 중에서 가장 유용한 정보를 제공해주는 것은 카메라와 라이다다. 이미지 센서를 통한 시각적 추론에서 발생하는 문제를 해결하는 것은 컴퓨터 비전의 주된 분야 중 하나이며, 인공지능에서 다루는 분야이기도 하다. 자율주행에 쓰이는 지도의 인지에 있어 필수적인 기능은 컴퓨터 비전에서 발생하는 핵심적인 문제에도 잘 대응한다. 1980년대부터 많은 연구자가 자율주행 차량을 만들고자 시도했는데, 그들이 가장 먼저 맞닥뜨린 장애물은 바로 인지였다. 이후에 중요한 발전이 이뤄짐과 동시에 자율 인지의 성능을 평가할 수 있는 공개 데이터가 등장했다. 또한 많은 자율주행 대회가 개최됐지만 '인지'는 가장 중요하고 복잡한 요소 중의 하나로 남아 있다.

3.2 데이터 세트

데이터 세트는 많은 분야에서 특정한 문제에 충분한 수의 샘플을 제공한다. 또한 신속한 항법해 탐색을 개선해야 할 때 데이터 세트가 중요한 촉매 역할을 한다는 사실이 입증됐다. 데이터 세트는 알고리듬을 신속하게 반복할 수 있게 해 성능의 정량적인 평가, 잠재적 약점 발견을 비롯해 객관적으로 비교할 수 있게 해준다. 컴퓨터 비전에서는 이미지 분류[1, 2], 의미 분할semantic segmentation[1, 2, 3], 옵티컬 플로우optical flow[4, 5], 스테레오 컴퓨터 비전[6, 7], 영상 추적[8, 9] 같은 기본적인 문제에 대한 데이터 세트가 존재한다. 데이터 세트는 크라우드 소싱crowd-sourcing[1, 3]이나 통합적인 접근법으로 수집한다. 각 항목의 데이터 세트에는 수 장에서부터 수백만 개의 분류된 데이터까지 다양한 학습용 표본이 있다. 종합적으로 데이터 세트의 크기가 크고 사실적인 이미지가 많을수록 실제 상황에 대해 알고리듬이 적은 편차와 높은 신뢰도의 성능을 보인다.

자율주행은 KITTI[10]나 Cityscapes[11] 같은 자율주행에 특화된 데이터 세트가 있는데, 이는 자율주행 차량이 겪는 현실적인 상황에 대한 장면을 다양한 센서로 측정하는 방식으로 구현된다.

KITTI 데이터 세트는 카를스루에 공과대학KIT, Karlsruhe Institute of Technology과 시카고 토요타 기술 연구소TTIC, Toyota Technological Institute at Chicago가 2012년에 합작해 만든 프로젝트다. KITTI는 전용 웹사이트(http://www.cvlibs.net/datasets/kitti/)가 있다. 자율주행을 위한 현실적이고 높은 난이도의 데이터 세트를 만드는 것이 목표다. 데이터 세트에 필요한 원시 데이터는 그림 3.1의 형태의 차량을 통해 수집했다.

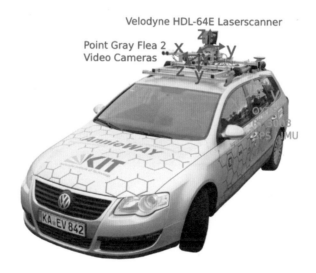

그림 3.1 KITTI 자동차의 사진[34]

KITTI 자동차에는 다음과 같은 장비가 장치돼 있다.

- 1조의 관성 항법 시스템(GPS/IMU): OXTS RT 3003
  - 1개의 레이저 스캐너: Velodyne HDL-64E

- 1.4메가픽셀 해상도의 사진을 10Hz 주기로 찍을 수 있는 2개의 흑백 카메라: Point Grey Flea 2(FL2-14S3M-C)
- 1.4메가픽셀 해상도의 사진을 10Hz 주기로 찍을 수 있는 2개의 컬러 카메라: Point Grey Flea 2(FL2-14S3C-C)

KITTI 데이터 세트는 다음의 요소로 구성돼 있다.

- **스테레오 데이터 및 옵티컬 플로우 데이터**: 두 카메라를 동시에 사용함으로써 하나의 스테레오 이미지 쌍을 얻을 수 있다. 옵티컬 플로우 이미지 쌍은 한 카메라로 연속적인 촬영을 수행함으로써 획득한다. 데이터에는 총 194개의 학습용 이미지 쌍과 195개의 시험용 이미지 쌍이 존재한다. 실제 변위 데이터는 대략 50%의 픽셀에 포함돼 있다. 그림 3.2에 나타나 있듯이 스테레오 데이터는 깊이 정보를 알 수 있게 해주고, 옵티컬 플로우 데이터는 움직임에 대한 정보를 알 수 있게 해준다.

그림 3.2 스테레오(위) 및 옵티컬 플로우(아래) 데이터[10](허가 하에 게재함)

- **비주얼 오도메트리 데이터**: 39.2km의 거리를 40,000개 이상의 프레임으로 구성한 22개의 스테레오 이미지 쌍 시퀀스가 존재한다.
- **개체 탐지 및 방향 데이터**: 개체의 크기와 방향을 알 수 있도록 규칙적으로 표

시된 3차원 데이터다. 그림 3.3에 나타난 것과 같이 세단, 밴, 트럭, 보행자, 자전거 탑승자 등의 개체가 있다. 개체가 가려진 경우도 있으며, 보통 각 이미지에 여러 개의 개체가 나타나 있다.

그림 3.3 개체 추적 데이터[10](허가 하에 게재함)

- **개체 추적 데이터**: 21개의 학습용 이미지 시퀀스와 29개의 시험용 이미지 시퀀스가 존재한다. 주로 추적하는 개체는 보행자와 차량이다.
- **도로 분석 데이터**: 노선 표시가 없는 시골의 도로, 노선 표시가 있는 도시의 도로, 여러 개의 차선이 있는 도시의 도로 등 다양한 환경의 노면에 대응할 수 있는 289개의 학습용 데이터와 290개의 시험용 데이터가 존재한다.

KITTI와 Cityscapes 데이터 세트는 세 가지 측면에서 전통적인 컴퓨터 비전 데이터 세트와 차별화된다.

- 다양한 센서와 3차원 스캐너를 사용해 얻는 정밀한 값으로 고수준의 3차원 형상을 얻을 수 있다.
- 통제되거나 용도에 맞게 만들어진 실험실 환경과는 달리 실제 환경을 통해 데이터를 획득했다.
- 서로 다른 장애물을 인식하는 등 자율주행에 필요한 다양한 인지 능력에 걸맞은 데이터를 포함한다.

세 가지 특성 덕분에 KITTI와 Cityscapes 데이터 세트가 널리 사용됐지만, 새로운 알고리듬의 제안 및 평가 역시 지속적으로 이뤄지고 있다. 최근 몇 년 동안 몇 가지 새로운 자율주행 데이터 세트가 출시됐는데, 다음 사항이 포함된다.

- 아우디 자율주행 데이터 세트Audi Autonomous Driving Dataset (A2D2)：https://www.a2d2.audi/a2d2/en.html

- nuScenes：http://nuscenes.org

- 버클리 딥드라이브Berkeley DeepDrive：http://bdd-data.berkeley.edu

- 웨이모 오픈 데이터 세트Waymo Open Dataset：http://waymo.com/open

- 리프트 레벨 5 오픈 데이터Lyft Level 5 Open Data：http://self-driving.lyft.com/level5/data

3.3 탐지

자율주행 차량은 자동차나 보행자처럼 교통에 영향을 주는 요인과 도로를 공유할 뿐 아니라, 장애물이나 차선의 분리대 같은 무수히 다양한 개체가 도로에 존재한다. 그림 3.4와 같이 개체들을 빠르고 정확하게 탐지하는 것은 안전상의 이유로도 매우 중요하다. 컴퓨터 비전에서 개체 탐지는 기본적인 문제로 다루고 있어 이를 해결하기 위한 다양한 알고리듬이 제안되고 있다.

그림 3.4 [34]에 따른 KITTI의 자동차 탐지(허가 하에 게재함)

탐지 파이프라인은 입력 이미지를 전처리하고 관심 영역을 탐지한 후 마지막으로 탐지된 개체를 분류하는 것으로 구성된다. 위치, 크기, 방향, 겉모습, 종횡비 등의 요소는 분산이 커서, 개체 탐지를 위해서는 우선 각기 다른 개체를 분류할 수 있는 독립적인 특징을 추출할 수 있어야 한다. 다른 한편으로는 탐지 결과를 믿을 수 있도록 고정적인 개체 표현식을 구축해야 한다. 자율주행 중 개체 탐지에 있어 '속도'도 중요한 측면인데, 일반적으로 탐지기가 실시간에 가깝게 동작해야 한다.

개체 탐지기는 다양한 환경의 개체 겉모습과 형상을 모델링할 수 있어야 한다. 2005년, 달랄Dalal과 트릭스Triggs[12]는 HOGHistogram Of Orientation와 SVMSupport Vector Machine을 기반으로 하는 알고리듬을 제안했다. 전체 알고리듬은 그림 3.5에 나타나 있는데, 입력 이미지를 전처리하고 슬라이딩 탐지 윈도에 대한 HOG 특징을 계산한 다음, 이들을 선형 SVM 분류기에 통과시켜 탐지를 수행하는 알고리듬이다. 개체의 겉모습을 용도에 맞게 설계한 HOG 특징을 통해 획득하고, 비선형성이 강한 개체의 표현은 선형 SVM에 맡기는 형태다.

그림 3.5 HOG+SVM. 달랄과 트릭스[12] 기반

연결된 개체들은 강체가 아닌 형태로 인해 외관이 복잡해서 다루기가 어려운 문제를 해결하기 위해 펠젠스발프Felzenszwalb 등이 제안한 DPMDeformable Part Model이 있다. 개체를 간단한 부품들로 나누어 쉬운 부품의 조합으로 강체가 아닌 개체들을 표현하는 기법이다. 이 방법을 통해 전체 개체의 겉모습을 모델링하기 위한 학습용 예제의 숫자를 줄일 수 있다. DPM(그림 3.6)은 다양한 크기에 대한 개체의 가설 및 부품 배치의 제약에 대한 공간 조합 모델을 구축하기 위해 HOG 특징 피라미드를, 부품의 위치처럼 드러나지 않은 변수를 처리하기 위해 잠재 SVM을 사용한다.

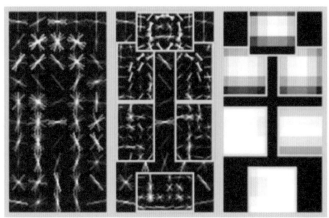

그림 3.6 변형 부품 모델[13](허가 하에 게재함)

개체 탐지는 라이다 같은 또 다른 센서로도 수행할 수 있다[14]. 카메라를 기반으로 한 알고리듬의 성능과 비교하더라도, 라이다를 기반으로 한 알고리듬은 자동차 탐지에 대해 카메라 기반 알고리듬과 비슷한 성능을 보인다. 다만 보행자나 사람이 자전거를 타는 경우에는 그 크기가 작아 탐지가 어렵다. 따라서 더 나은 탐지 성능을 위해 다양한 종류의 센서를 동시에 융합해 사용해야 한다.

자율주행 자동차는 가까운 거리에 보행자가 있는 교통 상황에서도 항법을 수행할 수 있어야 한다. 안전상의 이유로 보행자의 탐지는 특히 절대적으로 중요하다. 그러나 사람의 행동은 종종 예측하기가 어려운데, 사람의 겉모습은 매우 다양하고 심지어는 신체의 일부가 가려질 수 있기 때문이다. 보행자를 탐지할 수 있는 다양한 방법은 [15, 16]에 기재돼 있다. 오늘날 최신 보행자 탐지 기술에는 4장에서 알아볼 컨볼루션 인공신경망이 사용된다.

3.4 분할

분할, 좀 더 정확하게 말하자면 실제 사례에도 적용할 수 있는 수준의 의미 분할은 자율주행을 충분히 잘 수행하기 위해 필요한 개체 탐지를 자연스럽게 발전시킨 형태로 볼 수 있다. 카메라를 통해 획득한 이미지를 분석해 의미 있는 부분을 분할하는 것을 통해 자율주행 차량이 주변 환경을 구조적으로 이해할 수 있다(그림 3.7).

그림 3.7 취리히에서의 한 장면에 대한 의미 분할. Cityscapes 데이터 세트[11](허가 하에 게재함)

의미 분할은 정점이 픽셀 혹은 슈퍼 픽셀인 그래프의 라벨을 어떻게 잡을 것인지가 중요한데, 이는 CRF Conditional Random Field 같은 그래픽 모델의 추론 알고리듬을 적용할 수 있다[17, 18]. 이 방식에서는 픽셀 혹은 슈퍼 픽셀을 의미하는 정점을 통해 CRF를 생성한다. CRF에서 각 노드의 라벨은 상응하는 이미지 위치에서 추출한 특징을 사전 정의 세트로부터 가져올 수 있다. 노드 사이의 경계는 공간의 안정성이나 라벨의 상관관계 등에 대한 제약을 나타낸다(그림 3.8 참조).

CRF는 의미 분할 문제에 적절한 접근법이다. 그럼에도 불구하고 이미지의 차원,

입력되는 특징의 개수, 혹은 라벨의 종류가 많아지면 처리 속도가 늦어지고, 이미지의 장거리 종속성long range dependency을 획득하기 어려워진다. [19]에서 제안한 고효율 추론 알고리듬은 짝지을 수 있는 모든 픽셀 쌍에 대한 완전 연결형 CRF의 속도를 효과적으로 향상했고, [20]에서 제안한 알고리듬은 개체 클래스의 동시발생co-occurrence 또한 포함하게 했다. 의미 분할은 근본적으로 다중 이미지 특징과 맥락에 대한 추론을 통해 밀도가 높은 클래스의 라벨을 예측할 수 있어야 한다. 3.5절에서 딥러닝을 통해 의미 분할을 어떻게 다루는지 알아본다.

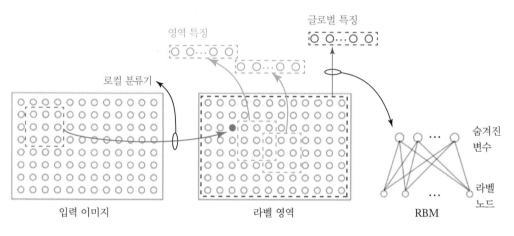

그림 3.8 히(He) 등의 그래픽 모델[17]

3.5 스테레오, 옵티컬 플로우, 씬 플로우

인지를 수행하기 위해 사용되는 스테레오 비전, 옵티컬 플로우, 씬 플로우와 같은 인지 기법을 소개한다.

3.5.1 스테레오와 깊이

자율주행 차량은 3차원 공간에서 움직이므로 인지 분야에서 깊이와 같은 3차원 공간 정보를 생성하는 것은 반드시 이해해야 한다. 라이다는 매우 정밀한 깊이 데이터를 제공하지만, 3차원 공간을 낮은 밀도로 탐지한다는 한계가 있다. 하나의 이미지는 깊이 외에 색이나 질감 같은 정보를 공간적으로 밀도 있게 제공한다. 사람들은 대부분 두 눈을 통해 3차원 공간을 시각적으로 인지할 수 있다. 마찬가지로, 스테레오 카메라를 약간 다른 각도에서 동시에 촬영함으로써 깊이 정보를 획득할 수 있다.

스테레오 카메라로부터 얻은 이미지 쌍 (I_l, I_r)이 주어졌을 때, 스테레오 정보를 추출하는 것은 근본적으로 좌측의 이미지 I_l에서의 픽셀과 우측의 이미지 I_r에서의 픽셀을 비용 함수에 기반해 어떻게 대응시킬 것인지에 대한 문제가 된다. 대응 픽셀들이 물리적으로 동일한 지점에 매핑된다고 가정하기 때문에, 두 픽셀은 같은 모양을 갖는다. p는 좌측 이미지에서의 위치이고, d는 편차를 의미한다.

$$I_l(p) = I_r(p+d)$$

특징을 기반으로 하는 방법은 픽셀의 값을 테두리나 모서리처럼 간단한 요소나 SIFT[21], SURF[22] 등의 정교한 알고리듬을 통해 생성한 값으로 대체해 변별력을 높인다. 이를 통해 신뢰도가 더 높은 매칭을 할 수 있지만, 공간적 관련성은 떨어진다. 영역을 기반으로 하는 방법은 다음 식과 같이 공간적인 안정성을 활용한다.

$$d(x, y) \approx d(x + \alpha, y + \beta)$$

(α, β)는 매우 작은 값이기 때문에 d의 해를 구하는 과정은 최소화 문제로 전환된다.

$$min_d D(p, d) = min_d \sum ||I_r(q + d) - I_l(q)||$$

앞의 식은 해를 구하기 위해 연산을 많이 해야 하지만 이를 통해 조밀한 출력을 얻을 수 있다.

대응 문제를 해결하는 다른 방법은 최적화다. 특징 기반 방법과 영역 기반 방법은 모두 로컬적인 방법으로 볼 수 있는데, 이는 로컬 정보를 바탕으로 d를 계산하기 때문이다. 반면 세계적인 방법은 매칭을 외관이 변하지 않고 공간이 안정적이라는 가정에서의 에너지 최소화로 접근하는 것이다. 글로벌 최적해를 구하기 위해 변분법variational method, 다이내믹 프로그래밍dynamic programming, 혹은 신뢰도 전파Belief Propagation 등의 방법을 사용할 수 있다.

SGMSemi-Global Matching[23]은 가장 널리 알려진 스테레오 매칭 알고리듬이다. SGM은 이론적으로 타당함이 증명됐고[24], 상당히 빠른 알고리듬으로 알려져 있다 [25]. SGM은 각 픽셀의 1차원 선들을 따라 계산 에너지 함수와 안정성에 대한 에너지 함수를 사용하는 범용적인 방법이다(더 자세한 내용은 [23]를 참고하자). 최근에는 딥러닝을 기반으로 하는 방법이 가장 좋은 성능을 보이고 있는데 이는 4장에서 다룬다.

두 카메라의 스테레오 이미지 쌍들이 대응될 때, 카메라의 초점 거리는 f이며 거리 B로 나누어진다(단, 카메라의 광축이 정렬돼 있을 때는 편차 d를 스칼라 값으로 볼 수 있다). 이미지 쌍에서 이미지의 한 점에서의 편차가 d라면, 이때의 깊이는 z가 된다.

$$z = \frac{B}{d}f$$

3.5.2 옵티컬 플로우

옵티컬 플로우[26]는 기본적인 컴퓨터 비전 분야 중 하나로, 두 이미지 사이의 강도에 대한 2차원 움직임으로 정의된다. 이때 2차원적 움직임은 물리 세계의 3차원적인 움직임과 관련이 있으나 두 움직임 사이에 차이가 있다. 옵티컬 플로우는 외관이 변하지 않는다는 것을 조건으로 한다.

$$I_t(p) = I_{t+1}(p + d)$$

옵티컬 플로우는 스테레오 컴퓨터 비전 문제보다 확실히 복잡하다. 스테레오 이미지의 이해에서는 이미지 쌍이 동시에 획득되고, 둘 사이의 기하 관계가 편차의 영향을 받으며, 대부분 외관의 불변이 인정된다. 옵티컬 플로우에서는 이미지 쌍이 약간 다른 시간대에서 획득되고, 움직임은 조명, 반사, 투명도 같은 다양한 요소의 일부를 의미할 뿐이다. 결과적으로, 외관의 불변성은 시시각각 위반된다. 옵티컬 플로우에서는 조리개 문제 즉, 공간 d에서 한 조건과 다른 명확하지 않은 두 요소의 차이(그림 3.9)가 문제가 되는데, 움직이는 공간 d에 안정성 제약 조건을 부여함으로써 해결할 수 있다.

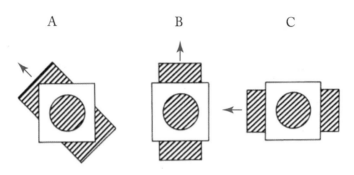

그림 3.9 조리개 문제(https://stoomey.wordpress.com/2008/04/18/20/ 기반)

외관의 불변성을 위반함으로써 발생할 수 있는 잠재적인 문제를 완화하려면 2차 불이익 함수[26]를 강건한 비용 함수[27, 28]로 교체하면 된다.

3.5.3 씬 플로우

자율주행 차량에 있어 이미지 평면에서의 2차원 옵티컬 플로우보다는 개체의 실제 3차원 움직임이 더 필요하다는 점은 생각해봐야 한다. 아이디어는 KITTI의 2015년도 씬 플로우scene flow 벤치마크를 기반으로 한다. 2차원으로 표현된 것을 3차원으로 변환하는 것은 몇 가지 이유로 인해 그 중요성이 매우 크다. 씬 플로우 추정은 2개의 연속적인 스테레오 이미지 쌍(그림 3.10)을 기반으로 이뤄진다. 이때 이미지 쌍의 대응을 통해 지점의 3차원 위치뿐 아니라 두 시간 사이의 3차원 움직임 또한 얻을 수 있다.

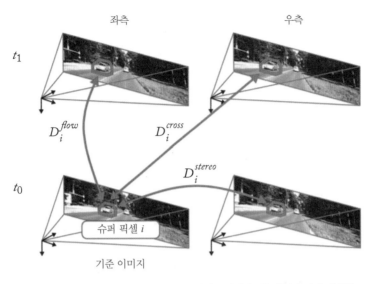

t_1

D_i^{flow}　　　D_i^{cross}

D_i^{stereo}

t_0

슈퍼 픽셀 i

기준 이미지

그림 3.10 씬 플로우에 사용되는 2개의 스테레오 이미지 쌍[29](허가 하에 게재함)

씬 플로우를 추정하는 데 있어 멘즈Menze와 가이거Geiger[29]는 슈퍼 픽셀을 활용해 움직이는 개체에 대한 3차원 매개변수 평면(그림 3.11)을 구축하는 방식을 제안했다. 이 방법은 단편적인 강성 가정을 활용할 수 있다.

그림 3.11 움직이는 개체의 추정, 옵티컬 플로우, 씬 플로우[29](허가 하에 게재함)

3.6 추적

추적은 위치, 속도, 가속도와 같은 시간에 따른 개체의 상태를 추정하기 위해 수행된다. 자율주행 차량은 함께 교통 상황을 겪는 다른 개체를 추적해 개체와의 안전 거리를 유지하고 각 개체의 궤적을 예측해야 한다. 보행자나 자전거를 타는 사람의 경우 특히 예측이 힘든데, 이는 보행자나 자전거의 방향이 갑자기 바뀔 수 있기 때문이다. 일반적으로 추적은 다음과 같은 이유로 인해 난이도가 올라간다.

- 개체는 종종 부분적으로(혹은 완전히) 가려져 있다.
- 같은 종류의 개체는 외관이 매우 비슷하다.
- 개체의 외관은 개체의 추적 중에도 자세, 관절, 조명 상황에 따라 매우 크게 바뀔 수 있다.

추적은 순차 베이지안sequential bayesian 필터 문제 형태로 구현된다.

1. **예측 단계**: 이전 시점에서 개체의 상태가 주어졌을 때, 상태의 순간적인 변화를 정의하는 움직임 모델을 통해 현재 시간에 대한 개체의 상태를 예측한다.

2. **교정 단계**: 현재 시간에 대한 개체의 상태가 예측됐고 센서 데이터로부터 현재의 측정치를 획득했을 때, 개체의 상태에 대한 사후 확률 분포를 관측 모델을 통해 계산한다. 관측 모델은 개체의 상태에 따라 어떻게 관측되는지를 나타낸다.

3. 1~2단계를 반복한다.

추적에 있어 파티클 필터는 흔히 사용된다[30, 31]. 하지만 베이지안 필터는 재귀적인 특성이 있어 일시적으로 탐지에 실패하면 정상 상태로 회복하기 힘들다. 재귀적이지 않은 방식으로 추적을 수행한다면, 추적을 글로벌 에너지 함수의 최소화로 볼 수 있다. 이때 움직임이 부드러워야 하고, 외관이 변하지 않음을 가정한다. 이러한 접근법은 개체의 가설과 한 개체가 따를 수 있는 궤적의 수가 크면 클수록 최적해를 구하기 위해 요구되는 계산량이 증가한다는 단점이 있다. 이를 해결하기 위해 사용되는 한 가지 방법은 바로 에너지 최소화에 대해 발견적인heuristic 종류의 방법을 사용하는 것이다[32].

개체의 추적에 사용되는 다른 방법은 탐지에 따른 추적tracking-bydetection이다. 연속적인 프레임에 대해 개체를 탐지하고, 탐지된 개체는 프레임 전체에 걸쳐 연결된다. 두 단계 모두 어느 정도 불확실성이 있다. 전자에 대해서는 탐지하지 못할 수 있거나 잘못된 위치를 탐지하기도 하고, 후자는 가능한 궤적 조합이 폭발적으로 증가하면 데이터 결합 문제가 발생한다. 불확실성은 MDP Markovian Decision Process를 통해 자연스럽게 처리할 수 있다. [33]에서 개체의 추적은 그림 3.12와 같이 MDP를 통해 구현된다.

- 개체는 총 네 종류, 즉 활성화/비활성화/추적/유실 상태를 갖는다.

  $s \in S = S_{활성화} \cap S_{추적} \cap S_{유실} \cap S_{비활성화}$

  ○ 개체가 탐지됐을 때 '활성화'된다.

  ○ 탐지가 유효하다고 판단됐을 경우, 해당 개체는 '추적' 상태가 된다.

  ○ 탐지가 유효하지 않다고 판단됐을 경우, 해당 개체는 '비활성화' 상태가 된다.

  ○ '추적' 상태의 개체는 '유실'될 수 있다.

  ○ '유실'된 개체는 '추적' 상태로 환원될 수 있다.

  ○ 개체가 '유실' 상태를 상당히 오래 유지할 경우, '비활성화' 상태가 된다.

  ○ '비활성화'된 개체는 '비활성화' 상태를 유지한다.

- 모든 움직임에 대해 $a \in A$를 만족한다.

- 천이 함수 $T: S \times A \rightarrow A$는 입력과 출력이 정해져 있다.

- 보상 함수 $R: S \times A \rightarrow R$은 데이터를 통해 학습된다.

- 정책 $\pi: S \rightarrow A$ 또한 데이터를 통해 학습된다.

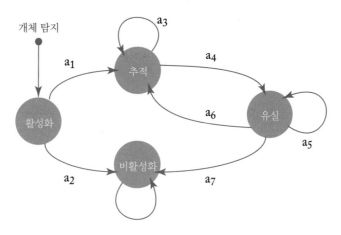

그림 3.12 [33] 기반의 MDP를 통한 추적의 구현

알고리듬은 다음과 같이 동작한다.

- '활성화' 상태에서는 탐지기가 제안한 개체의 후보들을 미리 훈련한 SVM을 통과시켜 유효성을 판단한다. SVM은 후보의 특징과 위치를 고려하고 a_1과 a_2 중 어떤 행동을 할지 선택한다.

- '추적' 상태에서는 실시간 외관 모델$^{online\ appearance\ model}$을 통해 추적-학습-탐지 알고리듬을 기반으로 개체가 '추적' 상태를 유지하거나 '유실' 상태로의 전환을 결정한다. 외관 모델은 개체를 감싸는 가상의 상자를 템플릿으로 사용한다. 개체가 '추적' 상태를 유지한다면, 개체의 외관 모델을 지속적으로 갱신한다.

- '유실' 상태에서는 개체가 '추적' 상태에 있었을 때의 모든 템플릿을 수집한 다음 이를 통해 '추적' 상태로 환원할지를 결정한다. 개체가 제한된 시간 이상 '유실' 상태를 유지할 경우, '비활성화' 상태로 전환한다.

이 방법은 KITTI 데이터 세트에서 최고의 성능을 발휘했다. MDP의 예시는 그림 3.13에 묘사돼 있다.

그림 3.13 MDP의 예제[33](허가 하에 게재함)

3.7 결론

인지는 컴퓨터 비전에 크게 의존하는 자율주행에 있어 핵심적인 요소다. 3장에서는 컴퓨터 비전 연구와 깊은 관련이 있는 분야를 알아봤다. 문제의 정의, 데이터 세트, 일반적 접근법과 각각의 장단점을 다루어 적절한 이해를 유도했다. 딥러닝을 통한 방법(4장에서 다룬다)에 고무된 컴퓨터 비전 분야는 자율주행에 필요한 다양한 주제를 해결하는 데 있어 급격한 발전을 이루고 있다. 다양한 종류의 센서를 통한 주변 환경의 3차원 관측, 전체적인 신뢰도 및 정확성 또한 여전히 발전하고 있다. 핵심은 아무래도 각각의 시각적인 임무를 통합해 이따금씩 실패하는 인지를 절대 실패하지 않도록 만드는 것이다. 즉, 원칙적으로 불확실성을 다룬다는 말이다. 따라서 탐지, 분할, 인식, 추적, 운동 구조, 3차원 매핑, 로컬라이제이션 등에 대해 더 나은 알고리듬을 꾸준히 연구해야 하며 소프트웨어 및 하드웨어 모두에 대한 최적화와 구축, 시험, 통합에 대한 공학적인 노력이 필요하다.

3.8 참고문헌

[1]   Deng, J., Dong, W., Socher, R., Li, L.J., Li, K., and Fei-Fei, L. 2009, June.
        Imagenet: A large-scale hierarchical image database. In *IEEE Conference on Computer
        Vision and Pattern Recognition, 2009*. CVPR 2009. (pp. 248–255). IEEE. 52

[2]   Everingham, M., Van Gool, L., Williams, C.K., Winn, J., and Zisserman, A. 2010.
        The pascal visual object classes (voc) challenge. *International Journal of Computer
        Vision*, 88(2), pp. 303–338. DOI: 10.1007/s11263-009-0275-4. 52

[3]   Lin, T.Y., Maire, M., Belongie, S., Hays, J., Perona, P., Ramanan, D., Dollar,
        P., and Zitnick, C.L. 2014, September. Microsoft coco: Common objects in context.
        In *European Conference on Computer Vision* (pp. 740–755). Springer International
        Publishing. DOI: 10.1007/978-3-319-10602-1_48. 52

[4]   Baker, S., Scharstein, D., Lewis, J.P., Roth, S., Black, M.J., and Szeliski, R.
        2011. A database and evaluation methodology for optical flow. *International Journal
        of Computer Vision*, 92(1), pp. 1–31. DOI: 10.1007/s11263-010-0390-2. 52

[5]   Janai, J., Guney, F., Wulff, J., Black, M., and Geiger, A. 2017. Slow flow:
        Exploiting highspeed cameras for accurate and diverse optical flow reference data.
        IEEE Conference on Computer Vision and Pattern Recognition (CVPR). 52

[6]   Scharstein, D., Szeliski, R., and Zabih, R. 2001. A taxonomy and evaluation of
        dense two-frame stereo correspondence algorithms. In *Stereo and Multi-Baseline
        Vision, 2001*. (SMBV 2001). *Proceedings. IEEE Workshop on* (pp. 131–140). IEEE.
        DOI: 10.1109/SMBV.2001.988771. 52

[7]   Scharstein, D., Hirschmuller, H., Kitajima, Y., Krathwohl, G., Nešić, N., Wang,
        X., and Westling, P. 2014, September. High-resolution stereo datasets with subpixel-
        accurate ground truth. In *German Conference on Pattern Recognition* (pp. 31–42).
        Springer International Publishing. DOI: 10.1007/978-3-319-11752-2_3. 52

[8]   Leal-Taixe, L., Milan, A., Reid, I., Roth, S., and Schindler, K. 2015.
        MOTChallenge 2015: Towards a benchmark for multi-target tracking. arXiv preprint
        arXiv:1504.01942. 52

[9]   Milan, A., Leal-Taixé, L., Reid, I., Roth, S., and Schindler, K. 2016. Mot16: A
        benchmark for multi-object tracking. arXiv preprint arXiv:1603.00831. 52

[10]   Geiger, A., Lenz, P., and Urtasun, R. 2012, June. Are we ready for autonomous
        driving? the kitti vision benchmark suite. In *2012 IEEE Conference on Computer
        Vision and Pattern Recognition (CVPR)*, (pp. 3354–3361). IEEE. DOI: 10.1109/
        CVPR.2012.6248074. 52, 53

[11]   Cordts, M., Omran, M., Ramos, S., Rehfeld, T., Enzweiler, M., Benenson, R.,
        Franke, U., Roth, S., and Schiele, B. 2016. The cityscapes dataset for semantic urban
        scene understanding. In *Proceedings of the IEEE Conference on Computer Vision and
        Pattern Recognition* (pp. 3213–3223). DOI: 10.1109/CVPR.2016.350. 52, 56

[12]   Dalal, N. and Triggs, B. 2005, June. Histograms of oriented gradients for human

detection. In *IEEE Computer Society Conference on Computer Vision and Pattern Recognition, 2005*. CVPR 2005. (Vol. 1, pp. 886–893). IEEE. DOI: 10.1109/CVPR.2005.177. 55

[13] Felzenszwalb, P., McAllester, D., and Ramanan, D. 2008, June. A discriminatively trained, multiscale, deformable part model. In *IEEE Conference on Computer Vision and Pattern Recognition, 2008*. CVPR 2008. (pp. 1–8). IEEE. DOI: 10.1109/CVPR.2008.4587597. 55

[14] Wang, D.Z. and Posner, I. 2015, July. Voting for voting in online point cloud object detection. In *Robotics: Science and Systems*. DOI: 10.15607/RSS.2015.XI.035. 55

[15] Enzweiler, M. and Gavrila, D.M. 2009. Monocular pedestrian detection: Survey and experiments. *IEEE Transactions on Pattern Analysis and Machine Intelligence*, 31(12), pp. 2179–2195. DOI: 10.1109/TPAMI.2008.260. 56

[16] Benenson, R., Omran, M., Hosang, J., and Schiele, B. 2014. Ten years of pedestrian detection, what have we learned?. arXiv preprint arXiv:1411.4304. 56

[17] He, X., Zemel, R.S., and Carreira-Perpinan, M.A. 2004, June. Multiscale conditional random fields for image labeling. In *Proceedings of the 2004 IEEE Computer Society Conference on Computer Vision and Pattern Recognition, 2004. CVPR 2004*. (Vol. 2, pp. II–II). IEEE. 56, 57

[18] He, X., Zemel, R., and Ray, D. 2006. Learning and incorporating top-down cues in image segmentation. *Computer Vision–ECCV 2006*, pp. 338–351. DOI: 10.1007/11744023_27. 56

[19] Krähenbühl, P. and Koltun, V. 2011. Efficient inference in fully connected crfs with gaussian edge potentials. In *Advances in Neural Information Processing Systems* (pp. 109–117). 57

[20] Ladicky, L., Russell, C., Kohli, P., and Torr, P.H. 2010, September. Graph cut based inference with co-occurrence statistics. In *European Conference on Computer Vision* (pp. 239–253). Springer Berlin Heidelberg. DOI: 10.1007/978-3-642-15555-0_18. 57

[21] Lowe, D.G. 1999. Object recognition from local scale-invariant features. In Computer vision, 1999. The *Proceedings of the Seventh IEEE International Conference on* (Vol. 2, pp. 1150–1157). IEEE. DOI: 10.1109/ICCV.1999.790410. 58

[22] Bay, H., Tuytelaars, T., and Van Gool, L. 2006. Surf: Speeded up robust features. *Computer Vision–ECCV 2006*, pp. 404–417. DOI: 10.1007/11744023_32. 58

[23] Hirschmuller, H. 2008. Stereo processing by semiglobal matching and mutual information. *IEEE Transactions on Pattern Analysis and Machine Intelligence*, 30(2), pp. 328–341. DOI: 10.1109/TPAMI.2007.1166. 58

[24] Drory, A., Haubold, C., Avidan, S., and Hamprecht, F.A. 2014, September. Semi-global matching: a principled derivation in terms of message passing. In *German Conference on Pattern Recognition* (pp. 43–53). Springer International Publishing. DOI: 10.1007/978-3-319-11752-2_4. 58

[25] Gehrig, S.K., Eberli, F., and Meyer, T. 2009, October. A real-time low-power stereo vision engine using semi-global matching. In *International Conference on Computer Vision Systems* (pp. 134–143). Springer Berlin Heidelberg. DOI: 10.1007/978-3-642-04667-4_14. 58

[26] Horn, B.K. and Schunck, B.G. 1981. Determining optical flow. *Artificial Intelligence*, 17(1–3), pp. 185–203. DOI: 10.1016/0004-3702(81)90024-2. 58, 59

[27] Black, M.J. and Anandan, P. 1996. The robust estimation of multiple motions: Parametric and piecewise-smooth flow fields. *Computer Vision and Image Understanding*, 63(1), pp. 75–104. DOI: 10.1006/cviu.1996.0006. 59

[28] Zach, C., Pock, T., and Bischof, H. 2007. A duality based approach for realtime TV-L 1 optical flow. *Pattern Recognition*, pp. 214–223. DOI: 10.1007/978-3-540-74936-3_22. 59

[29] Menze, M. and Geiger, A. 2015. Object scene flow for autonomous vehicles. In *Proceedings of the IEEE Conference on Computer Vision and Pattern Recognition* (pp. 3061–3070). DOI: 10.1109/CVPR.2015.7298925. 60

[30] Giebel, J., Gavrila, D., and Schnörr, C. 2004. A Bayesian framework for multi-cue 3d object tracking. *Computer Vision-ECCV 2004*, pp. 241–252. DOI: 10.1007/978-3-540-24673-2_20. 61

[31] Breitenstein, M.D., Reichlin, F., Leibe, B., Koller-Meier, E., and Van Gool, L. 2011. Online multiperson tracking-by-detection from a single, uncalibrated camera. *IEEE Transactions on Pattern Analysis and Machine Intelligence*, 33(9), pp.1820–1833. DOI: 10.1109/TPAMI.2010.232. 61

[32] Andriyenko, A. and Schindler, K. 2011, June. Multi-target tracking by continuous energy minimization. In *2011 IEEE Conference on Computer Vision and Pattern Recognition (CVPR)*, (pp. 1265–1272). IEEE. DOI: 10.1109/CVPR.2011.5995311. 61

[33] Xiang, Y., Alahi, A., and Savarese, S. 2015. Learning to track: Online multi-object tracking by decision making. In *Proceedings of the IEEE International Conference on Computer Vision* (pp. 4705–4713). DOI: 10.1109/ICCV.2015.534. 61

[34] Geiger, A., Lenz, P., Stiller, C., and Urtasun, R. 2013. Vision Meets Robotics: the KITTI Dataset. *September 2013 International Journal of Robotics Researc* 32 (11) pp. 1231–1237. DOI: 10.1177/0278364913491297. 6, 52, 54

딥러닝을 통한 자율주행의 인지

3장에서는 자율주행에서의 인지에 관해 알아봤다. 최근에는 딥러닝deep learning이라고도 하는 인공신경망 개념이 컴퓨터 비전 영역에 큰 변화를 일으켜, 이미지의 분류, 개체 탐지, 의미 분할 등과 같은 문제 해결에 눈에 띄는 발전이 일어나고 있다. 급격히 발전하고 있는 컴퓨터 비전 분야의 최신 알고리듬은 대부분 컨볼루션 연산을 기반으로 한 인공신경망을 적용한다. 4장에서는 자율주행의 인지 과정에서 사용되는 딥러닝 기반 알고리듬을 살펴본다.

4.1 컨볼루션 심층 신경망

컨볼루션 인공신경망CNN, Convolutional Neural Networks은 컨볼루션 결합을 주요 연산자로 사용하는 심층 신경망의 일종이다. 최초의 컨볼루션 심층 신경망은 1988년 르쿤LeCun 등이 1968년에 노벨상을 수상한 허블Hubel과 비셀Wiesel의 시각 피질에 대한 연구에 영감을 받아 개발했다[1]. 이들은 V1 시각 피질 영역에서 제한된 방향만 반응하고, 이동에는 반응하지 않는 뉴런을 발견했다. 로컬 수용 영역local receptive field의 개념을 포함한 시각 피질의 특성을 활용해 Neo-Cognitron[2]과 르쿤의 LeNet이 개발됐다[1]. CNN은 심층 피드포워드 신경망deep feed-forward neural network으로 구성되며 다음과 같은 특성이 있다.

- 두 계층 사이의 은닉 뉴런들은 두 뉴런이 각 계층에 대해 서로 연결돼 있지 않고 '로컬'로 남는다. 즉, 상위 계층의 한 뉴런은 뉴런과 가까운 사각형 영역에 있는 하위 계층의 뉴런으로부터 입력을 받는다. 이 영역은 뉴런의 수용 영역이라고 한다.

- '로컬' 연결에 대한 가중치는 시각 데이터의 불변성을 활용해 같은 층의 다른 뉴런들과 공유한다. 이러한 특성으로 인해 CNN 모델에 필요한 매개변수의 수는 굉장히 적다.

CNN의 특성은 영상 분야에서 '암묵적인 사전지식'으로 취급돼 CNN은 컴퓨터 비전 문제를 해결하는 데 상당히 강력한 모델이 됐다. 이는 2012 이미지넷ImageNet 이미지 분류 대회에서 우승한 AlexNet[3]을 통해 완벽하게 증명됐다. AlexNet의 등장 이후 컴퓨터 비전에 대한 CNN의 도입은 가속화돼 현재의 최신 알고리듬은 대부분 CNN을 기반으로 한다. CNN은 자연스럽게 자율주행의 인지에 있어 핵심이 됐다.

4.2 탐지

전통적으로 개체 탐지 알고리듬은 이미지와 관련 있는 정보를 포함하도록 직접 설계한 특징을 사용했고, 공간적 구조에는 분류기를 구조화하는 것으로 대응했다. 이런 접근 방식으로는 방대한 데이터를 완전히 활용할 수 없고 개체가 가질 수 있는 수많은 외관과 형태에 대응할 수 없다. 거쉬크Girschick 등[4]은 CNN에 제시 후 분류propose-then-classify 접근법을 채택해 더 좋은 개체 탐지 성능을 낼 수 있음을 증명했다. 이어서 등장한 연구(Fast R-CNN[5]과 Faster R-CNN[6]) 또한 성능과 속도 모두 개선하는 데 성공했다.

Faster R-CNN은 개체 탐지를 두 단계로 구분하되, 기본적인 CNN을 공유하는 방식으로 구현된다.

1. 주어진 입력 이미지에 대해 관심 영역regions of interest을 생성하는 단계: 개체의 위치, 스케일, 종횡비 등의 다양한 변수 때문에 많은 가설을 두지 않아도 높은 인식률을 유지할 수 있는 효과적인 방법이 필요하다. 문제에 대해 Faster R-CNN은 RPNRegion Proposal Network을 사용한다. RPN은 RPN이 입력으로 삼는 CNN의 마지막 특징 지도와 256차(혹은 512차) 은닉 계층을 3×3 슬라이딩 윈도를 통해 연결한다. 이때 완전히 연결된 2개의 계층에서 한 계층은 개체의 클래스를, 다른 한 계층은 개체의 좌표를 담당한다. 다양한 개체의 크기(128×128, 256×256, 512×512)와 종횡비(1:1, 1:2, 2:1)에 대응하기 위해 각 위치에서 9가지 조합(3×3)을 모두 고려한다. 이미지 크기가 1,000×600이라면, (1000/16)×(600/16)×9 즉, 20000 종류의 가설을 둔다. CNN은 계산을 매우 효율적으로 만든다. 마지막으로, 비극대 억제non-maximal suppression를 사용해 중복되는 가설을 제거하면서도 2000 종류의 가설을 유지할 수 있게 한다(그림 4.1).

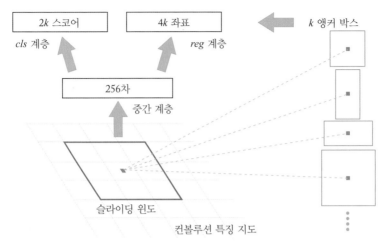

그림 4.1 RPN[6](허가 하에 게재함)

2. 주어진 제안 영역에 대해, 개체의 존재 여부 및 클래스를 평가하고 영역의 크기, 위치 및 종횡비를 추가적으로 보정해 정밀성을 향상시킨다. 그림 4.2 에 나타나 있듯이 제안 영역은 각각 ROI 풀링 계층을 통해 고정 크기 특징 지도에 투영된다. 그런 다음, 투영한 영역을 몇몇의 완전 연결 계층에 통과시켜 특징 벡터를 획득한다. 마지막으로, 개체 클래스와 위치/크기를 2개의 독립적인 갈래로 분리한다.

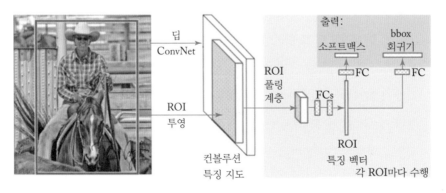

그림 4.2 Fast R-CNN 알고리듬[5](허가 하에 게재함)

'제안'할 필요가 없는 알고리즘에는 SSD[7], YOLO[8], YOLO9000[9]이 있다. 이러한 알고리즘은 보편적으로 제안 과정이 없는 엔드 투 엔드^{end-to-end} CNN 개념을 사용한다. 예를 들어 그림 4.3과 같이 SSD는 VGG-16 네트워크[10]로 특징을 추출한다. SSD는 기본적으로 상위 계층으로 갈수록 점진적으로 작아지는 컨볼루션 계층을 추가하는 방식을 통해 개체의 크기와 위치를 탐색한다. SSD는 개체의 위치와 클래스를 한 번에 예측하기 때문에 제안을 만드는 단계와 이미지 및 특징 지도의 크기 조절 과정이 필요 없으므로 속도가 매우 빠르다.

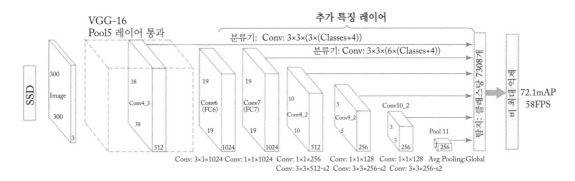

그림 4.3 SSD 네트워크([7] 기반)

제안 단계를 두지 않는 알고리즘은 대부분 실시간으로 개체를 탐지할 수 있다. 하지만 제안 단계를 두는 알고리즘 또한 실시간성을 획득할 수 있다. [11]에서 지적했듯이, Faster R-CNN에서 제안의 개수를 줄이는 방법으로 정확도를 유지하면서도 실시간성을 확보할 수 있다. Faster R-CNN과 같이 제안을 기반으로 하는 알고리즘은 PASCAL VOC 벤치마크에서 최고의 성능을 입증했다. 하지만 같은 알고리즘을 KITTI에 적용하면 성능이 떨어진다. 이는 KITTI 데이터 세트가 다양한 크기를 갖는 개체를 포함하고 있으며, 일부 및 대부분이 가려진 데이터 또한 갖고 있기 때문이다. 어려움을 해결하기 위해 차이^{Cai} 등[12]은 멀티스케일 CNN을 제안했다. 그림 4.4에 나와 있듯이 멀티스케일 CNN은 다양한 스케일에 대해 특징을 추출하는 '트렁크trunk'를 갖고 있으며, 다양한 크기의 개체를 탐지하는 '분기branch'를 갖는다.

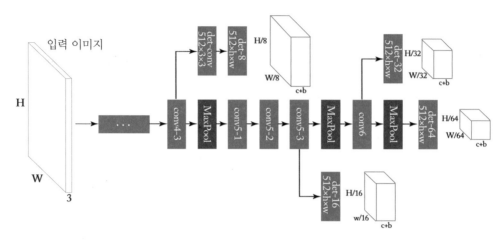

그림 4.4 MS-CNN 네트워크([12] 기반)

각 '분기'는 그림 4.5와 같이 다음 핵심 요소로 이뤄진다.

1. 더 정밀한 위치 측정을 위해 특징 지도의 해상도를 높이는 디컨볼루션 계층
2. 상황에 대한 정보를 획득하도록 영역을 약간 확장한 ROI 풀링 계층

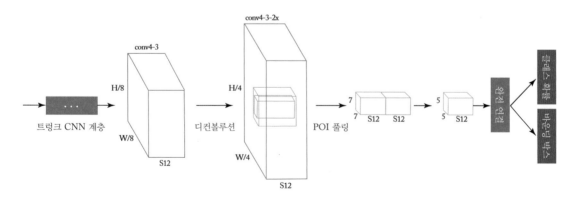

그림 4.5 MS-CNN의 탐지 분기([12] 기반)

멀티스케일 CNN(MS-CNN)은 조정을 통해 특히 KITTI의 보행자와 자전거 이용자 클래스에서 Faster R-CNN보다 더 높은 성능을 달성했다.

최근 탐지 알고리듬의 발전에는 미리 정의한 앵커 박스^{anchor box} 또는 관심 영역에 대한 문제를 방지하는 점 기반 접근 방식이 포함된다. FCOS[20]는 완전 컨볼루션 네트워크를 사용하고 다중 특징 지도의 각 위치에서 분류기를 훈련시키는 알고리듬 중 하나다(그림 4.6).

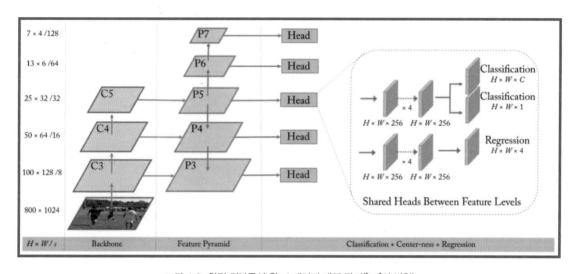

그림 4.6 완전 컨볼루션 원-스테이지 개체 탐지([20]의 변형)

FCOS는 앵커 박스 없이 다양한 크기와 종횡비를 가진 개체를 탐지할 수 있다. FCOS는 또한 긍정과 부정에 대한 샘플 밸런스를 개선해 인식률을 개선한다. FCOS의 전체 네트워크는 다음과 같이 구성된다.

- 공간 범위가 증가하고 밀도가 줄어들 때 특징을 추출하는 백본 네트워크
- 여러 레이어의 정보를 결합하는 특징 피라미드 네트워크
- 다양한 크기의 개체 탐지에 사용되는 다중 특징 레벨 사이를 공유하는 헤드

앞선 탐지 네트워크와 마찬가지로, 헤드에도 분류와 회귀 분기가 존재한다. 또한 FCOS는 중심에서 벗어나거나 성능이 떨어지는 탐지 결과를 억제하기 위해 중심성 분기center-ness branch를 도입했다. 전체적으로 FCOS는 더 적은 메모리를 사용해 최고의 정확도를 달성했다.

4.3 의미 분할

인지 모듈에서 의미 분할semantic segmentation(포괄적으로는 장면 분할scene parsing이라 한다)은 빼놓을 수 없는 주제다. 가령 자율주행 차량이 도로의 위치를 파악해야 할 때는 의미 분할이 필수인데, 카메라 이미지 안팎에 있는 도로 표면을 분할해야 한다. 컴퓨터 비전 분야에서 의미 분할은 오랫동안 연구됐는데 딥러닝의 등장 이후 의미 분할은 더욱 발전했다.

CNN을 사용하는 대부분의 의미 분할은 FCNFully Convolutional Networks을 기반으로 한다[18]. FCN은 CNN에서 소프트맥스 계층을 제거한 다음, 마지막 완전 연결 계층을 1×1 컨볼루션 계층으로 교체하는 것을 핵심으로 설계된다. 이를 통해 VGG-19와 같이 이미지 분류에 쓰이는 CNN을 FCN으로 변환할 수 있다. FCN은 어떠한 크기의 이미지도 입력 받을 수 있으며, 이미지의 각 픽셀에 개체 및 분류 레이블을 지정할 수 있다.

FCN을 이해하기 위해서는 FCN이 높은 수준의 특징에 대한 큰 인지 영역에 의존해 픽셀 단계의 레이블을 예측하는 것을 알아야 한다. 결과적으로 FCN은 종종 작은 개체의 분할을 어려워하는데, 같은 인지 영역에 있는 다른 픽셀이 작은 개체의 정보를 침식하기 때문이다. 로컬적 모호성을 같은 이미지에 존재하는 공통적 시각 패턴을 통해 해결할 수 있을 때가 많다는 점은 로컬로 추출한 특징을 결합해 글로벌 이미지 정보를 획득하는 전략을 세우는 것이 의미 분할의 핵심 주제 중 하나임을 의미한다.

자오^{Zhao} 등[13]은 [19]의 공간 피라미드 풀링 네트워크^{spatial pyramid pooling network}의 영향을 받아 그림 4.7과 같은 피라미드 장면 분석 네트워크^{PSPNet, Pyramid Scene Parsing Network}를 제안했다. 피라미드 풀링 모듈의 핵심은 그림 중앙에 나타나 있다. PSPNet은 다음과 같이 동작한다.

1. 입력된 이미지를 일반적인 CNN에 통과시켜(PSPNet은 잔차 네트워크^{residual network}를 사용한다) 특징 지도를 추출한다.

2. 특징 지도를 다양한 풀링 계층들에 통과시켜 공간 해상도를 1×1, 2×2, 3×3, 6×6(크기는 변주할 수 있다)으로 줄여 맥락 정보를 취합한다.

3. 1~2단계를 통해 얻은 특징 지도는 이미지의 맥락을 대변한다. 특징 지도는 1×1 컨볼루션 계층을 통과해 특징 벡터의 크기가 특징 인지 영역의 크기와 비례할 수 있도록 변환된다.

4. 맥락을 표현하는 모든 특징 지도를 업샘플링해 원본 이미지와 같은 크기를 갖게 한 다음 CNN에서 출력한 특징 지도의 원본과 연결한다. 연결된 특징 지도는 컨볼루션 레이어의 마지막 층에서 각 픽셀에 레이블을 붙이기 위해 사용된다.

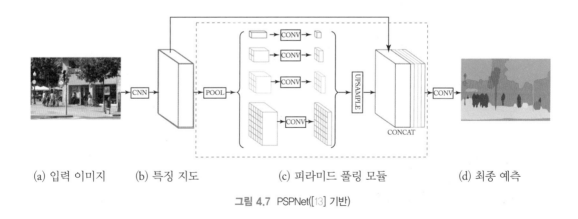

(a) 입력 이미지　　　(b) 특징 지도　　　　　(c) 피라미드 풀링 모듈　　　　　(d) 최종 예측

그림 4.7 PSPNet([13] 기반)

PSPNet[13]은 네트워크 디자인의 선택지를 몇 가지 실험해 결과를 보였다.

- 평균 풀링 혹은 최대 풀링: 실험적으로 평균 풀링이 일관적으로 나은 성능을 보인다.
- 다양한 단계를 가진 피라미드 풀링 모듈이 글로벌 풀링보다 일관적으로 나은 성능을 보인다.
- 풀링 이후에 차원을 축소시키는 것이 더 쓸모 있다.
- 보조적인 손실 함수를 통한 훈련은 딥러닝의 최적화 과정을 보조한다.

(a) 이미지   (b) Ground Truth   (c) PSPNet

그림 4.8 PSPNet의 결과 예시([13] 기반)

발전에 힘입어 PSPNet은 피라미드 풀링 모듈을 통해 의미 분할에서 가장 좋은 알고리듬 중 하나가 됐다. PSPNet은 2016 이미지넷 장면 분석 대회ImageNet scene parsing challenge에서 1위를 차지했고, PASCAL VOC 2012 및 Cityscapes에서도 가장 좋은 결과를 낸 알고리듬 중 하나다. 그림 4.8에는 Cityscapes에 대한 예시가 나타나 있다.

4.4 스테레오와 옵티컬 플로우

스테레오 비전 및 옵티컬 플로우에 사용되는 딥러닝 기술을 소개한다.

4.4.1 스테레오

스테레오와 옵티컬 플로우는 두 입력 이미지에서 발생하는 대응 문제를 해결해야 한다. CNN을 정합 문제에 적용하기 위한 간단하고 효과적인 방법은 바로 루오Luo가 제안한 Content-CNN[14]와 같은 샴 아키텍처Siamese architecture다. Content-CNN은 가중치를 공유하는 두 가지의 컨볼루션 계층으로 이뤄져 있는데, 한쪽은 좌측의 이미지를 입력으로, 나머지 하나는 우측의 이미지를 입력으로 받는다. 각 컨볼루션 계층의 출력은 내적 계층을 통해 결합된다(그림 4.9 참조).

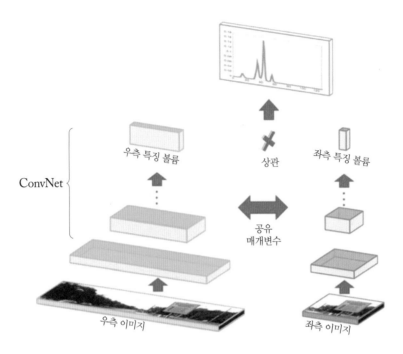

그림 4.9 Content-CNN, [14]의 변형(허가 하에 게재함)

각 픽셀에 대한 편차 벡터의 추정은 가능한 값 $y \in Y$에 대한 128 혹은 256종의 분류 형태로 구현한다. 편차 y_{gt}의 값과 이미지 쌍이 제공됐다면 네트워크 매개변수 w는 크로스 엔트로피를 최소화하는 방식으로 학습된다.

$$\min_{w}\{-\sum_{i,\mathrm{y(i)}} P[y_{gt}(i)] \log P[y(i),w]\}$$

- i: 픽셀의 색인
- $y(i)$: 픽셀 i에서의 편차
- $P(y_{gt})$: y_{gt}를 중심으로 하며 추정 오차가 0이 되지 않도록 완만하게 분포하는 함수
- $P[y(i),w]$: 픽셀 i에서 편차에 대해 예측한 확률

이 방법으로 KITTI의 2012 스테레오 데이터 세트에 대해 좋은 추정 정밀도와 1초도 걸리지 않는 속도를 성취했다. 개체가 공간적으로 좀 더 부드럽게 움직이도록 후처리 과정을 추가할 수 있다. 로컬 윈도 스무딩local windowed smoothing이나 세미 글로벌 블록 매칭semi global block matching 및 그 밖의 기법을 적용함으로써 추정 오차를 대략 50%까지 줄일 수 있다. 정확한 2차원 편차 공간은 그림 4.10에 나타나 있듯이 좋은 3차원 깊이 추정치를 얻을 수 있게 해준다.

그림 4.10 KITTI 2012 테스트 세트에 대한 스테레오 추정 결과([14]의 변형)

4.4.2 옵티컬 플로우

딥러닝을 옵티컬 플로우 모델 전체에 적용하려면 특징 추출, 로컬 정합, 글로벌 최적화에 컨볼루션 계층을 적용해야 한다. FlowNet[15]은 문제를 '수축'하고 '확장'하는 컨볼루션 계층을 갖는 인코더-디코더 아키텍처(그림 4.11)를 통해 해결했다.

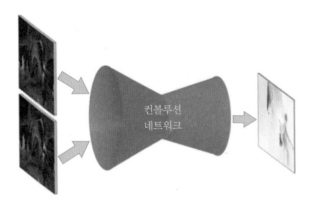

그림 4.11 FlowNet의 인코더-디코더 구조([15]의 변형, 허가 하에 게재함)

FlowNet '수축' 부분의 네트워크 구조에는 그림 4.12와 같이 두 가지 선택지가 있다.

1. **FlowNetSimple**: 두 이미지를 쌓아 올린 것을 입력으로 삼아 컨볼루션 계층을 통과시키는 구조다. 간단하지만 많은 계산이 필요한 문제가 있는 방법이다.

2. **FlowNetCorr**: 두 이미지의 특징을 추출한 다음, 각각의 특징 지도를 상관 계층을 통해 결합하는 방법이다. 그 후 결합 결과를 컨볼루션 계층에 통과시킨다. 여기서 사용된 상관 계층은 두 입력 이미지를 통해 얻은 특징 사이의 컨볼루션을 계산할 수 있어야만 한다.

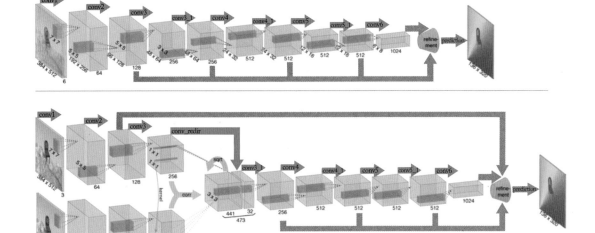

그림 4.12 두 종류의 FlowNet 네트워크 구조([15]의 변형, 허가 하에 게재함)

FlowNet의 '수축' 부분은 연산량을 줄일 뿐만 아니라 맥락에 대한 정보를 공간적으로 결합하는 역할도 수행한다. 출력의 해상도가 줄어든다는 단점도 있다. FlowNet은 직전 계층의 특징 지도와 상응하는 계층을 사용해 '확장' 계층의 '업 컨볼루션'을 통해 해상도 문제를 예방한다. 이때 상응 계층은 그림 4.13과 같이 FlowNet의 '수축' 부분으로부터 획득하며, 이전 계층과 같은 크기를 갖는다.

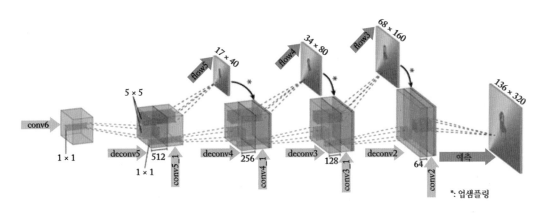

그림 4.13 FlowNet의 '업 컨볼루션'([15]의 변형, 허가 하에 게재함)

FlowNet은 KITTI 데이터 세트에 대해 경쟁력 있는 결과를 성취했으며, 오직 0.15초의 GPU 연산 시간을 소모했다. FlowNet 2.0[16]에서는 추정 정확성이 더욱 향상됐다.

옵티컬 플로우를 위한 또 다른 CNN 기반 알고리듬 SpyNet[17]은 공간 피라미드를 활용해 큰 부분부터 시작해 세밀한 부분까지 접근하는 방식으로 움직임을 추정한다. 각 피라미드 층에서는 현재 플로우 추정치에 따라 한 이미지를 왜곡한 다음 플로우에 대한 업데이트 값을 계산한다. 계산 과정은 전 해상도에 대한 플로우의 추정 값을 획득할 때까지 반복된다. 큰 부분부터 시작해 세밀한 부분까지 접근하는 방식으로 이미지를 왜곡해 사용하기 때문에 각 피라미드 층에 대한 플로우는 적게 업데이트되며, 이로 인해 계층의 컨볼루션 커널 범위 안으로 수렴한다.

자세한 설명을 위해 다음과 같은 표기법을 사용한다.

- 다운샘플링을 의미하는 d
- 업샘플링을 의미하는 u
- 이미지 I와 플로우 필드 V에 대한 왜곡을 의미하는 $w(I, V)$
- K단계에 대한 CNN 모델의 집합을 의미하는 $\{G_0, \dots G_K\}$. G_K는 각각 5개의 컨볼루션 계층을 갖고 있고, 이전 단계에서 플로우 V_{k-1}을 업샘플링함으로써 잔류 플로우 v_k를 계산한다. 또한 이미지 (I_k^1, I_k^2)의 크기를 변경하는 역할 또한 수행한다.

$$v_k = G_K (I_k^1, w(I_k^2, u(V_{k-1})), u(V_{k-1}))$$

$$V_k = u(V_{k-1}) + v_k$$

학습 과정에서 $\{G_0, \dots G_K\}$는 연속적인 단계 사이에서 V_k에 종속되므로 하나씩 순차적으로 학습해야 한다. 추측 과정은 다운샘플링한 이미지 (I_0^1, I_0^2)로부터 시작되는데, 초기 플로우 추정치를 전 영역에서 0으로 둔 다음 각 요소를 $(V_0, V_1, \dots, V_K)$ 순서로 한 번에 하나씩 계산하는 방식이다(그림 4.13 참조). 각 단계에서 크기가 변경된 입력 이미지 쌍과 업샘플링을 거친 2채널 플로우를 함께 쌓아 올린 다음, 8채널 입력 형태로 가공해 G_k에 입력한다.

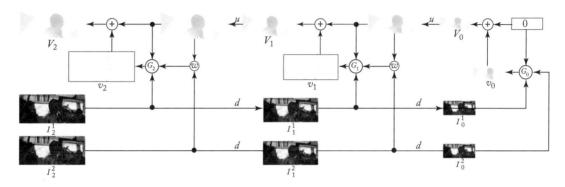

그림 4.14 SpyNet의 피라미드 구조([17]의 변형, 허가 하에 게재함)

SpyNet은 KITTI 데이터 세트에서 최고의 성능을 보인다. 더욱 놀라운 사실은 크기가 충분히 작아 모바일 및 임베디드 환경에서도 잘 작동할 수 있다는 점이다.

4.4.3 조밀한 연관에 대한 비지도 학습

스테레오 깊이 추정과 옵티컬 플로우 알고리듬은 보통 훈련을 위해 조밀한 연관에 대한 참 값이 필요하지만, 데이터는 수집하기 어렵고 많은 비용이 필요하다. 따라서 최근에는 문제를 우회하기 위해 비지도 학습이 사용되고 있다. 영상 데이터의 연속 프레임에서 배울 수 있는 새로운 알고리듬의 예시는 모노뎁스^{monoDepth}[21]와 후속 알고리듬 모노뎁스2[22]다. 여기서는 모노뎁스에 초점을 맞춘다. 모노뎁스의 핵심 아이디어는 왼쪽 이미지와 오른쪽 이미지가 주어졌을 때 이를 세 부분으로 구성되는 손실 함수로 정의할 수 있다는 것이다.

- **외양 매칭 손실**: 두 이미지에 대한 연관 픽셀의 모양이 비슷하다고 가정

- **편차 평탄화 손실**: 편차 파라미터가 불연속성이 있지만 지역적으로 평탄하다고 가정

- **좌우 편차 일관성 손실**: 좌측 편차와 우측 편차가 서로 일치한다고 가정

손실 함수는 모두 이미지에서 직접 계산할 수 있고, 편차의 참값은 필요하지 않다. 전체 네트워크는 스트라이드가 증가하는 '엔코더' 부분과 해상도가 증가하는 '디코더' 부분을 가진다. 손실을 염두에 두고 후속 손실 모듈은 디코더 부분의 여러 단계에 삽입되며, 손실은 이들로부터 합산된다.

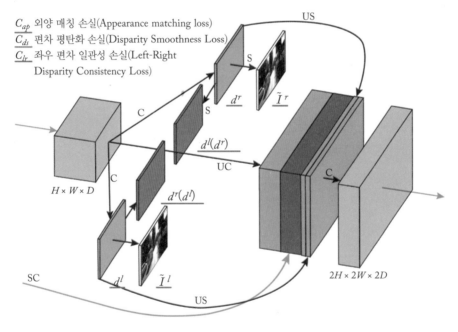

그림 4.15 모노뎁스의 손실 모듈, [21]에서 변형.
표기: C: 컨볼루션, UC: 업 컨볼루션, S: 양선형 샘플링(Bilinear Sampling), US: 업 샘플링, SC: 스킵 커넥션(Skip Connection).

모노뎁스 알고리듬은 이전의 알고리듬(그림 4.16)보다 우수한 성능을 보였고, 훈련 데이터 세트의 크기를 늘려 성능을 개선할 수 있다.

그림 4.16 모노뎁스의 예시, [21]에서 변형

4.5 결론

컴퓨터 비전 분야에서의 강력하고 표준적인 모델로서 딥러닝은 엄청난 발전을 이 뤘고, 자연스럽게 자율주행을 위한 훌륭한 응용 분야를 찾아냈다. 4장에서는 몇몇 의 딥러닝 알고리듬과 각 알고리듬에 해당하는 한두 개의 인지 함수를 살펴봤다. 현 재 CNN은 특별한 용도에 따라 설계 및 훈련되고 있다. 건축에서 사용되는 벽돌과 도 같은 인지 모듈을 통해 연산량을 줄이고 전체적인 정확성 및 강건성을 향상할 뿐만 아니라, 동시에 인지 작업을 수행할 수 있게 하는 통합 모델 아키텍처를 구현할 수 있다.

4.6 참고문헌

[1] LeCun, Y., Bottou, L., Bengio, Y., and Haffner, P. 1998. Gradient-based learning applied to document recognition. *Proceedings of the IEEE*, 86(11), pp. 2278–2324. DOI: 10.1109/5.726791. 69

[2] Fukushima, K. 1988. Neocognitron: A hierarchical neural network capable of visual pattern recognition. *Neural Networks*, 1(2), pp. 119–130. DOI: 10.1016/0893-6080 (88)90014-7. 69

[3] Krizhevsky, A., Sutskever, I., and Hinton, G.E. 2012. Imagenet classification with deep convolutional neural networks. In *Advances in Neural Information Processing Systems* (pp. 1097–1105). 70

[4] Girshick, R., Donahue, J., Darrell, T., and Malik, J. 2014. Rich feature hierarchies for accurate object detection and semantic segmentation. In *Proceedings of the IEEE Conference on Computer Vision and Pattern Recognition* (pp. 580–587). DOI: 10.1109/CVPR.2014.81. 70

[5] Girshick, R. 2015. Fast r-cnn. In *Proceedings of the IEEE International Conference on Computer Vision* (pp. 1440–1448). DOI: 10.1109/ICCV. 2015.169. 70, 71

[6] Ren, S., He, K., Girshick, R., and Sun, J. 2015. Faster r-cnn: Towards real-time object detection with region proposal networks. In *Advances in Neural Information Processing Systems* (pp. 91–99). 70

[7] Liu, W., Anguelov, D., Erhan, D., Szegedy, C., Reed, S., Fu, C.Y., and Berg, A.C. 2016, October. SSD: Single shot multibox detector. In *European Conference on Computer Vision* (pp. 21–37). Springer International Publishing. DOI: 10.1007/978-3-319-46448-0_2. 71, 72

[8] Redmon, J., Divvala, S., Girshick, R., and Farhadi, A. 2016. You only look once: Unified, real-time object detection. In *Proceedings of the IEEE Conference on Computer Vision and Pattern Recognition* (pp. 779–788). DOI: 10.1109/CVPR.2016.91. 71

[9] Redmon, J. and Farhadi, A. 2016. *YOLO9000: Better, Faster, Stronger*. arXiv preprint arXiv:1612.08242. 71

[10] Simonyan, K. and Zisserman, A. 2014. *Very Deep Convolutional Networks for Large-Scale Image Recognition*. arXiv preprint arXiv:1409.1556. 71

[11] Huang, J., Rathod, V., Sun, C., Zhu, M., Korattikara, A., Fathi, A., Fischer, I., Wojna, Z., Song, Y., Guadarrama, S., and Murphy, K. 2016. *Speed/Accuracy Trade-offs for Modern Convolutional Object Detectors*. arXiv preprint arXiv:1611.10012. 72

[12] Cai, Z., Fan, Q., Feris, R.S., and Vasconcelos, N. 2016, October. A unified multi-scale deep convolutional neural network for fast object detection. In *European Conference on Computer Vision* (pp. 354–370). Springer International Publishing. DOI: 10.1007/978-3-319-46493-0_22. 72, 73

[13] Zhao, H., Shi, J., Qi, X., Wang, X., and Jia, J. 2016. *Pyramid Scene Parsing Network*. arXiv preprint arXiv:1612.01105. 74, 75

[14] Luo, W., Schwing, A.G., and Urtasun, R.,2016. Efficient deep learning for stereo matching. In *Proceedings of the IEEE Conference on Computer Vision and Pattern Recognition* (pp. 5695–5703). DOI: 10.1109/CVPR.2016.614. 75, 76, 77

[15] Fischer, P., Dosovitskiy, A., Ilg, E., Hausser, P., Hazırbaş, C., Golkov, V., van der Smagt, P., Cremers, D., and Brox, T. 2015. *Flownet: Learning Optical Flow with Convolutional Networks*. arXiv preprint arXiv:1504.06852. 77, 78

[16] Ilg, E., Mayer, N., Saikia, T., Keuper, M., Dosovitskiy, A., and Brox, T. 2016. *Flownet 2.0: Evolution of Optical Flow Estimation with Deep Networks*. arXiv preprint arXiv:1612.01925. 79

[17] Ranjan, A. and Black, M.J. 2016. *Optical Flow Estimation using a Spatial Pyramid Network*. arXiv preprint arXiv:1611.00850. 79, 80

[18] Long, J., Shelhamer, E., and Darrell, T., 2015. Fully convolutional networks for semantic segmentation. In *Proceedings of the IEEE Conference on Computer Vision and Pattern Recognition* (pp. 3431–3440). DOI: 10.1109/CVPR.2015.7298965. 73

[19] He, K., Zhang, X., Ren, S., and Sun, J. 2014, September. Spatial pyramid pooling in deep convolutional networks for visual recognition. In *European Conference on Computer Vision* (pp. 346–361). Springer International Publishing. DOI: 10.1007/978-3-319-10578-9_23. 74

[20] Tian, Z., Shen, C., Chen, H., and He, T. 2019. FCOS: Fully convolutional one-stage object detection. In *ICCV 2019*. 73, 74

[21] Godard, C., Aodha, O. M., and Brostow, G. J. 2017. Unsupervised Monocular Depth Estimation with Left-Right Consistency. *IEEE Conference on Computer Vision and Pattern Recognition (CVPR)*, Honolulu, HI, pp. 6602–8211;6611. DOI: 10.1109/CVPR.2017.699. 81, 82, 83

[22] Godard, C., Mac Aodha, O., Firman, M., and Brostow, G. J. 2019. Digging into self-supervised monocular depth estimation. In *Proceedings of the IEEE International Conference on Computer Vision, 2019*, pp. 3828–8211;3838. DOI: 10.1109/ICCV.2019.00393. 81

예측 및 경로 계획

5장에서는 예측prediction 및 경로 계획routing 모듈을 자율주행 자동차의 계획 및 제어 프레임워크에 통합하는 방법을 중점적으로 설명한다. 예측 모듈은 인지 모듈에서 식별한 주변 개체들의 향후 동작을 예측한다. 예측 모듈에서 생성한 궤적은 다운스트림 계획 및 제어 모듈로 전달된다. 5장에서 소개하는 경로 계획 모듈은 HD 맵의 차로 분할을 기반으로 차로 기반 경로 계획에 사용된다. 경로 계획 모듈은 HD 맵에 나열된 차로를 자율주행 자동차가 단순히 따라가면 목적지에 도달할 수 있도록 경로를 알려준다. 예측 모듈과 마찬가지로 경로 계획 모듈의 결과도 다운스트림 계획 및 제어 모듈로 전달된다.

5.1 계획 및 제어의 개요

계획 및 제어 아키텍처와 하위 모듈의 개요를 설명한다.

5.1.1 아키텍처: 넓은 의미의 계획 및 제어

그림 5.1에서 볼 수 있듯이, 매핑 및 로컬라이제이션^{Map and Localization} 모듈은 포인트 클라우드^{point cloud}나 GPS 같은 원본^{raw} 센서 데이터를 사용한다. 원본 센터 데이터는 자율주행 자동차의 위치 정보로 변환해 맵에 반영된다. 인지^{perception} 모듈은 자율주행 자동차 주변에 있는 개체들을 감지한다. 두 모듈은 주변 세계를 객관적으로 인지하는 작업에 집중하는 반면, 경로 계획^{routing}, 트래픽 예측^{traffic prediction}, 동작 결정^{behavioral decision}, 모션 계획^{motion planning}, 피드백 제어^{feedback control} 같은 모듈은 자율주행 자동차가 외부 환경의 변화를 예측해 주행 경로를 설정하는 과정을 주관적으로 처리한다는 점에서 구분된다.

그림 5.1에 나온 모듈은 하나의 공유 클록에 맞춰 작동한다. 각 모듈은 클록 사이클(프레임^{frame})마다 자신이 의존하는 업스트림 모듈로부터 가장 최근에 발행된 데이터를 가져와서 자신이 맡은 계산을 수행하고 그 결과를 다운스트림 모듈이 사용할

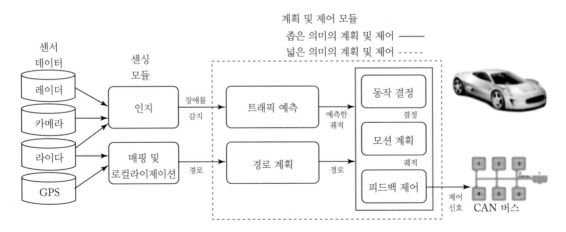

그림 5.1 좁은 의미의 계획 및 제어 모듈과 넓은 의미의 계획 및 제어 모듈

수 있도록 발행publish한다.

자율주행 소프트웨어 시스템은 하드웨어와 소프트웨어로 구성된 복잡한 시스템이다. 자율주행 소프트웨어는 컴퓨팅 하드웨어, 센서 통합, 인지 모듈, 트래픽 예측 모듈, 안전성과 신뢰성을 보장하기 위한 모션 계획 및 제어 모듈을 포함한 다양한 모듈의 협력에 의존한다. 모듈 사이의 협업 중에서 특히 인지 모듈과 계획 및 제어 모듈 사이의 협업은 대단히 중요하다.

각 모듈의 역할과 해결할 문제의 범위를 효과적으로 나누는 방식을 통해 모듈 사이의 성공적인 협업이 가능하다. 5.1.2절에서는 모듈을 기능별로 정의해 데이터의 흐름과 문제의 점진적 구체화gradual concretization에 따라 분할 정복divide-and-conquer하는 방법을 소개한다. 이 방식에 따르면 예측 및 경로 계획 모듈은 넓은 의미의 계획 및 제어뿐 아니라, 데이터 종속 모듈의 역할도 한다. 자세한 사항은 5장에서 설명한다. 계획 및 제어 모듈은 동작 결정(의사결정decision 모듈), 모션 계획(계획planning 모듈), 피드백 제어(제어control 모듈) 등으로 구성했는데 6장에서 자세히 설명한다.

5장과 6장에서 소개하는 기법은 현재 자율주행에서 주로 사용하고 있지만, 인공지능 기술의 등장으로 엔드 투 엔드 솔루션이 점점 대중화되고 있는 추세다. 최신 엔드 투 엔드 솔루션은 7장에서 알아본다. 여기서는 좀 더 넓은 관점에서 계획 및 제어 문제를 일관적이면서 실제 적용 가능한 솔루션을 소개하는 데 주안점을 둔다. 솔루션은 주변 환경에 대한 객관적인 인지를 위해 다양한 이종 센서 입력 값과 맵, 주변 세계에 대한 차량의 객체 인식부터 주행 중 결정사항에 따라 자동차를 실제로 조작하는 것에 이르기까지 다양하다.

5.1.2 모듈의 범위: 여러 모듈의 협력을 통한 문제 해결

그림 5.1의 여러 모듈의 기능을 차례대로 살펴본다. 경로 계획 모듈은 최상위 항법 명령top-level navigation command을 다룬다. 경로 계획은 출발지부터 목적지까지 일련의 차로를 정확히 따라가는 것이라고 생각할 수 있다. 물론 구글 맵스Google Maps 같은 기존

의 항법 지도 서비스와 비슷한 점도 있지만, 자율주행에 사용되는 경로 계획 모듈은 그보다 상세한 정보가 필요하고, 지도 또한 자율주행에 최적화된 HD 맵을 주로 사용한다는 점에서 기존 항법 지도 서비스와 상당히 다르며 복잡하다.

다음으로, 트래픽 예측 모듈(혹은 예측 모듈)에 집중할 것이다. 예측 모듈은 인지된 개체와, 위치, 속도, 자동차, 자전거, 보행자 등과 같은 유형을 비롯한 개체에 대한 '객관적인' 속성을 함께 입력 값으로 받는다. 그 후 예측 모듈은 각 인지 개체에 대한 예측 궤적을 계산해 동작 결정 모듈로 전달한다.

예측 궤적은 공간 정보와 시간 정보를 모두 담고 있으며, 다운스트림 모듈에서 사용될 기초 정보다. 기존의 연구[1]에서는 보조 소프트웨어 라이브러리로 예측 함수를 구현했는데, 인지 모듈에서 사용해 출력 값을 세밀하게 보정하거나, 결정 및 계획 모듈에서 감지된 입력 개체를 전처리하기 위한 용도로 활용했다. 예측 모듈을 소프트웨어 라이브러리로 구현하면, 주기적으로 업스트림 모듈로부터 데이터를 가져와서 다운스트림 모듈로 데이터를 발행할 필요가 없고, 상태나 메모리를 따로 관리할 필요가 없다는 장점이 있다. 예측 소프트웨어 라이브러리는 함수 호출에 대한 API의 일부를 표시하고 계산 결과를 반환한다. 따라서 소프트웨어 라이브러리는 계산 논리의 측면에서 대체로 덜 복잡하다. 반면 자율주행 시스템을 구성하는 모듈로 만들면 업스트림 모듈의 데이터를 받아서 계산한 결과를 주기적으로 프레임 단위로 보내야 하는 부담이 있다. 모듈은 대체로 계산 정확도를 높이기 위해 이전 프레임의 상태 정보를 유지해야 한다.

자율주행 기술의 발전으로 실제로 자율주행 자동차가 도로를 주행하는 것이 현실이 됐기 때문에, 이를 구현하는 업계에서 트래픽 예측의 중요성에 주목해야 한다. 따라서 최신 시스템에서 사용하는 트래픽 예측 모듈은 소프트웨어 라이브러리 형태보다는 내부 모듈 형태로 구현하는 것이 대부분이다[4, 5, 6, 7]. 5장에서는 트래픽 예측 문제를 머신러닝 기반으로 접근해서 푸는 최신 기법을 소개한다.

트래픽 예측 모듈에 바로 연결되는 다운스트림 모듈은 자율주행 시스템에서 '부

조종사'co-pilot'의 역할을 하는 동작 결정 모듈이다. 다운스트림 모듈은 트래픽 예측 모듈과 경로 계획 모듈로부터 받은 값을 모두 입력 값으로 사용한다. 동작 결정 모듈은 이러한 입력 값을 토대로 자동차를 조작하는 명령을 생성한다. 사용할 수 있는 명령에는 '현재 차선에서 전방 자동차를 따라간다', '신호등 앞의 정지선에 멈춰서 보행자가 지나갈 때까지 기다린다', '정지 표지판을 보면 다른 자동차에게 양보한다' 등이 있다.

동작 결정은 자율주행 자동차 자체의 동작뿐 아니라, 인지하거나 맵에 나온 개체에 대한 동작 또한 평가한다. 자율주행 자동차가 같은 차선에서 다른 차량을 감지했다고 가정해 보자. 경로 계획 모듈은 자율주행 자동차에게 현재 차로를 유지하라는 명령을 내릴 것이다. 자율주행 자동차 스스로의 결정(합성 결정synthetic decision)은 차선을 유지하는 것이 될 수 있지만, 전방에 감지된 자동차의 결정(독자 결정individual decision)은 그 차를 뒤따라가는 것이 될 수 있다. 이렇게 인지된 장애물마다 결정된 동작은 모션 계획 단계에서 적용할 최적화 제약사항과 비용으로 변환된다.

자율주행 자동차 자체에 대한 동작은 개별적인 동작 결정을 모두 취합해서 결정하기 때문에 합성 결정이라고 한다. 합성 결정은 주로 모션 계획 단계에서 최종 상태의 동작 조건을 결정하는 데 필요하다. 동작 결정 모듈에서 출력한 명령 집합의 구체적인 형태는 구현 방식에 따라 달라질 수 있다. 최신 자율주행 자동차 시스템에서는 동작 결정 모듈을 개별 모듈로 설계 및 구현하는 추세다. 그러나 실제로는 모션 계획 모듈 같은 다운스트림 모듈에 동작 결정 모듈의 논리와 역할이 통합된다[1, 2, 3].

앞에서 설명했듯이 모듈 사이의 협업이 중요하기 때문에, 업스트림 동작 결정 모듈과 다운스트림 모션 계획 모듈의 로직은 일관성을 유지해야 한다. 다시 말해, 모션 계획 모듈은 동작 결정 모듈이 결정한 동작을 정확히 따르고, 자율주행 자동차의 궤적을 계획할 때 이를 통합해야 한다. 동작 결정 모듈의 명령 집합은 최대한 다양한 트래픽 동작 시나리오를 다뤄야 하는데, 내용이 완벽하지는 않다. 사람조차도 정확히 판단하지 못하고 막연한 감으로 충돌 회피 동작을 수행하는 모호한 상황이 발생하기 마련이다. 동작 결정 모듈의 명령 집합을 명확하게 표현하면 오류 진단 및 디버깅할 때는 좋지만, 정작 중요한 부분은 동작 결정을 모션 계획 단계에 적용할 구체적인 제약 조건이나 비용으로 변환하는 데 있다. 합리적인 독자 결정을 할 수 없는 최악의 시나리오에서는, 충돌 회피를 위한 암묵적 비용이 모션 계획 모듈을 위한 기본적인default 독자 결정이 된다.

모션 계획 모듈의 역할은, 계획한 경로나 궤적을 따라 A 지점에서 B 지점으로 이동하는 방법을 찾는 것이다. 만약 현재 위치가 A 지점이고, B 지점이 목표 지점(예: 차로 시퀀스상의 어떤 목표 지점)이라면, 모션 계획은 A 지점에서 B 지점으로 가는 로컬 경로를 탐색하는 최적화 문제라고 볼 수 있다. 모션 계획 모듈은 동작 결정 모듈의 출력 값을 제약 조건constraints으로, 경로 계획 모듈의 출력 값을 목표goal로 받는다.

모션 계획 모듈은 동작 결정 모듈보다 구체적인 문제를 결정한다. 모션 계획 모듈은 위치, 방향, 속도, 가속도, 곡률뿐 아니라 속성의 고차 미분 값으로 구성된 궤적 지점을 반드시 지나도록 궤적을 계산해야 한다. 앞서 설명했듯이 모듈 사이의 협업이 중요하기 때문에, 모션 계획 모듈은 다음과 같은 두 가지 규칙을 반드시 따라야 한다. 첫째, 연속된 계획 사이클 사이에서 계획한 궤적의 일관성이 유지돼야 한다. 즉 외부 요인이 크게 변하지 않는다면 연속된 두 사이클의 궤적도 급격히 변하지 않아야 한다. 둘째, 계획한 궤적을 다운스트림 피드백 제어 모듈에서 수행할 수 있도록 보장해야 한다. 이는 주로 곡률이나 곡률의 미분 값 같은 속성이 물리적 제어 한계를 벗어나지 않도록 연속적이며 매끄러워야만 한다는 뜻이다.

그림 5.1을 보면 인지 모듈의 출력 값뿐 아니라 매핑 및 로컬라이제이션 모듈의 출력 값도 모션 계획 모듈과 동작 결정 모듈에 직접 입력되는 것을 알 수 있다. 얼핏 보면 중복된 설계처럼 생각할 수 있지만, 트래픽 예측에 대한 일종의 백업 역할을 해서 보안성을 높이는 데 도움이 된다. 또한 트래픽 예측 작업을 수행하는 도중에 새로운 장애물들이 감지될 수 있다. 예측에 실패할 때뿐 아니라 예측하는 동안 새로운 장애물이 나타날 때도, 쉽게 접근할 수 있는 매핑 및 로컬라이제이션 유틸리티

라이브러리와 함께 이렇게 중복된 인지 정보를 갖고 있으면, 동작 결정 모듈과 모션 계획 모듈이 충돌 회피 동작을 결정하는 데 필요한 최소한의 개체 정보를 가질 수 있다.

그림의 뒷부분에는 피드백 제어 모듈이 있다. 피드백 제어 모듈은 CAN^{Controller Area Network} 버스를 통해 자동차를 직접 제어한다. 제어 모듈은 계획된 궤적에 담긴 궤적 지점 정보를 가져와서, 브레이크, 스티어링 휠, 가스를 조작하기 위한 드라이브 바이 와이어^{drive-by-wire} 신호를 계산하는 역할을 해야 한다. 계산 작업은 주로 실제 자동차가 계획된 궤적에 최대한 가깝게 주행하려는 목적으로 수행하며, 이때 자동차 및 도로의 물리적 모델도 함께 고려한다.

지금까지 설명한 모듈은 자율주행 자동차 계획 및 제어에서 가장 핵심적인 모듈이다. 이렇게 구분하는 이유는 자율주행 자동차의 계획 및 제어에 관련된 복잡한 문제를 여러 개의 작은 문제로 효과적으로 나누기 위해서다[1, 2]. 모듈마다 자신이 맡은 문제에 집중할 수 있게 만들면, 모듈화 및 병렬화를 통해 소프트웨어 개발의 복잡도를 크게 줄일 수 있다. 동시에 연구 개발의 효율성도 크게 높일 수 있다. 지금까지 설명한 방법의 장점이 바로 여기에 있다. 본질적으로 동작 결정 모듈, 모션 계획 모듈, 피드백 제어 모듈은 같은 문제를 서로 다른 수준에서 해결하는 셈이다. 데이터 흐름에 따라 위치한 각 모듈 사이의 계산 결과는 서로 밀접하게 연결돼 있다. 모듈을 구현할 때 계산을 일관성 있고 논리정연하게 구성하는 것이 가장 중요하다. 일반적으로 알려진 원칙에 따르면, 모듈 사이에 충돌이 발생할 때 다운스트림 모듈을 업스트림 모듈에 맞추기보다는, 업스트림 모듈을 수정해 해결하는 것이 가장 좋다.

5.2절에서는 분할된 모듈을 업스트림부터 다운스트림 순(그림 5.1의 왼쪽부터 오른쪽)으로 좀 더 자세히 살펴본다. 모든 솔루션을 나열하기보다는, 각 모듈이 담당할 구체적인 시나리오에서 문제를 처리하는 방법을 중점적으로 소개한다. 또한 각 시나리오를 실제로 적용할 수 있는 몇 가지 솔루션도 설명한다.

이런 접근 방식을 통해 자율주행의 계획 및 제어 문제에 대한 솔루션을 포괄적으로 이해할 수 있을 것이다.

5.2 트래픽 예측

트래픽 예측 모듈(예측 모듈)은 계획 및 제어 모듈과 직접 연결되는 업스트림 모듈로써, 현재 감지된 개체의 가까운 미래의 동작을 예측하는 역할을 담당하며, 예측과 함께 시공간 궤적 지점들에 대한 세부 정보를 계산해 이를 다운스트림 모듈에 전달한다.

인지 단계에서 감지된 장애물은 대부분 위치, 속도, 방향, 가속도 등의 속성들이 있다. 간단한 물리 규칙을 적용하면 적절한 수준의 예측 값을 즉시 구할 수 있다. 하지만 트래픽 예측의 목적은 단순히 주어진 물리적 속성으로부터 즉각적인 예측 값을 구하는 것이 아니라, 몇 초 주기에 발생하는 동작을 예측하는 것이다. 예측 값을 구하려면 동작 히스토리, 주변 시나리오, 맵 특징 같은 다양한 요소를 고려해야 한다. 그림 5.2처럼 교차로에 있을 때 자동차가 계속 직진할지 아니면 우회전할지, 또는 인도에 있던 보행자가 횡단보도를 건널지 아니면 기다리고 있을지와 같은 동작을 트래픽 예측 모듈로 결정해야 한다. 동작 예측 작업은 분류classification 문제로 구성해 머신러닝 기법을 적용하는 방식으로 해결할 수 있다[8, 9, 10]. 하지만 단순히 동작 관점에서 예측하는 것만으로는 부족하다. 트래픽 예측 모듈의 실제 출력 값은 시간 정보, 속도, 방향 등의 속성들을 가진 궤적 지점으로 구성된 예측된 궤적이기 때문이다. 따라서 트래픽 예측 문제를 다음과 같은 두 가지 문제로 나눠서 처리한다.

- **범주형 도로 개체 동작에 대한 분류 문제**: 자동차가 차로를 변경하거나 현재 차로를 유지할지 여부, 또는 보행자가 횡단보도를 건널 것인지 여부 등
- **속도 및 시간 정보를 통해 예측 경로를 생성하는 회귀 문제**: 교차로를 지나갈 때 보행자의 속도 변화는 크지 않지만, 자동차가 방향을 틀 때는 감속했다가 가

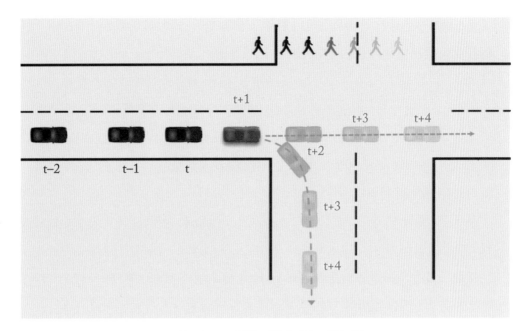

그림 5.2 도로에 있는 개체에 대한 트래픽 예측

속해야 하는데, 구체적인 속도 변화는 회전 반경의 길이와 곡률에 따라 결정된다.

5.2.1 분류를 이용한 동작 예측

도로에 있는 개체의 동작을 예측하는 문제는 주로 개체의 유형에 따라 달라진다. 자동차의 동작은 주로 '현재 차로 유지', '방향 전환', '차로 변경' 등 몇 가지로 구분할 수 있는 반면, 자전거 탑승자나 보행자가 할 수 있는 행동은 매우 다양하다. 동작의 차이 때문에 머신러닝 기반 모델에는 보통 단일 모델을 적용하지 않고 각 유형에 맞게 커스터마이즈한 모델을 사용한다. 자전거 탑승자나 보행자의 행동을 배제하는 것이 좀 더 예측할 수 있기 때문에 여기서는 자동차의 동작 예측에 초점을 맞출 것이다.

실제로는 자동차에 대한 동작 예측 문제도 쉽지 않다. 언뜻 보면 차로 유지, 차로 변경, 방향 전환 같이 간단한 동작의 분류 모델을 만들 수 있지만 확장성이 떨어지는데 실제 맵은 상당히 복잡하기 때문이다. 예를 들어 우회전이나 좌회전 차로가 여러 번 나올 수 있고, 교차로가 항상 네 방향인 것은 아니다. 게다가 차로가 서서히 오른쪽으로 꺾일 수도 있고, 교통 규칙을 위반하지 않고서는 선택할 동작이 없을 수도 있다. 이처럼 맵이나 시나리오에 따라 동작의 유형을 선택하게 하면, (분류 문제에서 '레이블'이라고 하는)분류 유형이 엄청나게 복잡하고 확장성이 떨어지기 때문에 동작의 유형을 선택할 수 없다.

분류 레이블과 맵 시나리오를 분리하기 위해 동작 분류 문제를 '현재 및 히스토리 정보가 주어졌을 때 자동차가 차로 시퀀스의 유한 집합을 따를지 여부를 결정하는 문제'로 새롭게 정의한 기법을 제안했다. 차로 분할 및 매핑lane segmentation and mapping 단계에 영향을 받는 방법이다. 자동차는 대체로 지도에 나온 차로를 따라 이동하기 때문에 이렇게 가정하는 것이 합리적이라고 볼 수 있다. 자동차는 언제든지 다른 차로 시퀀스를 따르는 방식으로 경로를 바꿀 수 있다. 그림 5.3을 보면 현재 자동차가 t 시간에 차로 1에 있다(그림의 좌측). 이때 자동차가 정상적으로 선택할 수 있는 차로는 세 가지가 있는데, 각 동작에 따라 예상 궤적이 정의돼 있다.

1. **궤적 1**: 교차로에서 우회전하는 것을 나타내는 차로 1, 차로 2, 차로 3
2. **궤적 2**: 교차로에서 직진하는 것을 나타내는 차로 1, 차로 6, 차로 8
3. **궤적 3**: 차로 변경 후 교차로에서 직진하는 것을 나타내는 차로 1, 차로 4, 차로 5, 차로 7

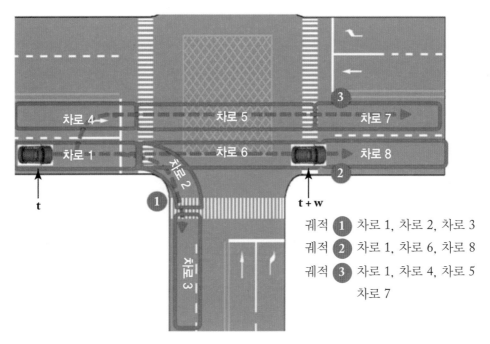

차로 4 →   차로 5   차로 7 ▶

차로 1   차로 6   차로 8

차로 2

차로 3

t

t + w

궤적 **1** 차로 1, 차로 2, 차로 3
궤적 **2** 차로 1, 차로 6, 차로 8
궤적 **3** 차로 1, 차로 4, 차로 5
　　　　차로 7

그림 5.3 차로 시퀀스에 대한 이진 분류 문제로 구성한 동작 예측 문제

시간 $t + w$에 자동차가 차로 1, 차로 6, 차로 8의 순서를 거쳐 현재 차로 8에 있다고 가정하자. 그러면 궤적 2는 양의 레이블을, 나머지 궤적 1과 궤적 3은 음의 레이블을 갖는다. '어떤 차로 시퀀스를 선택할지 분류하는 문제'로 구성하는 혁신적 접근 방식을 사용하면, 궤적을 추출해 구한 (주로 ROS 백^{bag} 파일 형태로 기록된) 데이터를 이용해 양 또는 음의 레이블을 할당할 수 있다. $t + w$ 시간에 자동차가 차로 2와 차로 6이 교차하는 지점에 있다면 궤적 2와 궤적 3에 대한 레이블을 어떻게 할당하는지 궁금할 텐데, 두 궤적 모두 양의 레이블을 단다.

정리하면, 도로를 주행하는 자동차의 동작을 예측하는 문제는 '자동차가 주행할 차로를 선택하는' 이진 분류 문제로 구성할 수 있다. 개념을 바탕으로 (이진 분류 모델이라 하는) 통합 머신러닝 모델을 구성한다. 통합 머신러닝 모델은 차로 정의와 분할에 대한 단 하나의 종속성이 발생하는데, 자동차는 대부분 차로를 따라 주행해서 예측 궤적을 벗어날 수 없기 때문에 종속성은 불가피하다.

자동차가 차로의 특정 논리적 또는 구조적 시퀀스를 따른다고 가정한다. 얼핏 생각하면 과도한 제약을 가하는 가정이라고 생각할 수 있다. 하지만 머신러닝을 적용할 때는 아무 제약이 없는 모든 동작을 학습시키는 것보다, 나름 합리적으로 구조화된 동작부터 학습을 시작하는 것이 굉장히 중요하다. 또한 머신러닝 기법을 적용할 때는 방대한 양의 데이터가 쌓이는데, 이로 인해 선택할 수 있는 학습 모델의 복잡도에 제약이 발생한다. 따라서 자율주행에서 트래픽 예측을 수행할 때, 로직과 합법적인 동작부터 먼저 파악하는 것이 좋다. 실제로 (논리적으로 연결되지 않은 차로들을 추종하는 것과 같이) '잘못된' 동작이 발생할 수도 있다. 일단 정상적인 동작에 대해 잘 만든 모델을 구축하고, 학습 데이터도 충분히 갖추고 있다면, 학습 모델에 이러한 비정상적인 동작이 포함되지 않도록 쉽게 조절할 수 있다. 예를 들어 차로 시퀀스에는 제한을 줄이고, 시작 차로와 종료 차로에만 제약 조건을 걸어둘 수 있다. 결론적으로 차로 시퀀스를 기반으로 트래픽 예측 모델을 구축하는 것은 다양한 경우에 상당히 효과적인 기법이라고 볼 수 있다.

자동차 동작 예측을 위한 특징 설계

머신러닝 기반 분류기^{classifier}가 잘 작동하려면 차로 시퀀스 기반의 분류 문제에 대한 레이블링과 특징 설계(도메인 정보를 기반으로 원시 데이터에서 특징을 추출하는 것을 의미한다)가 대단히 중요하다. 자동차 동작 예측 문제를 다룰 때는, 다음과 같이 세 가지 유형의 특징을 고려한다(그림 5.4).

1. **자동차 히스토리 특징**: w개 프레임의 히스토리 윈도를 고려한다. 각 프레임에서 예측하려는 자동차는 차로에 대한 상대 위치뿐 아니라, 절대 위치로도 표현된다. 자동차 히스토리 특징 유형은 자동차가 현재 차로나 이전 차로를 이동하는 방식을 기록 형태로 나타낸다.

2. **차로 시퀀스 특징**: 확장 차로 시퀀스^{extended lane sequence}란, '이용할 것인지', '이

용하지 않을 것인지' 분류하기 위한 인스턴스다. 여기서 지정된 차로 시퀀스에서 일부 지점들을 샘플링한다. 샘플로 추출한 '차로 지점$^{lane\ point}$'마다 확장 차로 시퀀스의 모양을 나타내는 속성을 계산한다. 예를 들어 방향^{heading}, 곡률^{curvature}, 현재 속한 차로를 기준으로 차로 지점의 경계까지 떨어진 거리 등이 차로 시퀀스 특징으로 추출된다. 차로 시퀀스 유형은 선택할 차선 시퀀스의 모양을 표현한다.

3. **주변 개체 특징**: 예측에 사용할 자동차 주변의 개체(개체의 행동은 예측될 것이다)를 표현하며, 다른 특징보다 계산하기 힘들다. 차로 모양이나 자동차의 자세 히스토리뿐 아니라 주변 개체도 자동차의 향후 동작을 결정하기 때문이다. 가령, 현재 주행하는 차로의 왼쪽과 오른쪽 차로에 인접하거나 평행한 차로를 고려해 대상 자동차를 왼쪽과 오른쪽 인접 차선에 투영할 수 있다. 그 다음 대상 자동차와의 전방 거리를 계산할 수 있다.

방금 설명한 특징 벡터를 구체적으로 표현하면 그림 5.4와 같다. 개념의 이해를 돕기 위해 간단히 예를 들면, 어떤 자동차가 서서히 오른쪽을 향하면서 차로의 경계 가까이 다가온다고 하자. 그러면 자동차의 진행 방향을 바꿀 정도로 눈에 띄는 주변 개체가 없다면, 직진에 관련된 차로 시퀀스보다 우회전을 표현하는 차로 시퀀스를 선택해야 할 가능성이 훨씬 높다.

자동차 동작 예측을 위한 모델 선택

위의 세 가지 특징은 자동차 및 주변에 관련된 정보를 대부분 포함하지만, 저자의 경험에 비춰볼 때 현실적이라고 생각하는 특징 집합을 제시하려는 의도로 설명한 것이다. 따라서 이런 특징은 특별한 머신러닝 모델에 맞춰 적용될 수 있다. 자동차의 동작 예측에 적용할 수 있는 모델은 다음과 같이 두 가지가 있다.

1. **비기억 모델**$^{memory-less\ model}$: SVM$^{Support\ Vector\ Machine}$[11], DNN$^{Deep\ Neural}$ ^{Networks}[12] 등이 여기에 해당하는데 한 번 학습되면 그대로 유지되기 때문

자동차 히스토리 특징	차로 시퀀스 특징	주변 개체 특징
$[t-w+1,\ t]$ 구간에 있는 각 프레임마다 다음과 같은 특징을 추출한다.	목표 차로 시퀀스의 기준선 방향(종방향)을 따라 추출한 v개 샘플을 분류하려면, 각 차로 지점마다 다음과 같은 특징을 추출한다.	두 가지의 차로 시퀀스, 분류할 차로 시퀀스와 (후속 차로에서 자연스럽게 확장한) 현재 차로 시퀀스에 있는 장애물을 대상으로 추출한다. 두 시퀀스가 같을 수도 있다. 각 차로 시퀀스상에 대상 개체를 투영한 결과를 기준으로 삼는다. 기준 위치의 전후방에 가장 가까운 자동차를 찾아서 다음과 같은 특징을 추출한다.

자동차 히스토리 특징 열:
- 차로상의 위치에 대한 경도 및 위도
- XY 기반 위치
- 속도, 방향, 가속도
- 투영된 차로의 기준점에서의 방향 및 곡률
- 차로 경계까지의 상대적 거리

여기에 자동차의 길이, 너비, 높이도 특징으로 추출된다.

차로 시퀀스 특징 열:
- 종방향 및 횡방향에 대한 상대적 위치
- 방향 및 곡률
- 왼쪽 및 오른쪽 경계까지의 거리
- 표본 차로의 회전 유형

주변 개체 특징 열:
- 투영된 기준점에 대한 상대적 종방향 위치
- 가장 가까운 전후방 자동차에 대한 횡방향 위치, 속도, 방향

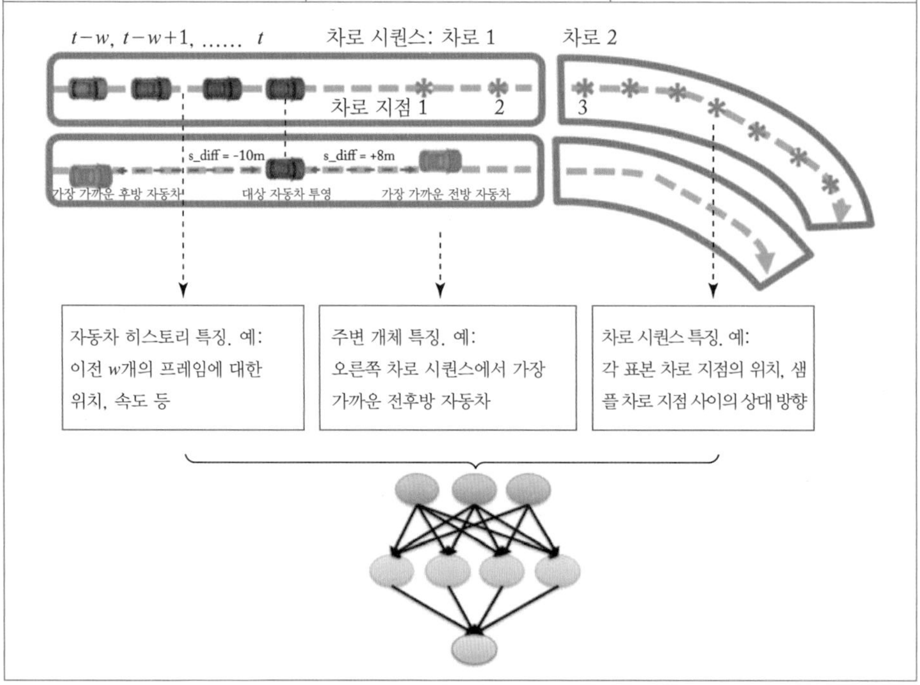

그림 5.4 선택할 차로 시퀀스를 분류하기 위한 세 가지 특징 유형

에 두 모델은 비기억 모델에 해당한다. 또한 출력 값은 이전 입력 인스턴스에 영향을 받지 않는다. 비기억 모델로 히스토리 정보를 수집하려면 정보를 특징으로 명확하게 인코딩해야 한다. 자동차 정보에 대한 여러 히스토리 프레임을 받아서, 각 프레임에서 특징을 추출하고, 결과를 예측뿐 아니라 학습에도 활용할 수 있다. 실제로 그림 5.4에 나온 특징 집합은 자동차 히스토리 정보를 고려한다.

2. **기억 모델**memory model: RNN Recursive Neural Networks 구조[13, 14]를 가진 LSTM Long Short-Term Memory 모델이 여기에 해당한다. 기억 모델은 출력 값이 입력 값의 영향을 받기 때문에 메모리를 갖는다. 하지만 기억 모델은 학습시키기 훨씬 어렵다. RNN 모델에 주어진 입력 값이 단지 현재 자동차의 특징 및 현재 주변 개체의 특징처럼 현재 프레임 정보만 표현돼 있더라도, RNN 모델은 어떻게든 모델 매개변수로 이전 입력 값들을 '기억'해서, 이전 입력 값이 현재 출력 값에 영향을 미친다.

어떤 모델을 선택할지는 구체적인 시나리오마다 다르다. 매핑과 주변 환경이 그리 복잡하지 않다면 간단히 비기억 모델을 사용해도 충분하다. 하지만 교통 상황이 더 복잡하다면 히스토리 정보를 완벽하게 다루기 위해 RNN 같은 기억 모델을 활용해야 한다. 공학적 구현의 경우, 온라인 시스템으로 구현하는 것이 더 편하다. 기억 모델은 입력 값으로 단지 현재 정보만 이용하고 히스토리 정보는 기억하기 때문이다. 비기억 모델은 온라인 시스템으로 구현하기에는 좀 더 복잡하다. 온라인 시스템으로 만들면 특징 추출에 사용되는 히스토리 데이터도 온라인으로 구성해야 한다. 이론적으로 타임 윈도 'w'는 인지 모듈이 개체를 추적할 것으로 예상되는 최장 시간이다. 트래픽 예측 모듈은 대부분 이러한 w 값을 5초와 같은 고정된 길이로 설정한다. 예측 궤적은 반드시 최소 거리나 최소 시간 중 하나를 기준으로 삼아야 한다. 만약 '메모리' 윈도로 5초를 선택하면, 예측 궤적은 최대 5초를 기준으로 삼게 되지만, 3초와 같이 더 짧은 타임 윈도를 선택했을 때보다 신뢰성이 더 높아진다. 향후 동작을 정확히 예측하기 위해 얼마나 많은 히스토리 데이터가 필요한지에 대한 정확한 이론적인 한계는 이 책에서 다루지 않는다. 동작 예측에서 중요한 측정 기준은 정밀도와 재현률이다. **정밀도**precision는 예측 궤적 중에서 실제로 자동차가 선택한 궤적의 수를 의미한다. **재현률**recall은 실제 동작 궤적 중에서 예측한 궤적의 수를 나타낸다. 트래픽 예측 모듈은 각 프레임마다 예측한 궤적을 출력하기 때문에, 두 가지 측정 기준은 모든 프레임에 대해 예측된 궤적을 취합해서 계산한다.

5.2.2 자동차 궤적 생성

자동차의 동작이 결정되면, 예측 모듈은 예측 차로 시퀀스를 추종하는 실제 시공간 궤적을 생성해야 한다. 간단한 방법은 물리적 규칙과 특정한 가정을 이용하는 것이다. 여기서는 자동차의 차로 기반 맵 좌표를 추적하기 위해 칼만 필터를 소개한다. 핵심 가정은 자동차가 차로의 중심선(기준선reference line)을 따라가는 것이다. 따라서 궤적상에서 자동차의 예측 지점들에 대한 (s, l) 좌표들을 추적하는 데 칼만 필터를 사용한다. 간단히 말해 s는 차로의 기준선에 대한 거리(종방향 거리)를 나타내고, l은 어떤 지점에서 s 방향에 수직인 거리(횡방향 거리)를 나타낸다. 차로 기반 맵 좌표계에 대해서는 6장의 모션 계획에서 자세히 설명한다. 칼만 필터의 동작 변환 행렬은 다음과 같다.

$$\begin{pmatrix} s_{t+1} \\ l_{t+1} \end{pmatrix} = A \cdot \begin{pmatrix} s_t \\ l_t \end{pmatrix} + B \cdot \begin{pmatrix} \Delta t \\ 0 \end{pmatrix}, \text{여기서 } A = \begin{pmatrix} 1 & 0 \\ 0 & \beta_t \end{pmatrix} \text{ 그리고 } B = \begin{pmatrix} v_s & 0 \\ 0 & 0 \end{pmatrix}$$

예측 차로 시퀀스마다 칼만 필터로 주어진 예측 궤적을 추적한다. 상태 변환 행렬 A에서, 예측 궤적이 얼마나 빨리 기준선에 근접하는지는 매개변수 β_t로 조절한다. 각 예측 사이클마다 칼만 필터 측정 업데이트로 β_t를 조정한다. 따라서 자동차가 기준선에 근접할 때의 속도는 관측 히스토리(측정 값)의 영향을 받게 된다. β_t가 고정됐다면, 칼만 필터의 몇 가지 예측 단계를 수행해 예측 궤적의 향후 각 프레임에 대한 궤적 지점을 생성한다.

앞에서 언급한 규칙 기반 방법뿐 아니라, 머신러닝 기반 방법으로도 궤적을 생성할 수 있다. 궤적 생성에 머신러닝 기반 모델을 적용하면 실제 궤적 히스토리를 활용하기 때문에, 규칙 기반으로 생성한 궤적보다 실제 히스토리에 좀 더 가까운 궤적을 생성할 수 있다. 이때 회귀 모델regressions model이 적합하다. 자동차 히스토리 정보를 특징으로 입력해 자동차의 실제 경로를 도출하기 위한 모델을 구축할 수 있다. 그러나 실제 궤적은 모델링하기 훨씬 더 어려우며 동작 자체보다는 덜 중요하다. 이 책에서는 모델링 가능성만 언급하며, 관심 있는 독자는 [18]을 참고한다. 여기서는 대상 자동차에 대한 실제 궤적을 도출할 때 간단한 기준선 기반 접근법을 이용한다는 점만 기억해두자. 실제로 동작 궤적을 계산하기 위한 모션 계획 기법은 모두 다른 대상 자동차들에 대한 궤적을 얻기 위한 기준선 기반 접근법에 적용할 수 있다.

정리하면 5.2.2절에서는 트래픽 예측 문제를 두 단계로 구성했다. 먼저 동작을 예측한 다음, 실제 궤적을 계산한다. 첫 번째 단계인 동작 예측은 모든 차로 시퀀스에 대한 이진 분류 문제로 명확히 표현할 수 있는 반면, 실제 시공간 궤적을 계산하는 두 번째 단계는 모션 계획의 특정 기법을 사용해야 한다. 동작 예측 문제에서 다양한 자동차들 간의 상호 영향을 도입하면 복잡도가 폭발적으로 증가하기 때문에, 지금까지는 각기 다른 대상 자동차들 간의 상호작용을 명확하게 고려하지 않았다. 하지만 예측 빈도가 충분히 높다면 대상 자동차들 간의 상호작용이 어느 정도 반영된다.

5.3 차로 수준 경로 계획

계획 및 제어 모듈의 위 단계로 차로 수준 경로 계획 모듈이 있다. 줄여서 경로 계획(라우팅routing)이라고도 한다. 경로 계획 모듈은 구글 맵스 같은 내비게이션 서비스와는 상당한 차이가 있다. 기존의 내비게이션 서비스는 지점 A로부터 지점 B까지 가는 도로 구간을 찾는 방식으로 실행된다. 내비게이션 서비스의 최소 요소는 도로의 차로다. 도로와 차로는 도로 표지판이나 경계에 따라 쉽게 정의할 수 있다. 자율주행 자동차의 경로 계획 문제도 지점 A로부터 지점 B까지 가는 경로를 찾는 것은 마찬가지지만, 출력 값은 사람이 아닌, 동작 결정 및 모션 계획 모듈 같은 다운스트림 모듈의 입력으로 전달하기 적합하게 구성해야 한다. 따라서 차로 수준 경로 계획은 HD 맵에 정의된 차로 수준을 따라야 한다. HD 맵에 정의된 차로는 실제에 맞게 분할된 차로나 도로와 다르다. 그림 5.5에 나온 화살표는 HD 맵 수준의 차로 분할 및 방향을 나타낸다. 차로 1, 차로 2, …, 차로 8은 경로 계획의 출력 값이다. 이때 HD 맵으로 정의된 차로가 반드시 실제 차로나 차로 표식과 일치할 필요는 없다. 예를 들어 차로 2, 차로 5, …, 차로 7은 HD 맵에 정의된 '가상' 회전 차로를 나타낸다. 그리고 실제 도로에서 상대적으로 긴 차로는 여러 개의 차로로 분할할 수 있다(예: 차로 3, 차로 4).

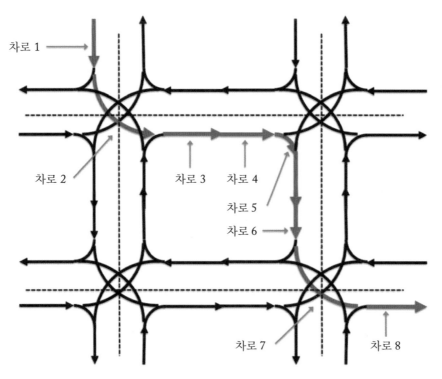

그림 5.5 HD 맵에 정의된 차로 수준 경로 계획의 출력 값

경로 계획 모듈은 계획 및 제어 모듈에 대한 최상단 업스트림 모듈이기 때문에, 결과가 HD 맵에 크게 영향을 받는다. HD 맵에 정의된 '도로 그래프'와 차로 분할이 주어졌을 때, 미리 정의된 최적화 정책에 따라 경로 계획 모듈은 출발지로부터 목적지까지 자율주행 자동차가 주행할 최적의 차로 시퀀스를 계산해야 한다.

$$\{(차로_i, 출발지점_i, 목적지점_i)\}$$

(차로$_i$, 출발지점$_i$, 목적지점$_i$)를 경로 계획 세그먼트$^{routing\ segment}$라 한다. 경로 계획 세그먼트는 차로$_i$로 구분하고, 출발지점$_i$와 목적지점$_i$는 각각 차로의 기준선을 따르는 시작 위치와 종료 위치를 나타낸다.

5.3.1 경로 계획을 위한 가중치 방향성 그래프 구성 방법

자율주행용 경로 계획의 두드러진 특징은 자율주행 자동차가 하기 힘든 동작도 함께 고려해서 경로를 결정해야 한다는 것이다. 바로 이 점이 구글 맵스 같은 내비게이션 서비스와 구분되는 가장 큰 차이다. 예를 들어, 자율주행용 경로를 설정할 때 모션 계획 모듈에서 차로 변경을 하려면 더 많은 공간과 시간이 필요하다고 알릴 경우 차로 변경을 하지 않는다. 안전하지 않은 단거리 차로 변경에 대한 경로 계획 세그먼트를 생성하지 않아야 하기 때문이다. 따라서 위험한 경로에는 높은 '비용'을 할당해야 한다. 자율주행 자동차가 느끼는 동작은 사람이 운전할 때와 상당히 다르기 때문에 경로 계획 모듈은 자율주행 자동차의 모션 계획 모듈에 맞춰 정의해야 한다. 따라서 자율주행 자동차에 대한 경로 계획 출력 값은 사람이 쓰는 내비게이션의 출력 값과 얼마든지 다를 수 있다.

자율주행 자동차에 대한 HD 맵 기반 경로 계획 문제는 가중치 방향성 그래프에서의 최단 경로 탐색 문제로 추상화할 수 있다. 경로 계획 모듈은 처음에 자율주행 자동차의 현재 위치 근방의 HD 맵 차로상에 있는 몇 개의 지점을 샘플링한다. 이러한 지점을 차로 지점$^{lane\ point}$이라 하는데, 차로 지점은 자율주행 자동차가 차로를 따라

가는 동안 거쳐갈 수 있는 차로상의 위치를 나타낸다. 또한 서로 근접한 차로 지점을 연결하는 방향성 경계선이 있다(그림 5.6과 그림 5.7 참조). 후진이 허용되지 않는 차로에서는 오직 차로의 주행 방향으로만 차로 지점을 연결한다. 차로 지점을 연결하는 경계선의 가중치는 자율주행 자동차가 출발 차로 지점으로부터 목적 차로 지점까지 이동하는 데 들 수 있는 비용을 나타낸다. 차로 지점의 샘플링 빈도는 차로가 매우 짧아도 충분히 샘플링할 수 있을 정도로 설정한다. 차로 지점 사이의 경계선 연결에는 지역성^{locality}이 뚜렷이 드러난다. 차로의 방향을 따르는 인접한 차로 지점은 같은 방향을 따르는 방향성 경계선과 자연스럽게 연결된다. 마찬가지로 각기 다른 차로에 있는 차로 지점도 연결된다. 그림 5.6에서 볼 수 있듯이, 차로의 마지막 차로 지점이 그 후속 차로의 첫 번째 차로 지점과 연결된다는 사실을 확실히 알 수 있다. 또한 양쪽 옆 차로에 대해 합법적으로 차로 변경이 가능하다면 그 차로 지점을 서로 연결한다. 그림 5.6은 차로 지점들을 연결하는 경계선에 대한 비용 설정을 보여준다. 여기서 같은 차로 안에서 차로 지점을 연결하는 경계선의 비용을 1로 설정했다. 우회전 차로로 연결하는 비용은 5로 설정했고, 좌회전 차로로 연결하는 비용은 8로 설정했다. 차로 지점을 따라 이동하는 비용은 우회전 차로에 대해 2를, 좌회전 차로에 대해서는 3을 설정했다. 차로 변경 비용을 높이도록 양쪽 옆 차로 사이의 차로 지점을 연결하는 경계선의 비용은 10으로 설정했다.

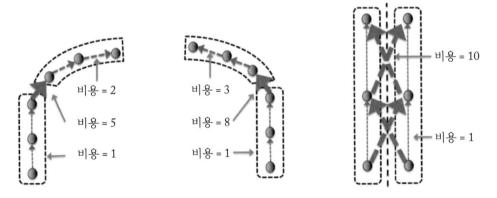

그림 5.6 우회전, 좌회전, 차로 변경 시나리오의 차로 지점 연결 비용

비용을 그림 5.6과 같이 설정했을 때 같은 도로 그래프에서 각기 다른 두 경로를 비교하면 그림 5.7과 같다. 두 경로 모두 지점 A에서 지점 B로 이동한다. 경로 1은 차로 1에서 출발해서 왼쪽 하단 교차로에서 직진(차로 4)한다. 그런 다음 왼쪽 상단 교차로에서 우회전(차로 5)하고 나서, 차로 10과 차로 11을 따라 직진해, 마지막으로 차로 12를 통해 목적지에 도달한다. 경로 2 또한 차로 1에서 출발하지만, 왼쪽 하단 교차로에서 우회전(차로 2)하여 차로 3에 진입한다. 그 후 차로 6으로 차로 변경을 하고, 오른쪽 하단 교차로에서 좌회전(차로 7)하여 차로 8에 진입한다. 오른쪽 상단 교차로에서는 차로 9를 따라 우회전해, 경로 1과 같은 목적지인 지점 B에 도달하기 위해 차로 12에 진입한다. 경로 2의 총 길이가 경로 1의 총 길이보다 짧지만, 경로 계획 모듈은 그림 5.6에서 설정된 비용을 통해 경로 1이 더 낫다고 판단한다. 비회전 차로에서 두 차로 지점을 연결하는 경계선의 비용을 1이라 가정하면, 경로 1의 총 비용은 23인 반면에, 경로 2의 총 비용은 45이다.

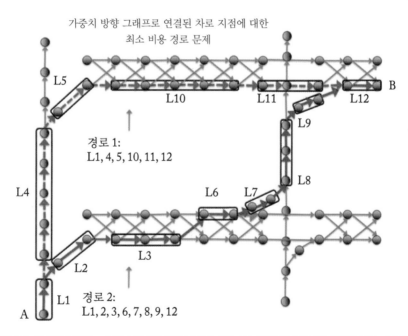

그림 5.7 가중치 방향성 그래프로 연결된 차로 지점에 대한 최소 비용 경로 문제로 표현한 경로 계획 문제

5.3.2 경로 계획 알고리듬

5.3.1절에서 정의한 자율주행의 경로 계획 문제에 적용할 대표적 알고리듬으로 손꼽히는 다익스트라^{Dijkstra} 알고리듬[15]과 A* 알고리듬[16]을 살펴보자.

다익스트라 알고리듬을 적용한 자율주행 자동차 경로 계획 알고리듬

다익스트라 알고리듬은 그래프 이론에서 대표적으로 손꼽히는 최단 경로 알고리듬으로써, 1959년에 에츠허르 다익스트라^{Edsger W. Dijkstra}가 제안했다[15]. 다익스트라 알고리듬은 가중치 그래프^{weighted graph}에서 출발 노드부터 목적 노드까지 이르는 최단 경로를 계산한다. 5.3.1절에서 정의한 차로 지점 기반 경로 계획 문제에 알고리듬을 적용하면 다음과 같은 단계로 구성할 수 있다.

1. HD 맵 인터페이스에서 반경 범위에 있는 차로 그래프 데이터를 읽고, 현재 차로에 있는 지점을 샘플링해서, 5.3.1절에서 설명한 대로 차로 지점에 대한 연결 그래프를 구성한다. 자율주행 자동차('마스터 자동차')의 위치와 가장 가까운 차로 지점을 출발 노드로 설정하고, 목적지와 가장 가까운 차로 지점을 목적 노드로 설정한다. 출발지와 목적지 사이의 비용이 무한대가 되도록, 출발 노드에서 다른 모든 노드에 이르는 비용을 무한대^{infinity}(inf)로 지정한다. 출발 노드에서 출발 노드로 가는 비용은 0이다.

2. 현재 노드를 출발 차로 지점^{Source Lane Point}으로 설정한다. 다른 모든 차로 지점은 방문하지 않았다고 표시하는 레이블을 달아서 미방문 집합^{unvisited set}에 포함시킨다. 이와 함께 차로 지점과 차로 지점 이전에 나온 선행^{Predecessor} 차로 지점에 맵(*prev_map*)을 작성한다. 맵은 방문한 차로 지점과 이전에 나온 선행 차로 지점 사이의 최단 경로상의 매핑 정보를 저장한다.

3. 현재 차로 지점^{Current Lane Point}에 인접한 모든 미방문 차로 지점의 잠재 거리^{tentative distance}를 계산한다. 예를 들어 현재 차로 지점 X에 레이블로 달린 거리가 3이고, X와 Y 사이의 거리는 5라면, Y까지의 잠재 거리는 3+5=8이

된다. 잠재 거리를 현재 Y의 레이블에 달린 거리와 비교한다. 만약 현재 Y의 레이블에 달린 거리가 더 작으면 그대로 유지한다. 그렇지 않으면 현재 Y에 레이블로 달린 거리를 새로운 잠재 거리로 대체하고, *prev_map*도 이 값에 따라 업데이트한다.

4. 현재 차로 지점에 연결된 모든 미방문 차로 지점에 대해서도 3단계의 절차를 반복한다. 현재 차로 지점에 인접한 모든 차로 지점에 대해 작업이 끝나면, 현재 노드를 방문 노드로 표시한 뒤 미방문 집합에서 제거한다. 미방문 집합에서 제거된 차로 지점에 대해서는 레이블에 달린 최소 거리를 더 이상 업데이트하지 않는다.

5. 목적지가 여전히 미방문 집합에 있다면, 계속해서 미방문 집합에서 차로 지점을 하나씩 뽑아서 현재 노드로 설정하고, 3단계와 4단계를 반복한다. 이 작업은 목적 차로 지점Destination Lane Point이 미방문 집합에서 제거되거나, 미방문 집합에서 잠재 거리가 최소인 차로 지점 노드가 무한대의 잠재 거리를 갖고 있으면 끝난다. 이때 후자는 출발 차로 지점으로부터 미방문 집합에 남아 있는 노드까지 도달할 방법이 주어진 반경 안에 없음을 의미한다. 즉, 후보 경로가 없거나 경로 계획 요청이 실패했다는 뜻이므로 이 사실을 다운스트림 노드에 알리거나, 더 큰 반경 범위의 도로 그래프 정보를 읽어서 경로 계획을 다시 시도해야 한다.

6. 위 과정을 수행하다가 최단 거리 경로를 발견하면, *prev_map*으로부터 실제 최단 경로를 구성해서 리턴한다.

방금 설명한 대로 다익스트라 알고리듬을 차로 지점에 대한 가중치 방향 그래프에 구현하는 방법을 의사 코드로 표현하면 그림 5.8과 같다. 2~16행은 다익스트라 알고리듬으로 차로 지점 사이의 최소 잠재 거리 테이블을 구성한다. 이어서 17~22행은 선행 차로 지점에 대한 최소 잠재 거리를 기반으로 *prev_map*을 하나씩 돌아다니며 실제 최단 경로를 구성한다. 다익스트라 알고리듬의 결과는 차로 지점에 대한

```
 1 function Dijkstra_Routing(LanePointGraph(V,E), src, dst)
 2     create vertex set Q
 3     create map dist, prev
 4     for each lane point v in V:
 5         dist[v] = inf
 6         prev[v] = nullptr
 7         add v to Q
 8     dist[src] = 0
 9     while Q is not empty:
10         u = vertex in Q s.t. dist[u] is the minimum
11         remove u from Q
12         for each connected lane point v of u:
13             candidate = dist[u] + cost(u, v)
14             if candidate < dist[v]:
15                 dist[v] = candidate
16                 prev[v] = u;
17     ret = empty sequence
18     u = dst
19     while prev[u] != nullptr:
20         insert u at the beginning of ret
21         u = prev[u]
22     insert u at the beginning of ret
23     merge lane point in ret with same lane id and return the merged sequence
```

그림 5.8 차로 지점으로 구성한 가중치 방향 그래프에 대해 경로 계획을 다익스트라 알고리듬으로 구현한 의사
코드

순차 리스트로 나오는데, 23행에서 이 값을 {(차로, 출발지점, 목적지점)} 형태의 실제 경로 계획 차로 세그먼트 단위로 묶는다.

이 과정에서 구성한 차로 지점 그래프는 V개의 노드와 E개의 에지를 갖는다. 10행에서 최소 잠재 거리를 가진 노드를 뽑는 부분을 최적화하도록 최소 우선순위 큐를 적용할 때, 다익스트라 알고리듬을 적용한 경로 계획 코드의 복잡도는 $O(|E| + V\log|V|)$이다.

A* 알고리듬을 적용한 자율주행 자동차 경로 계획 알고리듬

자율주행 자동차 경로 계획에 흔히 사용되는 또 다른 알고리듬으로 A*가 있다. A*는 휴리스틱 기반의 탐색 알고리듬이다. 너비 우선 탐색BFS, breadth first search이나 깊이 우선 탐색DFS, depth first search과 마찬가지로, A*도 몇 가지 측정 기준에 따라 공간

을 탐색한다. A*는 '가치 기반merit-based' 또는 '최적 우선best-first' 탐색 알고리듬으로 볼 수 있다.

A*는 *openSet*이라는 노드 집합을 이용하는데 이 집합은 탐색할 잠재 노드를 담는다. A*는 루프를 돌 때마다 탐색할 최소 비용 노드를 하나씩 뽑는다. 뽑은 노드의 비용 $f(v)$는 $g(v)$와 $h(v)$라는 2개의 항을 더한 값이다. A*의 탐색 트리에 있는 각 노드는 출발 노드에서 자신에 이르는 비용을 갖는데 이 값이 $g(v)$이다. 반면 $h(v)$는 모든 노드마다 갖는 휴리스틱 비용이다. 휴리스틱 비용 $h(v)$는 현재 노드에서 목적 노드에 이르는 최소 비용 추정치를 나타낸다. 휴리스틱 비용 $h(v)$가 특정 속성을 만족할 때 A*는 출발지에서 목적지에 이르는 최소 비용 경로를 찾을 수 있다. A* 탐색 과정에서 루프를 돌 때마다 목적 노드가 확장될 때까지 최소 비용이 $f(v)=g(v)+h(v)$인 노드가 계속 확장된다. 지금까지 설명한 과정을 의사 코드로 표현하면 그림 5.9와 같다. 11행의 *reconstruction_route* 함수는 다익스트라 알고리듬에서 경로를 재구성하는 부분과 비슷하다.

이 알고리듬은 휴리스틱 기반의 탐색 알고리듬이기 때문에 $h(\,)$가 허용admissible 속성[16]을 만족한다면, 즉 최소 비용 추정치 $h(v, dst)$가 실제 최소 비용을 절대로 초과하지 않는다면, A* 알고리듬은 항상 최소 비용 경로를 찾을 수 있다. 반면 속성을 만족하지 않으면 최소 경로를 찾지 못할 수도 있다. 자율주행 자동차의 경로 계획에서 차로 지점들이 연결된 그래프를 통해 주어진 2개의 차로 지점 A와 B 사이의 휴리스틱 척도를 정의하는 한 가지 방법은 $h(u, v)=dist(u, v)$이다. $dist(\,)$는 지리 좌표계에서 두 차로 지점 사이의 메르카토르Mercator 거리를 나타낸다[17]. A*는 다익스트라 알고리듬을 확장한 최적 우선 탐색 알고리듬이라고 볼 수 있다. 마찬가지로 다익스트라 알고리듬도 $h(u, v)=0$인 특수한 경우에 대한 A* 알고리듬이라 볼 수도 있다.

```
1  function AStar_Routing(LanePointGraph(V,E), src, dst)
2      create vertex set closedSet          // 이미 방문한 노드 집합
3      create vertex set openSet            // 확장할 노드 집합
4      insert src into openSet
5      create map gScore, fScore with default value inf
6      create prev_map with default value nullptr
7      fScore[src] = h(src, dst)
8      while openSet is not empty:
9          current = the node v in openSet s.t. fScore[v] is minimum in openSet
10         if current = dst
11             return reconstruction_route(prev_map, current)
12         remove current from openSet
13         insert current into closedSet
14         for each neighbor u of current:
15             if u is in closedSet:
16                 continue;  // 이미 평가된 이웃은 무시한다.
17             candidate_score = gScore[current] + h(current, u)
18             if u not in openSet:           // 새 노드 발견
19                 insert u into openSet
20             else if candidate_score >= gScore[u]:   // 좋은 경로가 아닌 경우
21                 continue;
22             prev[u] = current
23             gScore[u] = candidate_score
24             fScore[u] = gScore[u] + h(u, dst)
```

그림 5.9 자율주행 자동차 경로 계획을 위한 A* 알고리듬

5.3.3 경로 계획 그래프 비용: 유연한 경로 계획 또는 엄격한 경로 계획

실제로 자율주행 자동차의 경로 계획을 구현할 때는 알고리듬의 종류보다 비용 설정이 더 중요하다. 5.3.1절에서 설명한 것처럼, 경로 계획 모듈에서 차로 지점 사이의 비용을 설정하는 방법이 대단히 중요하다. 예를 들어 동적으로 받은 교통 정보를 통해 현재 도로가 매우 붐빈다는 사실을 알면, 도로에 속한 차로 지점을 연결하는 에지의 비용을 높게 설정하는 방식으로 경로 계획 모듈이 혼잡한 차로를 피해서 경로를 찾게 만들 수 있다. 마찬가지로 특정 도로에 대한 교통 통제 상황이 발생했다면, 도로에 있는 차로 지점을 연결하는 에지의 비용을 (무한대와 같이) 충분히 높게 설정해서 탐색 알고리듬이 이런 차로를 선호하지 않거나 피하게 만들 수도 있다. 또한 다른 차로보다 특정한 차로를 선호하도록 차로 지점 사이의 비용을 동적으로 조절할

수도 있다. 실제 도로 그래프 데이터가 매우 크다는 사실을 감안하면, 경로 계획 모듈은 도로 그래프를 미리 읽어들인 상태에서 차로 지점 그래프를 동적으로 구성할 수도 있다. 주어진 반경의 도로 그래프에 목적지에 이르는 경로를 못 찾으면 더 큰 반경의 도로 그래프 데이터를 다시 읽거나, 차로 지점 그래프를 재구성하는 방식으로 경로를 다시 계산한다.

경로 계획 요청은 크게 두 종류가 있다. 하나는 자율주행 자동차가 주행을 시작할 때 승객이 경로 계획 요청을 보내는 방식으로 출발지와 목적지를 설정하는 것이다. 다른 하나는 (동작 결정 모듈, 모션 계획 모듈 같은) 다운스트림 모듈에서 설정하는 것이다. 이 과정을 **엄격한 경로 계획**strong routing과 **유연한 경로 계획**weak routing이란 개념으로 구분할 수 있다. 엄격한 경로 계획은 다운스트림 모듈이 경로 계획 모듈의 결과를 그대로 따르는 방식이다. 이를 위해 결정 및 계획 모듈은 경로 계획의 결과에서 지정한 차로를 최대한 따른다. 경로 계획의 결과에서 지정한 차로를 똑같이 따르는 것이 도저히 불가능할 때는, 경로 계획 요청의 두 번째 종류에서 설명한 것처럼 다운스트림 모듈에서 경로 계획 요청을 다시 보낸다. 유연한 경로 계획은 다운스트림 모듈이 상황에 따라 경로 계획 모듈의 결과를 그대로 따르지 않는다. 경로 계획 모듈의 결과에서 지정한 것과 다른 차로 시퀀스를 이용할 수도 있다. 다시 말해, 자율주행 자동차의 동작이 달라질 수 있다. 예를 들어 비교해보자. 경로 계획 모듈의 출력에서는 현재 차로를 유지하라고 나왔는데, 현재 차선의 전방에 굉장히 느리게 달리는 차가 있다고 하자. 엄격한 경로 계획을 적용하면 주행 속도를 줄이고 앞에서 천천히 달리는 자동차를 그대로 따라간다. 반면 유연한 경로 계획을 적용하면 대부분의 운전자들이 하듯이 자율주행 자동차도 차로를 변경해 서행하는 자동차를 추월한 뒤 이전 차로로 복귀한다. 엄격한 경로 계획과 유연한 경로 계획 중 어느 방식을 적용하더라도, 사고가 발생하거나 급히 피하는 동작을 수행할 때 다운스트림 모듈은 항상 안전을 최우선으로 작동한다. 이때는 주로 경로 계획을 다시 요청한다.

5.4 결론

5장에서는 예측 및 경로 계획 모듈을 살펴봤다. 여기서 설명한 모듈은 기존의 계획 및 제어 모듈 개념에는 속하지 않는다. 5장에서 제안한 넓은 의미의 계획 및 제어 프레임워크의 관점에서 보면, 소개한 예측 및 경로 계획 모듈은 기존의 모션 계획 모듈에 대한 입력 값을 생성해, 바로 예측 및 경로 계획 모듈을 넓은 의미의 계획 및 제어 프레임워크의 일부로 본다. 트래픽 예측 모듈은 동작 분류와 궤적 생성이라는 두 가지 문제로 추상화하며, 5장에서는 자율주행 자동차가 경로 계획 모듈의 결과로 주어진 차로 시퀀스를 따라 목적지까지 주행하는, 차로 수준 경로 계획 기법을 소개했다. 6장에서는 5장에서 예측한 궤적과 경로를 바탕으로 동작 결정, 모션 계획, 피드백 제어 등과 같은, 기존에 익숙한 계획 및 제어 모듈을 알아본다.

5.5 참고문헌

[1]   Paden, B., Cap, M., Yong, S. Z., Yershow, D., and Frazzolo, E. 2016. A survey of motion planning and control techniques for self-driving urban vehicles. *IEEE Transactions on Intelligent Vehicles*, 1(1) pp. 33–55. DOI: 10.1109/TIV.2016.2578706. 85, 86, 87

[2]   Buehler, M., Iagnemma, K., and Sanjiv, S. (eds.). 2009. *The DARPA Urban Challenge: Autonomous Vehicles in City Traffic*. Springer Tracts in Advanced Robotics. DOI: 10.1007/978-3-642-03991-1. 86, 87

[3]   Montemerlo, M., Becker, J., Bhat, S., Dahlkamp, H., Dolgov, D., Ettinger, S., Haehnel, D., Hilden, T., Hoffmann, G., Huhnke, B., Johnston, D., Klumpp, S., Langer, D., Levandowski, A., Levinson, J., Marcil, J., Orenstein, D., Paefgen, J., Penny, I., Petrovskaya, A., Pflueger, M., Stanek, G., Stavens, D., Vogt, A., and Thrun, S. 2008. Junior: The Stanford entry in the urban challenge. *Journal of Field Robotics: Special Issue on the 2007 DARPA Urban Challenge*. 25(9), pp. 569–597. 86

[4]   Gindele, T., Brechtel, S., and Dillmann, R. 2010. A probabilistic model for estimating driver behaviors and vehicle trajectories in traffic environments. In *Proceedings of the 13th International IEEE Conference on Intelligent Transportation Systems (ITSC)*, Madeira Island, Portugal, pp. 1625–1631. DOI: 10.1109/ITSC.2010.5625262. 85

[5]   Aoude, G. S., Desaraju, V.R., Stephens, L. H., and How, J.P. 2012. Driver behavior classification at intersections and validation on large naturalistic data set.

IEEE Transactions on Intelligent Transportation Systems 13(2), 724–736. DOI: 10.1109/tits.2011.2179537. 85

[6]   Lefevre, S., Gao, Y., Vasquez, D., Tseng, H.E., Bajcsy, R., and Borrelli, F. 2014. Lane keeping assistance with learning-based driver model and model predictive control. In *Proceedings of the 12th International Symposium on Advanced Vehicle Control*, Toykyo, Japan. 85

[7]   Gadepally, V., Krishnamurthy, A., and Ozguner, U. 2014. A framework for estimating driver decisions near intersections. *IEEE Transactions on Intelligent Transportation Systems* 15(2), pp. 637–646. DOI: 10.1109/TITS.2013.2285159. 85

[8]   Gadepally, V., Krishnamurthy, A., and Ozguner, U. 2016. *A Framework for Estimating Long Term Driver Behavior*. arXiv, 2016; arXiv:1607.03189. 19. 88

[9]   Bonnin, S., Weisswange, T.H., Kummert, F., and Schmuedderich, J. 2014. General behavior prediction by a combination of scenario-specific models. *IEEE Transactions on Intelligent Transportation Systems* 15(4), pp. 1478–1488. DOI: 10.1109/TITS.2014.2299340. 88

[10]   Kumar, P., Perrollaz, M., Lefevre, S., and Laugier, C. 2013. Learning-based approach for online lane change intention prediction. In *Proceedings of the IEEE Intelligent Vehicles Symposium* (IV 2013), Gold Coast City, Australia, pp. 797–802. DOI: 10.1109/IVS.2013.6629564. 88

[11]   Hsu, C.W., Chang, C.C., and Lin, C.J. 2003. *A Practical Guide to Support Vector Classification*. Department of Computer Science, National Taiwan University. 92

[12]   Krizhevsky, A., Sutskever, I., and Hinton, G.E. 2012. Imagenet classification with deep convolutional neural networks. In *Advances in Neural Information Processing Systems* (pp. 1097–1105). 92

[13]   Medsker, L.R. and Jain, L.C. 2001. Recurrent neural networks. *Design and Applications*, 5. 93

[14]   Sak, H., Senior, A., and Beaufays, F. 2014. Long short-term memory recurrent neural network architectures for large scale acoustic modeling. In *Fifteenth Annual Conference of the International Speech Communication Association*. 93

[15]   *Dijkstra's Algorithm*. https://en.wikipedia.org/wiki/Dijkstra's_algorithm. 99

[16]   *A* Algorithm*. http://web.mit.edu/eranki/www/tutorials/search/. 99, 102

[17]   *Earth Coordination System*. https://en.wikipedia.org/wiki/Geographic_coordinate_system. 102

[18]   Rasmussen, C.E. 2006. *Gaussian Processes for Machine Learning*. The MIT Press. 94

결정, 계획, 제어

6장에서는 동작 **결정**decision, 모션 **계획**planning, 피드백 **제어**control를 자세히 살펴보면서 5장에서 시작한 계획 및 제어 모듈에 대한 설명을 이어나간다. 결정, 계획, 제어 모듈은 자율주행 자동차를 조작하는 방법을 계산한다. 이 모듈은 기존의 좁은 의미의 계획 및 제어 모듈을 구성하던 요소다. 또한 각 모듈은 자율주행 자동차 자체를 조작하는 방법이란 하나의 문제를 각기 다른 수준에서 추상화해 해결한다.

6.1 동작 결정

동작 결정behavior decision 모듈은 자율주행 자동차의 계획 및 제어 모듈에서 '보조 운전자' 역할을 한다. 대부분 데이터 소스가 동작 결정 모듈에서 처리된다. 결정 모듈에 입력되는 데이터 소스는 위치, 속도, 가속도, 방향, 현재 차로 정보, 특정 반경 내의 인지 개체 정보를 비롯한 자율주행 자동차 자체에 대한 정보다. 동작 결정 모듈의 역할은 다양한 입력 데이터 소스를 바탕으로 동작에 관련된 결정사항을 계산하는 것이다. 여기에 입력되는 데이터 소스는 다음과 같다.

1. **경로 계획 모듈의 출력 값**: 원하는 출발 지점부터 목적 지점에 이르는 (차로를 따라가면서 진입하고 나가는 곳을 포함한) 차로 시퀀스다.

2. **자율주행 자동차 자체의 속성**: 주어진 차로, 속도, 방향에서의 상대적 위치, 현재 GPS 위치, 현재 차로, 현재 목표 차로에 대한 정보다.

3. **자율주행 자동차의 히스토리 정보**: 동작 결정 모듈의 이전 프레임 즉, 이전 사이클의 출력 값(예: 추종, 정지, 회전, 차로 변경)에 대한 정보다.

4. **자율주행 자동차 주위의 장애물 정보**: 자율주행 자동차를 중심으로 일정한 범위 안에 있는 모든 개체에 적용된다. 인지한 개체마다 현재 속한 차로, 속도, 방향 등의 속성뿐 아니라, 잠재 의도 및 예측 궤적에 대한 정보도 담고 있다. 개체 및 개체 속성 정보는 주로 인지 및 예측 모듈에서 입력 받는다.

5. **트래픽 정보 및 맵 개체 정보**: HD 맵에 정의된 차로 및 차로의 관계다. 차로 1과 차로 2가 인접해 있고 차로 변경이 허용되는 상황일 때 합법적으로 차로를 변경할 수 있는 범위를 여기서 표현한다. 다른 예로, 직진한 뒤 좌회전 차로 구간에 진입할 때 두 차로가 연결되는 구간에 있는 신호등, 정지 표지판, 횡단보도 같은 정보도 트래픽 정보 및 맵 개체 정보에 담긴다. 정보는 매핑 모듈뿐 아니라, 현재 인지한 교통 신호등의 상태(파란불 또는 빨간불 등)에서 입력 받는다.

6. **현재 구간의 교통 규칙**: 시내 제한 속도, 신호등이 빨간불일 때 우회전하는 것이 합법적인지 여부 등이 해당한다.

결정 모듈은 모든 정보를 활용해 자동차의 안전하고 효과적인 동작을 결정하는 것이 목표다. 이 과정에서 결정 모듈은 당연히 모든 데이터 소스를 참고한다. 하지만 데이터 소스의 각기 다른 성격, 그 중에서도 다양한 지역별 교통 법규 때문에, 동작 결정 문제를 하나의 수학 모델로 표현하기가 매우 어렵다. 이때는 고급 소프트웨어 공학 개념과 교통 규칙 기반 시스템을 설계하는 방식으로 문제를 해결해야 한다. 실제로 유명한 자율주행 시스템에서 고급 규칙 기반 동작 결정 시스템을 찾을 수 있다. 예를 들어 스탠퍼드의 자율주행 시스템인 '주니어Junior'[1]는 DARPA 어반 챌린지에 출전할 때 비용 함수를 가진 유한 상태 기계FSM, Finite-State-Machine를 이용해 자율주행 자동차의 궤적 및 동작을 결정적deterministically으로 계산했다. 마찬가지로 CMU의 자율주행 시스템인 '보스Boss'[2]도 차로 사이의 간격을 계산한 결과와 미리 인코딩된 규칙을 모두 활용해서 차로 변경 동작의 시작을 알려줬다. 오딘Odin이나 버지니아 테크Virginia Tech[3]를 비롯한 그 밖의 시스템도 자율주행 자동차의 동작 결정에 규칙 기반 엔진을 사용했다. 자율주행의 계획 및 결정 시스템에 관한 연구가 많아지면서, 자율주행 자동차의 동작을 베이지안Baysian 모델로 표현하는 방법이 점차 인기를 얻고 있으며 최근 연구[4, 5]에서도 이 방법을 적용하고 있다. 특히 마르코프 결정 과정MDP, Markov Decision Process과 부분 관찰 마르코프 결정 과정POMDP, Partially Observable Markov Decision Process이 자율주행 자동차의 동작 모델링에 널리 적용되고 있다.

학계에서는 비결정적 베이지안 모델 접근법을 선호하곤 하지만, 실제 업계에서는 여전히 규칙 기반의 결정적 시스템이 주를 이루고 있다. 따라서 일반적인 시나리오를 사용해 규칙 기반 접근법을 설명한다.

앞에서 소개한 규칙 기반 접근법은 주변 환경을 여러 계층의 장면으로 분할한 뒤, 각 계층에 개별적으로 접근하는 분할 정복Divide and Conquer을 기반으로 처리한다. 실제로 자율주행 시스템의 단순성을 고려하면 규칙 기반 시스템이 훨씬 더 안전하며 신뢰성이 높다고 볼 수 있다. 사람 운전자가 지정된 경로를 따라 A 지점에서 B 지점까지 운전하는 경우를 생각해보자. 이때 교통 규칙은 일정하다고 가정한다. 중요한 점은 주변 자동차, 보행자, 교통 신호 같은 주변 환경이 주어졌을 때 어디로 갈지에 대한 의도에 트래픽 규칙도 함께 적용하면, 동작 출력 값 또는 사람 운전자의 동작 방법으로 선택할 수 있는 경우의 수가 크게 제한되거나, 교통 규칙에 의해 명확히 지정된다는 것이다. 예를 들어, 캘리포니아에서 자동차가 네 방향 모두 정지 신호가 있는 교차로를 통과할 때는 먼저 3초 동안 정지해 우선 통행권을 가진 자동차를 보낸 뒤에 교차로에 진입해야 한다. 이런 동작은 주변 개체를 고려해야 확실히 결정할 수 있기 때문에, 결정적 방식으로 모델링하는 것이 자연스럽다. 물론 교통 규칙을 위반하는 예상치 못한 상황도 충분히 발생할 수 있지만, 충돌을 피하는 안전 우선safety first 규칙을 결정적으로 적용할 수 있다.

6.1.1 마르코프 결정 과정 접근법

마르코프 결정 과정MDP, Markov Decision Process은 다음과 같이 다섯 가지 요소로 구성된 튜플 (S, A, P_a, R_a, γ)로 정의한다.

1. S: 자율주행 자동차의 상태 공간을 나타낸다. 상태 공간의 분할은 차로와 같은 맵 요소와 함께 자율주행 자동차의 위치를 고려해야 한다. 위치는 자율주행 자동차 주변의 정사각형 영역을 고정된 길이와 너비를 가진 그리드 단위로 분할해서 표현할 수 있다. 차로나 기준선과 같은 다양한 도로 맵 개체를 고려하면, 차로와 옆 차로를 비롯한 맵 개체를 다양한 방식으로 조합해서 공간을 생성할 수도 있다.

2. A: 동작 결정 출력 공간을 표현하며, 자율주행 자동차가 수행할 수 있는 모든 동작을 고정된 집합으로 표현한 것이다. 예를 들어, 결정 상태는 현재 차로에서 전방에 달리는 자동차를 추종하는 상태Follow, 옆 차로로 차로 변경하는 상태Switch Lane, 교차로에서 좌회전/우회전하는 상태Turn Left/Right, 다른 자동차에게 양보하는 상태Yield 또는 추월하는 상태Overtake, 신호등과 보행자 앞에서 정지하는 상태Stop 등이 될 수 있다.

3. $P_a(s, s') = P(s' | s, a)$: 자율주행 자동차가 현재 상태 s에서 동작 a를 수행할 때 상태 s'에 도달할 조건부 확률을 나타낸다.

4. $R_a(s, s')$: 상태 s에서 동작 a를 수행함으로써 상태 s'으로 변환할 때의 보상 함수reward function를 나타낸다. 여기서 보상이란 상태 변환을 종합적으로 평가하는 척도다. 보상에서 고려해서 표현할 요소는 안전성, 편안함, 목적지 도달 능력, 수행할 다운스트림 모션 계획에 대한 난이도 등이 있다.

5. γ: 보상에 대한 감쇠 요소decay factor다. 현재 시간에서 보상은 인자 1을 갖고, 다음 시간 프레임에 대한 보상은 인자 γ에 의해 감소한다. 따라서 미래의 시간 프레임 t에 대한 보상은 인자 γ^t만큼 줄어든다. 감쇠 요소는 같은 양의 보상에 대해 항상 미래보다 현재에 좀 더 가치가 있도록 보장한다. 감쇠 요소의 의미는 단기 보상이 장기 보상보다 더 가치가 있다는 점에 유의해야 한다. 예를 들어, 가능한 빨리 (운전자가 설정한 크루즈 속도와 같은) 목표 속도에 도달하는 것이 좋다는 것이다.

전형적인 마르코프 결정 과정에서 동작 결정 모듈이 해결할 문제는 $S \rightarrow A$를 매핑하는 최적 정책policy π를 찾는 것이다. 정책은 주어진 상태 s에 대한 동작 결정 $a = \pi(s)$를 계산해야 한다. 정책이 결정되면, 전체적인 마르코프 결정 과정은 마르코프 체인Markov Chain으로 볼 수 있다. 동작 결정 정책 π는 현재 시간부터 미래까지의 누적 보상을 최적화한 것이다. 주의할 점은, 보상이 결정적이 아니라 확률 변수이면 정책은 기대 누적 보상을 최적화한다는 것이다. 최적화할 누적 보상을 수식으로 표현하면 다음과 같다.

$$\sum_{t=0}^{\infty} \gamma^t R_{at}(s_t, s_{t+1})$$

동작 a는 정책 출력 값 $a = \pi(s)$이다. 정책은 주로 동적 프로그래밍Dynamic Programming을 기반으로 계산한다. 상태 전이 확률 행렬 P와 보상 분포 행렬 R을 알고 있다면, 최적 정책 해는 다음과 같은 두 가지 상태 배열의 계산과 저장을 반복 수행해서 얻을 수 있다.

$$\pi(s_t) \leftarrow \underset{a}{\operatorname{argmax}} \left\{ \sum_{s_{t+1}} P_a\left(s_t, s_{t+1}\right) \left(R_a\left(s_t, s_{t+1}\right) + \gamma V\left(s_{t+1}\right)\right) \right\}$$

$$V(s_t) \leftarrow \sum_{s_{t+1}} P_{\pi(s_t)}\left(s_t, s_{t+1}\right) \left(R_{\pi(s_t)}\left(s_t, s_{t+1}\right) + \gamma V\left(s_{t+1}\right)\right)$$

$V(s_t)$는 현재 시간에서 감소된 누적 미래 보상을 나타내고, $\pi(s_t)$는 탐색할 정책을 나타낸다. 두 가지 상태 배열이 수렴할 때까지 가능한 상태 쌍 (s, s')을 반복해서 계산하면 답을 구한다[6, 7]. 이와 관련해, 벨만Bellman의 값 반복 알고리듬을 적용하면 $\pi(s_t)$를 따로 계산할 필요가 없다. 대신 $\pi(s_t)$와 관련된 계산이 $V(s_t)$ 계산에 통합돼 다음과 같은 '값 반복 수행Value Iteration'이란 하나의 단계만으로 표현할 수 있다.

$$V_{i+1}(s) \leftarrow \underset{a}{\operatorname{max}} \left\{ \sum_{s'} P_a\left(s, s'\right) \left(R_a\left(s, s'\right) + \gamma V_i\left(s'\right)\right) \right\}$$

i는 반복 수행 단계다. $i = 0$단계에서는 $V_0(s)$라는 초기 추측 값을 생성한다. $V(s)$가 수렴할 때까지 각 단계마다 이 값을 업데이트한다. 자율주행 자동차에 마르코프 결정 과정을 적용하는 방법은 다양하게 나와 있지만, 이 책에서는 자율주행 결정 모듈 구현을 깊이 있게 다루지 않는다. 상태 공간, 동작 공간, 상태 전이, 보상 함수 구현에 관심 있는 독자들은 [6, 7]을 참조하는 것을 추천한다.

보상 함수 $R_a(s, s')$을 설계할 때 고려해야 할 사항들을 중점적으로 소개한다. 마르코프 결정 과정 시스템을 구축할 때 고려해야 할 대단히 중요한 사항이기 때문이다. 마르코프 결정 과정 기반의 결정 모듈에서 좋은 보상 함수는 다음과 같은 특성이 있어야 한다.

1. **목적지에 도달할 수 있어야 한다**: 자율주행 자동차가 목적지에 도달하기 위해 경로 계획 모듈의 출력 값 경로를 따르도록 권장한다. 즉 정책에 따라 선택한 동작 $a = \pi(s)$를 선택했을 때 자율주행 자동차가 경로에서 이탈하면 '패

널티를 부과'해야 한다. 이와 반대로 주어진 경로를 잘 따라가면 보상을 지급한다.

2. **안전성 및 충돌 방지가 보장돼야 한다**: 상태 공간을 자율주행 자동차를 중심으로 $N \times N$ 정사각 그리드로 표현했다면 충돌을 발생시키는 그리드로 이동하는 모든 결정에 패널티를 부과해야 한다. 충돌 가능성이 낮거나 충돌 가능 지점과 거리가 멀수록 보상을 지급한다.

3. **운전은 편안**comfortableness**하고 부드러워야**smoothness **한다**: 편안한 주행은 대부분 급격한 동작을 거의 또는 전혀 하지 않는다. 또한 급격한 동작이 없다면 다운스트림 모듈이 내리는 결정도 대부분 부드럽게 동작한다. 부드럽게 속도를 조절하는 동작이 급격한 가속이나 감속을 하는 동작보다 더 높은 보상을 받아야 한다.

지금까지의 설명으로 상태 공간 설계, 동작 공간 설계, 전이 확률 행렬, 보상 함수를 모두 고려하면서 마르코프 결정 과정 기반의 결정 시스템을 구축하기란 상당히 정교한 작업임을 알 수 있을 것이다.

6.1.2 시나리오 기반의 분할 정복 접근법

분할 정복Divide and Conquer 개념을 적용해 자율주행 자동차 주변을 여러 가지 시나리오로 분할하는 접근법이다. 각 시나리오마다 시나리오에 있는 개체에나 요소에 개별적으로 규칙을 적용해서 각 객체에 대한 **독자 결정**Individual Decision을 계산한다. 그 후 자율주행 자동차 자체에 대한 **합성 결정**Synthetic Decision을 계산해서 독자 결정을 모두 취합한다. 예를 들어, 현재 차선을 유지하려고 한다면 우선 선두에 자동차가 있는지 확인할 것이다. 사례에서는 현재 차선을 유지하려고 할 때 어떤 자동차가 선두 자동차로 적합한지를 결정하는 규칙이 해당된다. 현재 차선에 선두 자동차가 있는지 여부를 판단하는 규칙은 의도(차선 유지), 선호 속도, 주변 장애물과 같은 요소들을 바탕으로 한다. 선두 자동차를 결정했다면, 자동차에 대한 개별 의사결정 태그는 FOLLOW

이고, 자율주행 자동차의 합성 의사결정 또한 FOLLOW다. 기본적으로 장애물에 대한 태그는 의도와 환경에 따라 개별적으로 결정된다. 중요한 개별 결정은 현재 관점에서 합성 결정에 대한 설명으로 구성된다.

합성 결정

합성 결정Synthetic Decision이란 자율주행 자동차 자체가 어떻게 동작해야 하는지에 대한 것으로, 최상위 동작 결정을 의미한다. 합성 결정의 예로는 전방 자동차를 추종하기 위해 현재 차로 유지, 옆 차로로 차로 변경, 교통 표지판이나 신호등마다 지정된 정지선에서 멈추기 등이 있다. 최상위 동작 결정이므로 결정 모듈의 출력 값과 정의는 다운스트림 모션 계획 모듈과 일관성 있게 공유돼야 한다. 또한 모션 계획 모듈이 궤

합성 결정	매개변수 데이터
정속 주행	➤ 현재 차로 ➤ 현재 차로의 제한 속도
추종	➤ 현재 차로 ➤ 추종할 자동차의 ID ➤ 현재.차로의 제한 속도와 추종할 자동차의 속도 중 낮은 속도 ➤ 전방 자동차으로부터 3m 이내 접근 금지
회전	➤ 현재 차로 ➤ 목표 차로 ➤ 좌회전 또는 우회전 ➤ 회전에 대한 제한 속도
차로 변경	➤ 현재 차로 ➤ 목표 차로 ➤ 최대 10m/s의 속도로 가속해 추월하며 차로 변경 ➤ 최소 2m/s의 속도로 감속해 양보하며 차로 변경
정지	➤ 현재 차로 ➤ 개체로 인해 정지해야 한다면, 그 개체에 대한 ID ➤ 개체의 1m 뒤에서 정지

그림 6.1 동작 결정 모듈에서 합성 결정에 대한 매개변수들

적을 계획하기 쉽도록 합성 결정에 매개변수도 함께 제공한다. 그림 6.1은 합성 결정 정의와 관련 매개변수의 예를 보여주고 있다. 현재 시간 프레임에서의 합성 결정이 현재 차로 추종Follow인 상황인 경우를 보자. 모션 계획 모듈로 보낼 출력 명령은 추종이란 동작 명령뿐 아니라, 현재 차로에서 따라갈 자동차의 ID, 권장 주행 속도(보통 전방 자동차 속도 및 차로 제한 속도보다 낮게 설정), 앞 차와의 간격(예: 전방 자동차와 3m 간격 유지) 같은 매개변수도 포함한다. 따라서 다운스트림 모션 계획 모듈은 여러 매개변수를 활용해 충돌 없이 부드럽게 주행할 수 있는 궤적을 계산한다.

독자 결정

독자 결정은 합성 결정과 반대되는 개념이다. 합성 결정은 모든 도로 개체를 비롯한 여러 가지 정보를 모두 고려한 뒤에 자율주행 자동차 자체의 동작에 종합적으로 내리는 결정이다. 따라서 주변 세계의 각 요소에 대한 독자 결정Individual Decision을 별도로 계산해야 한다. 독자 결정의 대상이 되는 개체는 현재 도로에서 인지한 장애물일 수도 있고, 단순히 신호등, 횡단보도, 정지선과 같은 논리적 맵 개체일 수도 있다. 그림 6.4를 보면 시나리오 분할 로직을 가장 먼저 수행한다. 그런 다음, 개체들에 대한 독자 결정을 계산해서 모든 시나리오에 대해 각 개체와 연결한다. 모든 개체에 관한 독자 결정을 계산한 후에만 최종 합성 결정을 계산할 수 있다. 최종 합성 결정은 모든 독자 결정을 통합한다. 합성 결정과 마찬가지로, 독자 결정 과정에도 매개변수가 제공된다. 독자 결정은 최종 합성 결정을 계산하기 위한 필수 전제조건일 뿐만 아니라, 궤적을 쉽게 계획할 수 있도록 다운스트림 모션 계획 모듈로도 보낸다. 예를 들어, 자동차를 오른쪽 차선으로 옮기려고 한다면 오른쪽 차선에 있는 자동차들과 현재 차선에 있는 자동차들을 고려할 것이다. 오른쪽 차선의 자동차의 경우 시간, 공간적 거리가 충분하다면 자동차에 OVERTAKE(추월)이나 YIELD(양보)와 같은 독자 결정 태그를 붙일 수 있다. 차로를 변경하기에 앞서, 현재 차로의 선두 자동차와의 거리를 유지해야 한다. 따라서 현재 차로의 선두 자동차에 대한 독자 결정 또한 내릴 수 있다. 현재 차로의 선두 자동차의 독자 결정은 FOLLOW나 IGNORE가 될 수 있다. 모든 장애물에 독자 결정으로 태그를 부착하고, 합성 결정으로 구한 CHANGE LANE(차로 변경)을 이용해 차로를 바꾸려는 의도를 유지할 수 있다. CHANGE LANE 합성 결정은 독자 결정을 통합해 계산된다.

개별 결정이 다운스트림 모듈에 전송되는지 궁금해할 수 있다. 자동차 자체에 대한 행동만 계획한다는 점을 고려할 때 최종 합성 결정을 전달하는 것으로 충분하지 않을까? 밝혀진 바에 따르면, 최종 합성 결정과 독자 결정을 모두 전송하는 것이 다운스트림 모션 계획 모듈의 수행에 경험적으로 상당히 도움이 된다고 한다. 독자 결정은 합성 결정을 일관성 있게 투영하기 때문에, 모션 계획에 좀 더 합리적이고 명확한 제약 조건을 줄 수 있어서 모션 계획의 최적화 문제를 좀 더 명확히 구성할 수 있다. 또한 독자 결정을 통해 디버깅 효율성도 크게 높일 수 있다.

합성 결정		매개변수 데이터
자동차	추종	➤ 추종할 자동차에 대한 ID ➤ 추종할 자동차에 도달하기 위한 속도 ➤ 추종할 자동차와 유지할 거리
	정지	➤ 어떤 자동차로 인해 정지해야 할 때, 그 자동차에 대한 ID ➤ 자동차 뒤로부터의 정지 거리
	주의	➤ 어떤 자동차로 인해 정지해야 할 때, 그 자동차에 대한 ID ➤ 자동차에 주의하며 유지할 최소 거리
	추월	➤ 추월할 자동차에 대한 ID ➤ 추월하기 위한 최소 거리 ➤ 추월하기 위한 최소 시간
	양보	➤ 양보할 자동차에 대한 ID ➤ 양보하기 위한 최소 거리 ➤ 양보하기 위한 최소 시간
보행자	정지	➤ 어떤 보행자로 인해 정지해야 할 때, 그 보행자에 대한 ID ➤ 보행자로부터의 최소 정지 거리
	우회	➤ 어떤 보행자로 인해 우회해야 할 때, 그 보행자에 대한 ID ➤ 우회하는 동안 유지할 최소 거리

그림 6.2 동작 결정 모듈의 독자 결정 관련 매개변수

그림 6.2는 대표적인 독자 결정과 이에 관련된 매개변수들을 보여준다. 예를 들어 개체 X에 대한 독자 결정이 추월^{Overtake}이라면, 추월 결정과 관련된 매개변수는 개체 X를 추월하기 위한 거리와 시간 등을 포함한다. 이때 거리 매개변수는 추월을 위해 필요한 개체 X 전방의 최소 거리를 포함해야 하고, 시간 매개변수는 자율주행 자동차와 개체 X의 주어진 속도에서 추월을 위해 필요한 최소 시간을 나타낸다. '추월이나 양보'와 같은 독자 결정은 개체의 예측 궤적이 자율주행 자동차의 예측 궤적과 겹칠 때만 존재한다는 점을 주의해야 한다. 개체에 대한 양보/추월의 전형적인 예로 교차로 시나리오가 있다. 교차로 사례를 통해 자율주행 자동차 주변을 계층화된 시나리오들로 분할하는 방법과, 독자 결정을 계산한 뒤 특정 규칙을 적용해 최종적으로 합성 결정 출력 값으로 통합하는 방법을 살펴보자.

시나리오 구성 및 시스템 설계

독자 결정의 계산은 시나리오^{scenarios} 구성의 영향을 받는다. 이때 시나리오를 단순히 자율주행 자동차의 주변 세계에 대한 상대적이며 독립적인 일련의 분할이라고 생각할 수도 있다. 주변 세계는 계층화 및 구조화된 방식으로 분할된다. 즉, 시나리오는 각기 다른 계층에 속하고, 각 계층에 대한 시나리오는 서로 독립적이다. 깊은 계층의 시나리오는 얕은 계층의 모든 계산 결과나 정보를 활용할 수 있다. 개체는 보통 하나의 시나리오에만 속한다. 이렇게 계층화 및 구조화된 시나리오에 대한 기본 아이디어는 여전히 분할 정복이다. 먼저 독립적인 작은 세계^{world} 즉, 시나리오에 초점을 맞춰서 그 세계 안에서 결정을 계산한다. 같은 계층의 독립 시나리오마다 독자 결정을 계산할 때, 경로 계획 의도(자율주행 자동차의 목적지)와 이전 계층의 계산 결과를 공유한다. 독자 결정을 계산했다면, 일련의 규칙에 따라 합성 결정으로 통합한다. 그림 6.3(a)와 그림 6.3(b)는 주변 세계를 시나리오별로 분할해서 동작 결정을 계산하는 방법에 대한 두 가지 예를 보여준다.

그림 6.3(a)에는 '왼쪽 차로' 시나리오에 두 대의 자동차 a와 d가 있다. 자율주행

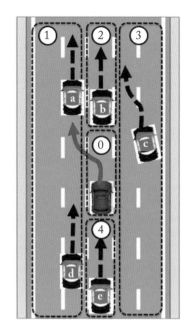

합성 결정:

　현재 차로에서 왼쪽 차로로 차로 변경: 현재 차로에서 자동차 a에 양보하고, 자동차 d를 추월하고, 자동차 b에 주의하라.

시나리오 및 독자 결정

　0. 마스터 자동차

　1. 왼쪽 차로(들): d를 추월, a에 양보

　2. 전방 자동차(들): b에 주의

　3. 오른쪽 차로(들): c를 무시

　4. 후방 자동차(들): e를 무시

그림 6.3 (a) 차로 변경에 대한 계층화된 시나리오

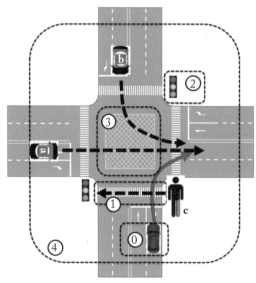

합성 결정:

　횡단보도 정지선에서 정지해 보행자 c가 횡단보도를 건너길 기다려라.

시나리오 및 독자 결정:

　첫 번째 계층 시나리오

　　0. 마스터 자동차

　　1. 횡단보도: 보행자 c에 대해 정지

　　2. 신호등: 빨간불에서 우회전, 모든 통과/회전 자동차에 양보

　　3. 클리어 존 무시

　두 번째 계층 시나리오

　　4. 교차로 시나리오: 시나리오 1, 2, 3 기반

그림 6.3 (b) 교차로에 대한 계층화된 시나리오

자동차의 의도는 경로 계획 모듈 출력 값에 명시된 것처럼 현재 차로에서 왼쪽 차로로 차로 변경을 하는 것이다. 자동차 **a**와 **d**에 관련된 자율주행 자동차의 상대적 위치와 상대적 속도를 고려하면, 왼쪽 차로 시나리오의 계산 결과는 자동차 **a**에 양보하고 자동차 **d**를 추월하는 것인데, 이는 두 자동차의 사이로 차로를 변경하는 것을 의미한다. 한편, 전방 자동차 시나리오는 자율주행 자동차 자체의 전방에 있는 개체와 관련된 작은 세계를 나타내며, 왼쪽 차로 시나리오와는 독립적이다. 여기서는 자율주행 자동차의 의도가 왼쪽 차로로 차로 변경을 하는 것이지만, 현재 차로의 전방에 있는 모든 개체도 무시하지 않는 것이 매우 중요하다. 그러므로 전방 자동차 시나리오에서 자동차 **b**에 대한 독자 결정은 자동차 **b**와의 적절한 거리를 유지하는 것이다. 또한 여기에는 후방 자동차 및 오른쪽 차로 시나리오도 있다. 그러나 두 가지 시나리오에서 개체들의 예측 궤적이 계획 궤적과 상충된다면, 무시해도 문제없다.

그림 6.3(a)에서의 시나리오들은 모든 시나리오가 공유하는 마스터 자동차^{Master Vehicle} 정보를 제외하고는 서로 크게 의존하지 않는다. 그림 6.3(b)는 더 많은 계층이 있는 복잡한 시나리오를 보여준다. 마스터 자동차 시나리오는 해당 정보가 다른 시나리오와 공유해서 활용하는 특수한 시나리오다. 시나리오의 첫 번째 계층에는 전방/후방 자동차, 왼쪽/오른쪽 차로 자동차, 신호등 및 횡단보도 구역과 관련된 시나리오들이 있다. 첫 번째 계층 시나리오의 계산 결과를 활용해서 더 복잡한 합성^{composite} 시나리오를 그 위에 구축할 수도 있다. 그림 6.3(b)에서 볼 수 있듯이, 네 방향 교차로 시나리오는 횡단보도, 신호등, 마스터 자동차의 시나리오를 기반으로 한다. 멤버십 시나리오뿐 아니라, 자동차 **a**와 **b**도 교차로 개념이 적용되는 차로를 지나는 동안 네 방향 교차로 시나리오 자체에 속한다. 멤버십 시나리오라는 것은 횡단보도, 신호등, 마스터 자동차 등이 복잡한 시나리오의 '인원^{member}'이라는 것이다. 간단히 말해서, 이런 맥락에서 교차로 시나리오는 멤버십 시나리오에 적용된다. 구현에 있어서는 모든 시나리오가 실제 환경과 일치하며, 서로 어느 정도 독립적이라고 생각할 수 있다.

경로 계획 의도가 우회전이고, 현재 횡단보도를 건너고 있는 보행자와 신호등의 빨간불을 봤다고 가정해보자. 트래픽 규칙은 신호등에서 우회전을 허용하지만, 우선 정지하고 보행자나 크로스^{cross traffic}에 양보해야 한다. 횡단보도를 건너는 보행자에 대한 독자 결정은 정지인 반면에, 자동차 **a**와 **b**에 대한 독자 결정은 양보다. 독자 결정들을 통합하면, 자율주행 자동차 자체에 대한 합성 결정은 횡단보도 정지선 앞에서 정지하는 것이 된다.

앞에서 설명했듯이, 각 개별 시나리오는 자체 개체들에 대한 독자 결정을 계산하기 위한 자체 로직에 초점을 맞춘다. 그 후, 동작 결정 모듈은 모든 개체에 대한 모든 독자 결정을 통합함으로써 자율주행 자동차 자체에 대한 최종 합성 결정을 계산한다. 이 과정에서 같은 개체에 대해 서로 다르거나 심지어 상충되는 독자 결정이 있을 가능성을 어느 정도 고려해야 한다. 예를 들어, 자동차가 2개의 분할된 시나리오에서 양보와 추월이라는 각기 다른 독자 결정을 내렸다고 생각해보자. 일반적으로 주변 세계를 시나리오 단위로 분할하는 방식은, 실제로 인지한 개체나 개념적 논리 개체 중 하나를 그 개체가 속한 특유의 시나리오에 자연스럽게 할당한다. 대부분의 경우, 개체가 2개 이상의 시나리오에 나타날 가능성은 없지만 완전히 배제할 수도 없다. 실제로 일부 시나리오는 견고성을 위해 맵 영역이 조금씩 겹치도록 구성한다. 좀 더 자세히 말하자면, 시스템을 보다 견고하게 만들기 위해 각 시나리오에 대한 커버 영역(혹은 관심 영역)이 서로 중복될 수 있다. 확률이 낮은 경우가 실제로 발생할 때를 대비해 동작 결정 시스템의 계층은 안전성 및 일관성 검사를 위해 독자 결정들을 병합한다(그림 6.4). 예를 들어 같은 차로상의 후방 자동차가 현재 차로에서 왼쪽 차로로 변경하는 과정에서, 후방 자동차 시나리오와 왼쪽 차로 시나리오 모두에 (일시적으로) '속하는' 경우를 생각해보자. 이때 자율주행 자동차도 왼쪽 차로로 변경을 하려고 한다고 가정하자. 후방 자동차 시나리오에 대한 독자 결정은 주의^{Attention}인 반면에, 왼쪽 차로 시나리오에 대한 독자 결정은 자동차에 양보하는 것이다. 독자 결정 병합 계층은 각 개체에 대한 각기 다른 독자 결정들을 재검토하고, 안전성과 자율주

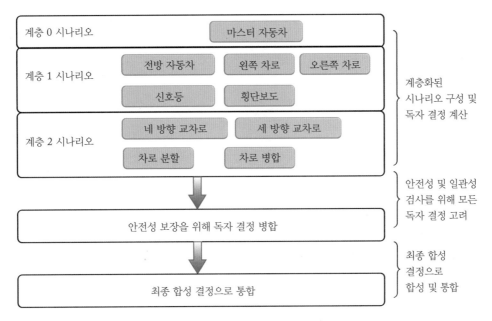

계층 0 시나리오	마스터 자동차		
계층 1 시나리오	전방 자동차	왼쪽 차로	오른쪽 차로
	신호등	횡단보도	
계층 2 시나리오	네 방향 교차로	세 방향 교차로	
	차로 분할	차로 병합	

계층화된
시나리오 구성 및
독자 결정 계산

안전성 보장을 위해 독자 결정 병합

안전성 및 일관성
검사를 위해 모든
독자 결정 고려

최종 합성 결정으로 통합

최종 합성
결정으로
합성 및 통합

그림 6.4 계층화된 시나리오로 구성한 규칙 기반 동작 결정 시스템의 아키텍처

행 자동차의 의도 모두를 고려해 최종 독자 결정을 재계산한다. 이때는 자율주행 자동차도 왼쪽 차로로 변경을 시도하기 때문에, 차로 변경을 이미 시작했다면 자동차에 양보할 것이고, 아직 시작하지 않았다면 주의할 것이다.

전체적인 시스템 프레임워크와 논리 프로세스는 그림 6.4에 나타나 있다. 최상단에는 계층화된 시나리오 구성에 초점을 맞춘 계층이 있는데, 여기서는 독립 시나리오 사이의 계층을 구축하기 위해 자율주행 자동차의 의도, 매핑 및 위치 측정, 인지된 주변 세계와 관련된 정보를 모두 활용한다. 각 계층의 독립 시나리오에서 자체 비즈니스 로직과 공유된 자율주행 자동차 경로 계획 의도를 통해 시나리오의 모든 개체에 대한 독자 결정을 계산할 수 있다. 모든 계층화된 시나리오에 대해 독자 결정 계산을 마쳤다면, 병합 계층은 모든 독자 결정을 재검토해 개체에 발생할 수 있는 모든 상충 조건이나 비일관성을 해결한다. 최하단에서는 일관성 있는 독자 결정들을 통합함으로써 자율주행 자동차 자체에 대한 최종 합성 결정을 계산한다. 최종 합성 결정은 병합된 독자 결정들과 함께 모션 계획 모듈로 전송되며, 모션 계획 모듈은 실제로 물리적으로 동작하기 위한 자율주행 자동차의 시공간 궤적을 계획한다.

6.2 모션 계획

모션 계획 모듈^{motion planning module}은 동작 결정 모듈에 곧바로 연결되는 다운스트림 모듈이다. 모션 계획 모듈의 역할은 궤적을 생성해서 실제 물리적으로 자동차를 제어하는 피드백 제어 모듈로 보내는 것이다. 계획한 궤적은 계획 궤적 지점^{trajectory point}의 시퀀스로 표현된다. 각 궤적 지점은 위치, 시간, 속도, 곡률 등과 같은 속성으로 구성된다. 자율주행 자동차의 모션 계획 문제는 좀 더 일반적인 로보틱스 모션 계획 문제의 특수한 경우로 볼 수 있다. 도로를 달리는 자율주행 자동차의 모션 계획 문제는, 자동차가 대부분 2차원 평면에서 기존 도로 그래프를 따라 이동하기 때문에, 어떻게 보면 로보틱스에 적용되는 모션 계획보다 훨씬 쉽다. 제어 신호는 스로틀, 브레이크, 스티어링 휠에 대한 것만 있어서, 수행 가능한 궤적에 부드러움 및 곡률 제약사항 같은 속성이 자연스럽게 표현된다. 따라서 최적화는 (드론에 대한 모션 계획 같이) 제약사항이 많은 3차원 궤적 계획 문제에 비해 훨씬 쉽다.

DARPA 어반 챌린지 이래로 자율주행 자동차의 모션 계획 모듈을 점차 독립 모듈로 개발하는 추세다. [4, 8]에서는 시내 주행과 주차 같은 특정한 상황에 대한 모션 계획 문제를 해결하는 연구를 시도했으며, [7]과 같이 특수한 모션 계획 문제를 해결하는 연구도 진행됐다. [5, 9]는 다양한 측면에서 진행된 모션 계획에 대한 최신 연구 사례를 소개하고 있다.

대부분의 모션 계획 모듈은 특정 시공간 제약 조건이 주어진 상황에서 시공간 궤적을 최적화하는 문제로 구성된다. 시공간^{spatial-temporal} 궤적은 여러 개의 궤적 지점으로 구성된다. 각 궤적 지점의 속성은 위치, 시간, 속도, 가속도, 곡률뿐 아니라, 곡률 같은 속성에 대한 고차 미분 값을 비롯한 다양한 값으로 표현한다. 속성의 비용에 따라 최적화 목표가 결정되기 때문에 속성은 필수다. 실제 자동차 궤적은 스플라인 spline 궤적의 특성을 보인다. 따라서 모션 계획 문제는 2차원 평면에서 특정 공통 속성 및 제약 조건을 갖는 궤적에 대한 최적화 문제로 구성할 수 있다. 자동차 궤적이 스플라인 궤적 특성을 보이는 것은 자동차가 주로 곡률(카파kappa)과 곡률 변화율kappa derivative가 제약된 조건에서 부드럽게 움직이기 때문이다. 스플라인 궤적은 보통 곡률과 곡률 변화율에 좋은 특성이 있다.

최적화 문제에서 두 가지 핵심 요소는 최적화 개체Optimization Object와 제약 조건Constraints 이다. 최적화 개체는 보통 각기 다른 후보 솔루션에 대한 비용cost으로 표현하며, 최소 비용을 가진 개체를 찾는 것을 최적화의 목표로 삼는다. 비용을 계산하는 함수는 다음과 같은 두 가지 핵심 요소로 구성된다. 첫째, 비용 함수는 동작 결정 모듈에 직접 연결된 다운스트림 모듈이기 때문에, 업스트림 동작 결정 모듈의 출력 값을 반드시 따라야만 한다. 예를 들어 전방 자동차에 대해 일정 거리를 유지하고 추종하도록 독자 결정을 내렸다면, 계획한 궤적은 독자 결정에서 명시한 지정 영역을 초과하지 않고 정확히 도달하도록 생성돼야 한다. 또한 계획한 궤적에서 충돌이 발생하지 않아야 하는데, 이를 위해 궤적을 계산하는 동안 모든 물리 개체와 최소 거리를 유지해야 한다. 둘째, 시내 도로에서 자율주행하는 데 초점을 맞추기 때문에 계획한 궤적은 도로 모양과 일관성을 유지해야 한다. 특히 요구사항은 자율주행 자동차가 도로를 자연스럽게 따라서 이동해야 한다는 것으로 해석된다. 요구사항은 모두 비용 함수의 설계에 반영된다. 비용 함수의 설계는 업스트림 동작 결정 모듈의 출력 값을 준수하며 경로 계획에서 제시하는 방향을 따르는 데 중점을 두는 반면, 모션 계획 최적화 문제는 다운스트림 피드백 제어 모듈이 자동차를 편안하게 움직이는 데 중점을 둔다. 예를 들어, 곡률 및 곡률의 2차 미분 값은 스티어링 휠 제어에 대한 제약 조건을 표현한다. 마찬가지로 스로틀로 가속을 제어할 때 가속도의 변화율도 제한한다.

현존하는 모든 모션 계획 솔루션을 자세히 설명하는 것은 이 책의 범위를 벗어나므로, 제대로 작동된다고 증명된 대표적인 두 가지 접근 방법만 소개한다.

첫 번째 방법은 [9]에서 제시한 아이디어를 바탕으로 좀 더 단순하게 만든 것이다. 여기서는 시공간 궤적 계획 문제를 순차적으로 처리할 두 가지 문제인 **경로 계획**path planning과 **속도 계획**speed planning으로 나눈다. 경로 계획은 주어진 동작 결정 모듈 출력 값과 비용 함수 정의로부터 2차원 평면상의 궤적 모양을 계산하는 문제만 해결한다. 생성된 경로는 어떠한 속도 정보도 갖고 있지 않으며, 단순히 다양한 모양과 길이만 가진 스플라인이다. 속도 계획은 경로 계획의 결과에 따라 자율주행 자동차가 주어 진 궤적을 따라가는 방식을 결정한다. 시간과 공간의 궤적 최적화 문제를 동시에 해 결하는 [9]에서 제안한 방법에 비해 문제를 더 명확하게 분할해서 구성한다. 이 방 식이 항상 최적의 경로를 찾는다고 보장할 수는 없지만, 모션 계획에서 이렇게 분할 정복 방식을 적용하는 것이 효과적이라는 사실은 이미 업계에서 인정하고 있다. 두 번째 방법은 모션 계획 문제를 경로 계획과 속도 계획으로 분할하는 대신, 모션 계 획을 SL **좌표계**SL-coordinate system를 따르는 **종방향**(s 방향)과 **횡방향**(l 방향)의 두 직교 방향 에서 처리하는 방식으로 모션 계획 문제를 해결할 수 있다(자세한 내용은 뒷부분에서 설 명할 것이다). 이 방식이 첫 번째 방법에 비해 나은 점은, 계획한 궤적의 형태에 속도 가 자연스럽게 반영된다는 것이다. 하지만 첫 번째 방법은 선택한 궤적 모양이 원하 는 속도 조건에 맞지 않을 수 있다는 단점이 있다. 궤적과 속도를 별도로 최적화하 기 때문이다. 궤적과 속도를 별도로 최적화하는 첫 번째 방법은 시내의 저속 자율주 행에서 적합한 반면, 두 번째 방법은 고속도로처럼 빠르게 달리는 환경에 적합하다.

6.2.1 자동차 모델, 도로 모델, SL 좌표계

자동차 자세와 도로 기반의 SL **좌표계**라는 수학적 개념을 소개한다. 자동차의 자세는 $\bar{x} = (x, y, \theta, \kappa, v)$로 표현하며, (x, y)는 2차원 평면의 한 지점을, θ는 방향을, κ는 곡률(θ의 변화율)을, v는 궤적의 접선 방향 속도를 나타낸다. 자동체 자세에 관련된 변 수는 다음과 같은 관계를 만족한다.

$$\dot{x} = vcos\ \theta$$
$$\dot{y} = vsin\ \theta$$
$$\dot{\theta} = v\kappa$$

κ의 제약 조건은 시스템 입력 값이다. 자동차에 의해 생성된 연속적인 경로를 고려하면, 경로를 따르는 방향을 s 방향으로 정의하고, s 방향과 자세 변수의 관계는 다음과 같은 미분 방정식을 만족한다.

$$dx\ /\ ds = cos(\theta(s))$$
$$dy\ /\ ds = sin(\theta(s))$$
$$d\theta\ /\ ds = \kappa(s)$$

κ와 θ 사이의 관계에 어떤 제약 조건도 두지 않았다는 점에 주목한다. 이는 자동차가 어떠한 방향 θ에서 곡률 κ를 변경할 수 있음을 의미한다. 그러나 실제 제어 모델에서는 곡률 κ와 방향 θ 사이의 관계가 제한되지만, 제약 조건은 시내 도로 주행에 대한 제한 속도에 비해 매우 사소한 것이므로, 여기서 제안한 모션 계획 알고리듬의 적용 가능성에 큰 영향을 주지는 않는다.

제안한 모션 계획 알고리듬에서 경로 계획 부분은 HD 맵, 특히 맵에서 기준선 reference line으로 참조하는 차로의 중심선center line에 크게 영향을 받는다. 도로의 차로를 표본 함수 $r(s) = [r_x(s),\ r_y(s),\ r_\theta(s),\ r_\kappa(s)]$로 정의하는데, s는 경로의 접선 방향을 따르는 거리를 나타내며, 종방향longitudinal 거리를 s 거리라 한다. 마찬가지로 횡방향lateral 거리는 s 방향에 수직인 거리를 나타내며 l 거리라 한다. $(s,\ l)$ 좌표계로 표현한 자세 p와 $(x,\ y)$ 표준world 좌표계로 표현한 자세 p를 고려하면, 표준 좌표계 $p(s,\ l) = [x_r(s,\ l),\ y_r(s,\ l),\ \theta_r(s,\ l),\ \kappa_r(s,\ l)]$로 표현한 자세와 $(s,\ l)$ 좌표로 표현한 자세는 다음과 같은 관계를 만족한다.

$$x_r(s, l) = r_x(s) + l\cos(r_\theta(s) + \pi/2)$$
$$y_r(s, l) = r_y(s) + l\sin(r_\theta(s) + \pi/2)$$
$$\theta_r(s, l) = r_\theta(s)$$
$$\kappa_r(s, l) = r_\kappa(s)^{-1} - l)^{-1}$$

κ_r은 회전의 안쪽 면에 대해서는 증가하고, 회전의 바깥쪽 면에 대해서는 감소하도록 정의한다(κ_r은 s가 동일한 경우 l과 함께 증가 및 감소하는 것을 의미한다). 그림 6.5에서 볼 수 있듯이, 원점 근방의 x축에서 횡방향 l은 y와 함께 증가한다. 특정 차로 κ에 대해 그 폭이 일정하다고 가정하면, 전체 차로는 기준선 $\{p(s, l): \in R^+\}$을 따르는 종방향 지점의 집합으로 표현된다. 차로 좌표계를 SL 좌표계라 한다.

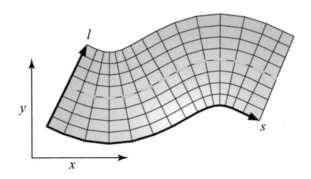

그림 6.5 *XY* 평면에 표현한 차로 기반 SL 좌표계[9]

6.2.2 경로 계획 및 속도 계획을 통한 모션 계획

앞에서 설명한 도로 기반 SL 좌표계가 주어졌을 때, 경로 계획 후 속도 계획을 수행하는 방식으로 모션 계획 문제를 해결할 수 있다. 자동차 경로path를 범위 [0, 1]에서 자동차 자세의 집합 $C = \{\bar{x}\}$로 가는 연속 함수인 ρ: [0, 1]→C로 정의한다. 계획 사이클(프레임)의 초기 자세는 경로 ρ_1과 ρ_2에 대해 $\rho_1(0) = \rho_2(0) = q_{init}$으로 주어지는데, 이 값은 그림 6.6과 같이 각각 $\rho_1(1) = q_{end1}$과 $\rho_2(1) = q_{end2}$에서 끝난다. 경로 계획의 목표는 초기 자세에서 시작해서 특정 제약 조건을 만족하면서 최종 목표 자세에 도

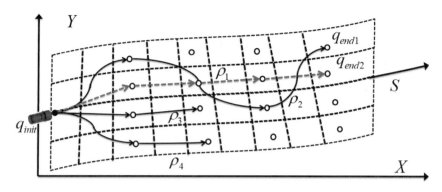

그림 6.6 차로 기반 SL 좌표계에 분할된 도로 그리드와 표본 지점을 가진 경로 계획 후보

달하는 최소 비용의 경로를 찾는 것이다.

최소 비용 경로는 경로 계획 계산과 비슷한 방법으로 탐색한다. 즉, 경로에서 거쳐갈 가능성이 있는 잠재 지역에 표본 지점sampling point을 배치하는 방식을 사용한다. 좀 더 자세히 말하자면 후보 궤적은 조각 단위piece-wise의 다항식 스플라인으로 구성된다. 스플라인을 결정하기 위해서는 시작 지점과 끝 지점이 필요한데, 다시 말해 표본 지점을 연결해 후보 궤적을 생성한다는 것이다. 그림 6.6에서 차로를 동일한 s 거리와 l 거리를 가진 세그먼트segment 단위로 균일하게 분할했다. 분할한 각각의 작은 (s_i, l_j) 그리드의 중심 지점을 표본 궤적 지점이라 한다. 따라서 후보 경로는, s 방향을 따라 표본 궤적 지점들을 매끄럽게 연결하는 스플라인이 된다. 그림 6.6과 같이 분할하고 궤적 지점을 샘플링하면, 16개의 가능한 궤적 지점(s 방향을 따라 4개, l 방향을 따라 4개)이 나오는데, 시내 도로에서는 일반적으로 역주행 상황(특별한 경우여서 별도로 고려한다)을 고려하지 않기 때문에, 증가하는 s 방향을 따라 궤적 지점을 연결하는 스플라인만 고려한다. 후보 경로는 총 $4^4 = 256$개인데, 경로 계획 문제는 이 중에서 특정 제약 조건과 최소 비용을 가진 최적 경로를 찾는 것이다.

표본 궤적 지점은 다항 나선polynomial spiral으로 연결한다. 다항 나선은 곡률이 (s 방향에 대한) 호의 길이에 대한 다항 함수로 표현되는 곡선의 무리를 표현한다. 이때 차

수는 중요하지 않다. 호의 길이 s와 곡률 κ를 만족하는 3차 또는 5차 나선을 사용한다.

$$\kappa(s) = \kappa_0 + \kappa_1 s + \kappa_2 s^2 + \kappa_3 s^3 \text{ or } \kappa(s) = \kappa_0 + \kappa_1 s + \kappa_2 s^2 + \kappa_3 s^3 + \kappa_4 s^4 + \kappa_5 s^5$$

3차 나선과 5차 나선 사이의 중대한 차이점은 경계 조건을 만족할 때만 나타난다. 3차 나선에서는 바퀴 회전 속도에 해당하는 곡률의 2차 미분 값 $d\kappa^2/ds^2$이 연속이 아니다. 저속에서는 3차 나선의 불연속성이 다운스트림 피드백 제어 모듈에 큰 영향을 미치지 않는다는 점에 유의하라. 고속에서는 이러한 불연속성을 무시할 수 없다.

표본 궤적 지점들을 연결하는 다항 나선의 매개변수는 경사 하강법$^{gradient\ descent}$을 통해 효과적으로 얻을 수 있다. 예를 들어, 초기 자세 $q_{init} = (x_I + x_I + \theta_I + \kappa_I)$와 목적 자세 $q_{goal} = (x_G + x_G + \theta_G + \kappa_G)$를 연결하는 연속적인 곡률을 가진 3차 나선 $\kappa(s) = (\kappa_0 + \kappa_1 s + \kappa_2 s^2 + \kappa_3 s^3)$을 고려해보자. 경로 시작점을 s라 할 때, 곡률의 1차 및 2차 미분 값은 다음과 같은 초기 제약 조건을 만족해야 한다.

$$\kappa_0 = \kappa_1$$
$$\kappa_1 = d\kappa(0) \, / \, ds$$
$$\kappa_2 = d^2\kappa(0) \, / \, ds^2$$

이를 통해 실제 미지수인 매개변수는 κ_3와 s_G가 되며, 이 값은 경사 하강법으로 빠르게 찾을 수 있다.

동적 프로그래밍을 통한 최소 비용 경로 탐색

경로 계획은 $|l_{total}/\Delta l| * |s_{total}/\Delta s|$개의 표본 궤적 지점 중 s 방향을 따라 궤적 지점들을 연결하는 $|l_{total}/\Delta l|^{|s_{total}/\Delta s|}$개의 후보 경로를 대상으로 최소 비용 경로를 찾기 위한 탐색 문제로 구성된다. 표본 궤적 지점이 그래프 $G = (V, E)$를 구성한다고 가정하고, 각 궤적 지점을 그래프의 노드 $v \in V$, $v = (x, y, s, l)$이라 하자. 두 지점 $v, u \in V$에 대해 만약 s 좌표가 $s_v < s_u$를 만족하면 v로부터 u까지의 3차 또는 5차 나선을 나타

내기 위해 $e(v, u) \in E$를 사용한다. 최적 경로 계획 문제는 가중치 방향성 그래프상에서 최소 비용 경로(최단 경로)를 찾는 문제로 변환할 수 있다. 이때 최단 경로가 현재까지 확장된 경로를 따라 누적된 비용을 포함할 뿐만 아니라, 노드가 확장될 때 새로운 확장 경로에 대한 잠재 비용도 포함한다는 점이 특별하다. 초기 지점이 n_0이고 종료 지점이 n_k인 $n_0, n_1, ..., n_k$를 연결하는 경로를 τ라 하면, 궤적의 비용은 다음과 같다.

$$\Omega(\tau) = c(\tau) + \Phi(\tau)$$

$c(\tau)$는 경로를 따라 누적된 비용을 나타낸다. 또한 $\Phi(\tau)$는 종료 지점 n_k에서 계획 경로를 끝마치는 경우에 발생하는 비용이다. $\Phi(\tau)$ 함수를 종료 지점 n_k에 대한 증분 비용이라면, 다음과 같이 표현할 수 있다.

$$\Omega(\tau(n_0, n_1, ... n_k)) = g(n_k) + \Phi_c(\tau(n_{k-1}, n_k))$$

$g(n)$을 노드 n에 도달하기 위한 최소 비용이라 정의한다. 나선을 따라가면서 발생하는 비용은 노드 n에서 경로를 끝낼 때 발생하는 추가 비용을 포함하지 않는다는 점에 주목한다. 최종 궤적 지점에 도달하기 직전의 궤적 지점인 n_{k-1}에서의 모든 경로를 고려해, 총 비용을 최소화하는 최종 궤적 지점 n_k를 찾아야 한다. 좀 더 구체적으로 표현하면, 노드 n_k가 다음과 같은 성질을 만족해야 한다.

1. 노드 n_{k-1}과 n_k를 연결하는 방향성 경계선 $e(n_{k-1}, n_k)$가 존재해야 한다($\tau(n_{k-1}, n_k)$로 표현된다).

2. n_{k-1}이 도달할 수 있는 노드들의 집합 $\{\tilde{n}_k\}$(경계선 $e(n_{k-1}, \tilde{n}_k)$가 존재하는)에 대해, n_k에서 끝나는 궤적이 가장 낮은 총 비용인 $n_k \leftarrow \underset{\tilde{n}_k}{\mathrm{argmin}}\, g(n_{k-1}) + c(\tau(n_{k-1}, \tilde{n}_k)) + \Phi_c(\tau(n_{k-1}, \tilde{n}_k))$를 가져야 한다. 여기서 c는 궤적 지점 n_{k-1}과 $\tilde{n}_k$를 연결하는 나선의 비용이다.

따라서 $g(n_{k-1})$은 $g(n_k) \leftarrow g(n_{k-1}) + c(e(n_{k-1}, n_k))$로 업데이트될 수 있다.

초기 노드 n_0에서 시작해 증가하는 s 방향(종방향)을 따라 궤적 지점을 연결하는 경로 중에서 최소 비용을 가진 최적 경로를 계산하기 위해, 그림 6.7에 나온 동적 프로그래밍 알고리듬을 사용한다. 알고리듬에서 주목할 점은 그래프상의 최적 경로를 탐색하는 동안 두 궤적 지점 사이의 연결 비용을 임시로 계산한다는 것이다. $g(n)$은 단순히 노드 n에 도달하기 위한 비용을 나타내며, $\phi(n)$은 노드 n까지의 현재 경로 비용을 나타내는데, $\phi(n)$은 단순히 노드 n에 도달하기 위한 비용에 노드 n에서 경로를 끝마칠 때의 추가 비용을 포함한 값이다. 전자인 $g(n)$은 현재 노드로부터 확장할 후속 노드를 선택할 때 발생하는 추가 비용을 고려한다(그림 6.7의 13행). 후자인 $\phi(n)$은 어떤 선행 노드를 현재 노드로 확장할지 선택할 때의 기준이 된다(그림 6.7의 11행).

1 function Search_DP(TrajectoryPointMatrix(V,E), $\{s\}$, $\{l\}$)

2   Initialize map g : $\forall n \in V$, $g(n) \leftarrow$ inf

3   Initialize map $prev\_node$: $\forall n \in V$, $g(n) \leftarrow null$

4   **for each** sampled $s_i \in \{s\}$:

5         $\forall n \in V$ s.t. $s(n) = s_i$: $\phi(n) \leftarrow$ inf

6   **for each** lateral direction Trajectory Point $n = [s_i, l_j]$:

7   **if** $g(n) \neq$ inf :

8   Form the vehicle pose vector $\hat{x}_n = [x(n), y(n), \theta(n), \kappa(n)]$

9   **for each** outgoing edge $\tilde{e} = (n, n')$

10   Form the polynominal spiral $\tau(\tilde{e}(n, n'))$

11   **if** $g(n) + \Phi_C(n) < \phi(n')$:

12                         $\phi(n') \leftarrow g(n) + \Phi_C(n)$

13                         $g(n') \leftarrow g(n) + c(\tau)$

14                         $prev\_node(n') \leftarrow n$

15   **end if**

16   **end for**

17   **end if**

18   **end for**

19   **end for**

그림 6.7 동적 프로그래밍을 통해 궤적 지점을 연결하는 최소 비용 경로 찾기

$g(n)$과 $\phi(n)$에 대한 모든 계산을 마쳤을 때, 최적(최소) 비용을 가진 궤적 지점을 구성하기 위한 선행 노드 맵 *prev_node*를 작성하는 것은 간단하다. 후보 경로들은 각기 다른 궤적 지점들에서 끝나기 때문에, 가상 노드 n_f를 생성해 최종 궤적 지점과 n_f를 연결하는 가상 경계선을 구성함으로써 최소 비용으로 노드 n_f에 연결하는 경로를 찾을 수 있다. 그림 6.7에서의 알고리듬을 통해, $g(n)$과 $\phi(n)$을 계산한 후에 실제 최종 궤적 지점을 찾을 수 있다.

그림 6.7에서 13행의 비용 함수는 몇 가지 설계 사항을 반영해야 한다. 2개의 s 방향 인접 궤적 지점을 연결하는 나선의 비용을 $c(\tau)$, 이때의 궤적 비용을 $\Omega(\tau) = c(\tau) + \Phi(\tau)$라 하면, 다음과 같은 사항을 고려해 비용 함수를 설계해야 한다.

- **도로 맵 관련 사항**: 계획된 나선 경로가 차로의 중심 기준선에 가까워야 한다. 예를 들면, 직선 차로 주행이라는 동작 결정이 나왔을 때, 계획 경로가 (중심 기준선에 근접하지 않은) 더 큰 횡방향 거리를 나타낸다면 이 경로에 대한 비용도 더 커야 한다.

- **장애물 관련 사항**: 계획된 경로에서 충돌이 발생하지 않아야 한다. 예를 들어 SL 좌표 차로를 그리드로 분할할 때(그림 6.6), 안전성 보장을 위해 장애물이 있거나 장애물과 가까운 그리드의 비용을 매우 높게 지정해야 한다. 경로 계획에서 '충돌이 없다는 것'은 주로 (물리적) 공간상의 정적 장애물을 의미한다는 점을 주의하자. 안전성을 보장하기 위해 시공간 차원에서 동적인 장애물을 회피하는 방법은 속도 계획에서 다룰 것이다.

- **편안함**comfortableness **및 제어 가능성**control feasibility: 계획된 나선 경로의 모양은 매끄러워야 한다. 이는 매끄러운 곡률 변화와 곡률 미분 값의 느린 변화를 의미한다. 또한 계획된 나선 경로의 각 부분뿐 아니라 2개의 나선 간 연결도 매끄러워야 한다.

일반적으로 경로 계획 관련 비용 $\Phi(\tau)$에서 종방향 s 거리만 고려하는데, 궤적 관련 문제는 속도 계획에서 구체적으로 해결하기 때문이다. [9]에서는 비용 함수 $\Phi(\tau)$ 를 다음과 같이 설계한다고 설명한다.

$$\Phi(\tau) = -\alpha s_f(\tau) + h_d\left(s_f(\tau)\right)$$

$$h_d(s) = \begin{cases} -\beta & s \geq s_{\text{threshold}} \text{ 인 경우} \\ 0 & \text{그 외} \end{cases}$$

첫 번째 항인 $-\alpha s_f(\tau)$는 더 긴 s를 선호하게 만드는 선형 비용을 나타내는 감쇠^{discount} 항이고, 두 번째 항은 s가 문턱 값보다 큰 경우에만 적용되는 비선형 비용을 나타낸다. 알파는 이 항에 대한 계수이며, '감쇠'로 지정된다.

ST 그래프를 통한 속도 계획

경로 계획 모듈에서 경로를 결정했다면, 모션 계획 모듈은 자율주행 자동차가 경로를 어떤 속도로 거쳐갈지 계산하는데 이를 속도 계획$^{\text{speed planning}}$ 문제라 한다. 속도 계획을 위한 입력 값으로 업스트림 동작 결정 모듈 출력 값과 몇 가지 후보 경로가 있다. 속도 계획에 대한 제약 조건은 주로 가속도 및 바퀴 방향 변경률 같은 물리적 제한 및 편안함 정도를 지정한다는 점에 유의해야 할 것이다. 입력 경로는 일련의 지점으로 표현하기 때문에, 속도 계획의 출력 값은 각 지점과 함께 속도, 가속도, 곡률, 곡률에 대한 고차 미분값 같은 목표 속도 정보도 제공한다. 경로 계획에서 이미 설명했듯이, 도로 모양 같은 정적 장애물 정보는 경로 계획에서 이미 반영됐다. ST 그래프의 개념을 도입해 속도 계획 문제를 ST 그래프에서 탐색 최적화를 하는 문제로 구성한다.

전형적인 ST 그래프(그림 6.8)는 보통 두 가지 차원을 고려하는데, S는 주어진 경로를 따르는 접선 방향 즉, 종방향 거리축이며, T는 시간축이다. ST 그래프에 대해 얘기할 때는 항상 잠재적인 사전 결정 경로가 있다는 점을 명심해야 한다. 또한 ST 그래프는 반드시 2차원일 필요는 없으며 3차원 SLT 그래프가 될 수도 있는데, 추가 차원은 궤적에 수직인 횡방향 거리이며 L차원으로 표현된다. 그림 6.8은 2차원 ST 그래프를 통해 속도 계획을 하는 방법에 대한 예를 보여준다.

경로 계획 모듈에 의한 차로 변경을 나타내는 궤적에서, 목적 차로(자율주행 자동차의 왼쪽 차로)에 두 대의 자동차(a와 b)가 있다고 하자. 일반성을 유지하기 위해, 두 자동차의 트래픽 예측 결과가 모두 일정한 속도로 현재 차로를 따라가는 것이라고 하자. a와 b에 대한 예측 결과는 그림 6.8의 ST 그래프에서 음영으로 표시된 것처럼 투영된다. 그림 6.8에서 볼 수 있듯이, 어떤 순간에 ST 그래프에서 자동차 a와 b에 대한 투영은 항상 s축에 평행한 선분이고, 선분은 자동차 a와 b가 ST 그래프 궤적을 따라서 이동함에 따라 t축 쪽으로 함께 이동하며 음영 영역(음영 사각형)을 이룬다. 경로 계획과 마찬가지로, ST 그래프 영역도 작은 래티스 그리드^Lattice Grid로 균일하게 분할해 각 그리드에 비용을 할당한다. 그러면 속도 계획을 ST 그래프 래티스 그리드에 대한 최소 비용 경로 탐색 문제로 표현할 수 있다. $t = 0$일 때의 자율주행 자동차의 위치는 $s = 0$이며, 최소 비용을 가진 ST 그래프 경로를 따라 최종적으로 $s = s_{end}$에 도달해야 한다.

그림에서 볼 수 있듯이, ST 그래프에서 세 가지 속도 계획 경로 후보를 비교한다.

- **속도 계획 1**: 첫 번째 속도 계획은 어떤 순간에도 항상 자동차 a와 b 뒤에 있는 경로를 나타낸다. 속도 계획 1의 기울기는 자율주행 자동차의 속도를 나타내며, (그림에 명확하게 표현되지는 않았지만) 경로는 결국 $s = s_{end}$ 위치에 도달할 것이다. 속도 계획 1은 자동차 a와 b가 모두 지나간 후에 자율주행 자동차가 왼쪽 차로에 진입함으로써 자동차 a와 b 모두에게 양보하는 것을 나타낸다.

- **속도 계획 2**: 두 번째 속도 계획도 분명히 원점으로부터 출발하는 궤적이다. 그러나 자율주행 자동차가 특정 속도에 도달할 때까지 경로의 기울기가 계속 증가한다. 자율주행 자동차의 s 거리가 어떤 지점에서는 자동차 a를 넘어서지만, 어떤 순간에도 절대로 자동차 b를 넘어서지는 않는다. 현실 세계에서 보면, 속도 계획 2의 결과는 선행 자동차 b에 양보하며 후행 자동차 a를

추월함으로써 자동차 **a**와 **b** 사이로 진입하는 전형적인 이동이다.

- **속도 계획 3**: 자율주행 자동차는 자동차 **a**와 **b** 모두를 지나칠 때까지 가속한다. s 거리는 항상 자동차 **a**와 **b**를 넘어선다.

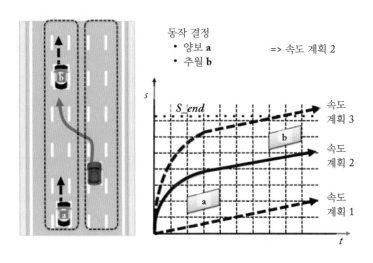

그림 6.8 ST 그래프를 통한 속도 계획

동작 결정 출력 값이 자동차 **a**에 대해 '추월', 자동차 **b**에 대해 '양보'라고 가정해 보자. 동작 결정은 자동차 **a**에 해당하는 영역의 위쪽 그리드에 더 낮은 비용을 할당함으로써, 알고리듬이 그래프에서 **a** 위쪽의 경로를 더 선호하도록 만든다. **b** 아래쪽에 있는 그리드의 비용도 마찬가지로 더 낮게 설정해서, 알고리듬이 **b** 아래쪽의 경로를 더 선호하게 만든다. 반면 **a** 아래쪽이나 **b** 위쪽에 있는 그리드는 탐색 알고리듬이 처리하지 않도록 비용을 더 높게 설정한다.

장애물과 충분히 가까운 그리드는 충돌을 피하도록 매우 높은 비용을 갖는다. 또한 일반적인 속도 계획 곡선은 가속도와 관련된 비용을 갖는다. 예를 들어 속도 계획 곡선에 있는 두 지점 사이의 연결이 너무 가파르거나 심지어 불연속 가속도를 나타낸다면, 2개의 속도 계획 지점에 대한 가속도 관련 비용은 엄청나게 높을 것이다.

실제로 급격한 속도 증가는 큰 가속도로 인해 제어 실패로 이어진다. 제어 실패는 순간적으로 자동차의 실제 자세(위치와 속도)가 모션 계획 궤적에서 정의된 자세에서 과도하게 벗어나 있음을 의미한다. 때로는 속도 계획 궤적의 총 비용을 최적화하기 위해, 선택된 그리드 내에서 속도 계획 지점의 위치를 조정하는 것이 중요하다. 각 그리드의 비용과 정의가 주어지면, ST 그래프에 있는 속도 계획 궤적은 다익스트라나 A* 같은 그래프 탐색 알고리듬으로 계산할 수 있다. ST 그래프의 속도 계획 곡선을 계산한 후에는, 출력하고자 하는 각 궤적 지점에 대한 (기울기로부터) 속도와 (기울기의 미분 값으로부터) 가속도를 쉽게 도출할 수 있으므로, 모션 계획 단계가 끝난다. 앞에서 설명한 경로 계획 모듈과 속도 계획 모듈을 통해, 지금까지 목적지와 주변 환경 기반의 동작 결정을 시공간 정보를 가진 구체적인 궤적으로 계산했다. 시공간 궤적으로부터 속도, 가속도, 곡률 등을 가지고 균일하게 표본화된 궤적 지점들은 다운스트림 피드백 제어 모듈로 전송된다. 피드백 제어 모듈은 자동차를 물리적으로 조작하기 위한 실제 제어 신호들을 출력한다.

ST 그래프가 속도 계획 문제를 해결하는 데 있어 매우 직관적인 방법일 뿐만 아니라, 종방향과 횡방향 동시 계획 방법에서도 중요한 개념임을 주목해야 한다.

6.2.3 종방향 계획과 횡방향 계획을 통한 모션 계획

[10]에서는 경로 계획과 속도 계획 대신 종방향과 횡방향 계획 수행에 대한 아이디어를 제안했다. 종방향과 횡방향 차원은, 종방향에 해당하는 s와 횡방향에 해당하는 l을 통해 6.3.1절에서 설명한 SL 좌표계와 자연스럽게 들어맞는다. 종방향과 횡방향 차원 모두에서, 계획 문제는 ST 그래프의 속도 계획 문제와 매우 유사하다. 실제로, 단순하지만 직접적인 접근법은 ST 그래프 솔루션을 활용해 s-t 차원과 l-t 차원 상의 두 가지 그래프를 탐색하는 것이다. 그러나 앞에서 설명한 ST 그래프 방식 접근법은 장애물 회피 및 업스트림 동작 결정을 따르는 데는 더 적합할지 몰라도, 최적의 시공간 목표 궤적을 결정하기 위한 완벽한 방법은 아니다. 목표 모션 계획 궤적

은 매끄러워야 하는데, 이것은 보통 차원의 미분 값(예: 위치, 속도, 가속도)을 이용해 수학적으로 연속적인 자세로 표현한다. 또한 제어 용이성 및 편안함은 가속도의 변화율인 저크^{jerk}로 측정하는 것이 가장 좋다. 자세 P가 시간 프레임 $T := t_1 - t_0$에서의 종방향 s 자세 또는 횡방향 t 자세 중 하나라고 할 때, 시작 상태 $P_0 = [p_0, \dot{p}_0, \ddot{p}_0]$와 종료 상태 $P_1 = [p_1, \dot{p}_1, \ddot{p}_1]$을 연결하는 최적 저크 궤적을 고려해보자. 여기서 저크 제곱의 적분 값은 $J_t(p_t) := \int^{t_1} \dddot{p}^2(\tau)d\tau$와 같이 나타낸다. 다음과 같이 일반적 형태의 비용 함수를 최소화하기 위해서는 5차 다항식으로 최적해를 구성할 수 있다(여기서 g와 h가 임의의 함수이고 K_j, K_t, $K_p > 0$이다).

$$C = K_j J_t + K_t g(T) + K_p h(p_1)$$

종료 지점 비용 $g(T)$와 종료 지점 자세 $h(p_1)$이 오일러–라그랑주 방정식$^{Euler\text{-}Lagrange}$ ^{equation}을 변경하지 않기 때문에 최적 제어의 관점에서 볼 때 이를 쉽게 증명할 수 있다(구체적인 증명은 [10]을 참고한다). 직관적으로 보면, 비용 함수는 궤적뿐 아니라 시간 T와 종료 자세 $h(p_1)$도 함께 고려하며, 그에 따라 높거나 낮은 저크 적분 값 J_t를 부과한다.

횡방향 계획

먼저 횡방향 l 차원에 대한 1차원 계획을 시작한다. 그러면 시작 상태 P_0는 $D_0 = [d_0, \dot{d}_0, \ddot{d}_0]$가 되는데, 연속성이 유지되도록 이전 계획 프레임의 실제 종료 상태에 따라 시작 상태를 설정한다. 중심 기준선 방향(s 방향)에 평행하게 이동하는 것을 선호하기 때문에, 종료 상태 P_1은 $\dot{d}_1 = \ddot{d}_1 = 0$을 만족하는 수행 가능한 후보 횡방향 오프셋 d 중에서 선택된다. 함수 g와 h는 각각 $g(T) = T$와 $h(d_1) = d_1^2$으로 선택된다. 최종 상태에서의 횡방향 오차가 $d = 0$이라 해도 느린 수렴은 처벌된다는 사실을 알 수 있다. 최적해는 $l_{optimal}(t) = a_5 t^5 + a_4 t^4 + a_3 t^3 + a_2 t^2 + a_1 t + a_0$와 같은 5차 다항식의 형태이며, 다음과 같은 비용 함수를 최소화한다.

$$C_l = K_j J_t (l(t)) + K_t T + K_l d_1^2$$

계수 a_5, a_4, a_3, a_2, a_1, a_0는 $D_0 = [d_0, \dot{d}_0, \ddot{d}_0]$와 $D_1 = [d_1, \dot{d}_1, \ddot{d}_1]$의 경계 조건으로부터 계산할 수 있다. 후보 d_i의 집합을 선택해 $[d_1, \dot{d}_1, \ddot{d}_1, T]_{i,j} = [d_1, 0, 0, T_j]$로부터 가장 좋은 1차원 궤적 후보의 집합인 $Solution_{i,j}$를 계산할 수 있다. 각 후보 솔루션은 비용을 갖고 있다. 각 후보 솔루션에 대해 먼저 업스트림 동작 결정 모듈의 출력 값과 일관성이 있는지 검사하고, 위반/충돌이 발견된다면 솔루션을 무효로 만든다. 나머지 유효한 솔루션들은 횡방향 차원의 후보 집합을 구성하며, 2차원상의 계획 궤적을 계산하는 데 활용된다. 횡방향 궤적은 함수 $l(t)$로 표현된다. 따라서 궤적은 횡방향 차원에 포함된다.

앞에서 설명한 방법은 종방향 이동과 횡방향 이동이 독립적으로 선택되는 고속 궤적에 적합하지만 저속에서는 의미가 없다. 극도로 느린 속도에서는 자동차 제어의 비홀로노믹non-holonomic 성질 때문에 횡방향 차원에서 생성된 많은 궤적이 유효하지 않다. 저속의 경우에는 횡방향 차원 모션 계획에서 다른 방식을 적용한다. 이 방식에서는 횡방향 궤적이 종방향 궤적에 의존하며, $l_{low-speed}(t) = l(s(t))$로 표현된다. 횡방향 이동이 종방향 이동에 의존하기 때문에, 횡방향 운동을 종방향 위치 s에 대한 함수로 취급한다. 같은 형태이지만 t 대신 호의 길이 s로 표현되는 비용 함수는 다음과 같다.

$$C_l = K_j J_t (l(s)) + K_t S + K_l d_1^2$$

$S = s_1 - s_0$와 모든 미분 값은 t 대신 s에 대해 표현된다. s 기반 비용 함수의 최적해는 s에 대한 5차 함수이며, 선택된 시간 T_j에서의 종료 상태 d_i들을 이용해 계산할 수 있다.

종방향 계획

종방향 차원 계획은 추적하고자 하는 종료 상태가 때로는 움직이는 대상에 의존한다는 점을 제외하면 횡방향 계획과 유사하다. 구체적으로 말하자면, 종방향 이동은 대상의 영향을 받는다. 예를 들어 특정한 시간에 특정한 속도에 도달하고 싶거나 선두 자동차를 따라가고 싶다면 대상/목표는 '종료 상태^{end state}'를 정의한다. 가령, 순항 (특정한 속도에 도달하는 것)은 속도의 최종 상태를 정의하며, 위치의 최종 상태와는 관련이 없다. 다음과 같이 선두 자동차의 최종 상태를 예로 들 수 있다. 향후의 시간 t에서 자동차가 특정한 위치(선두 자동차로부터 x미터 뒤)와 속도(선두 자동차와 동일한 속도)를 갖도록 하고 싶다. 최종 상태는 s, ds (혹은 v)와 dds (혹은 a)로 정의된다. 추적하고자 하는 궤적을 $s_{target}(t)$라 해보자. 시작 상태는 $S_0 = [s_0, \dot{s}_0, \ddot{s}_0]$이다. 후보 궤적 집합은 각기 다른 Δs_i(양수 또는 음수)와 T_j를 통해 결정된다.

$$S_{i,j} = [s_1, \dot{s}_1, \ddot{s}_1, T_j] = [(s_{target}(T_j) + \Delta s_i), \dot{s}_{target}(T_j), \ddot{s}_{target}(T_j), T_j]$$

여기서는 세 가지 동작 결정 시나리오를 기반으로 비용 함수의 설정을 설명한다.

다른 자동차에 대한 추종

자율주행 자동차가 전방 자동차를 추종^{follow}하며 s 방향을 따라 종방향으로 이동하기 위한 바람직한 방법은 전방 자동차와 최소 거리와 시간 간격을 유지하는 것이다. $s_{target}(t)$가 계획 시간 프레임/사이클에서의 전방 자동차 예측 궤적 $s_{front\text{-}vehicle}(t)$에 의존하기 때문에, 트래픽 예측 출력 값이 중요하다. 목표 이동 궤적은 다음과 같다.

$$s_{target}(t) = s_{front\text{-}vehicle}(t) - D_{min} - \gamma \dot{s}_{front\text{-}vehicle}(t)$$

종료 시간에 전방 자동차 속도 $\dot{s}_{front\text{-}vehicle}(t)$가 주어졌을 때, D_{min}은 최소 거리를, γ는 일정 시간 간격을 의미한다. 주어진 최종 목표 상태 $[s_{desire}, \dot{s}_{desire}, \ddot{s}_{desire}]$에서의 비용 함수는 다음과 같다.

$$C_s = K_j J_t + K_t T + K_p(s_1 - s_{desire})^2$$

예측 궤적이 일정한 가속도 $\ddot{s}_{front\text{-}vehicle}(t) = \ddot{s}_{front\text{-}vehicle}(t_0)$를 갖는다고 가정하면, 속도 $\dot{s}_{front\text{-}vehicle}(t)$와 위치 $s_{front\text{-}vehicle}(t)$를 다음과 같이 합친다.

$$\dot{s}_{front\text{-}vehicle}(t) + \ddot{s}_{front\text{-}vehicle}(t_0) + \ddot{s}_{front\text{-}vehicle}(t_0)(t - t_0)$$

$$s_{front\text{-}vehicle}(t) = s_{front\text{-}vehicle}(t_0) + \dot{s}_{front\text{-}vehicle}(t_0)(t - t_0) + \tfrac{1}{2}\ddot{s}_{front\text{-}vehicle}(t_0)(t - t_0)^2$$

종료 상태의 종방향 속도는 $\dot{s}_{target}(t) = \dot{s}_{front\text{-}vehicle}(t) - \gamma\ddot{s}_{front\text{-}vehicle}(t)$이며, 가속도는 $\ddot{s}_{target}(t) = \ddot{s}_{front\text{-}vehicle}(t_1)$이다. 때로는 추종 시나리오에서 추종할 개체가 없을 수도 있다. 선두 자동차가 없거나 추종할 자동차가 없다면, 비용 함수는 전방 차량이나 선두 자동차와는 무관하다. 이는 따라갈 대상이 없다는 뜻이다. 비용 함수에서 '추종 자동차와 관련된 비용'은 다음과 같다.

$$C_s = K_j J_t + K_t T + K_p(\dot{s}_1 - \dot{s}_{desire})^2$$

추종할 개체가 없지만 속도를 유지할 때 최적해는 $\Delta\dot{s}_i$와 T_j 집합에 대한 5차가 아닌 4차 다항식이 된다. 따라갈 '전방 자동차'나 선두 자동차가 없다면 특정 시간에 특정 속도에 도달하는 것에만 신경쓰면 된다.

양보 또는 추월에 의한 차로 변경

다른 자동차에 양보하기 위해 옆 차로로 변경한다면, 앞에서 설명한 종방향으로 전방 자동차를 추종할 때와 비슷하게 진행된다. 목표 종방향 이동을 $s_{target}(t)$라 하자.

- 자동차 **b**에 양보하며 차로를 변경할 때의 목표 궤적

$$s_{target}(t) = s_b(t) - D_{min\text{-}yield} - \gamma\dot{s}_b(t)$$

- 자동차 **a**를 추월하며 차로를 변경할 때의 목표 궤적

$$s_{target}(t) = s_a(t) + D_{min\text{-}overtake} - \gamma \dot{s}_a(t)$$

- 두 자동차 **a**와 **b**를 함께 고려할 때(예: 그림 6.8)의 목표 궤적

$$s_{target}(t) = \frac{1}{2}[s_a(t) + s_b(t)]$$

정지

자율주행 자동차가 횡단보도나 신호등에 의해 정지할 때도 앞에서 본 것과 같은 비용 함수를 사용하며, 목표 이동 지점은 1차 및 2차 미분 값이 0($\dot{s}_{target}(t) = 0$, $\ddot{s}_{target}(t) = 0$)인 s 방향 목표 지점 $s_{target}(t) = s_{stop}$에 대해 일정하다.

종방향과 횡방향 후보 궤적 집합을 모두 계산했다면, 최적 궤적은 $|Traj_{longitudinal}| \times |Traj_{lateral}|$개의 가능한 조합 중에서 선택한다. 각 조합 궤적에 대해 충돌 없이 정지하는 동작 결정 출력 값이 있는지 검사한다. 또한 피드백 제어 한계에 다다르는 궤적도 걸러낸다. 최종적으로 남게 되는 궤적은, 유효한 궤적 중에서 가중치가 적용된 종방향 및 횡방향 비용이 최소인 것이다.

6.3 피드백 제어

독립형stand-alone 제어의 관점에서 보면, 자율주행의 피드백 제어 모듈은 일반 기계역학 제어와 본질적으로 차이가 없다. 확실히 자율주행 자동차 제어와 일반 기계역학 제어는 모두 사전 정의된 특정 궤적을 따르며, 지속적인 피드백을 통해 실제 자세와 사전 정의된 궤적의 자세 간 오차를 추적한다. [11]은 자율주행 자동차 피드백 제어에 관한 많은 연구를 소개한다. 예를 들어 [8, 12]는 기존의 피드백 제어 시스템에 장애물 회피 및 경로 최적화를 추가로 도입했다. 앞에서 제안한 자율주행 자동차 계획

및 제어의 시스템 아키텍처를 통해, 피드백 제어 모듈도 기존의 자동차 자세 피드백 제어 기법을 최대한 활용할 수 있다. 일부 기법은 상대적으로 성숙하고 이해도가 높아 이 책에서 다루지는 않는다. 자율주행에서 피드백 제어에 대한 기초 지식을 제공하기 위해, 자동차 자전거 모델과 PID 피드백 제어 시스템[13, 14]이라는 두 가지의 중요한 개념만 소개한다. 자율주행에 쓰이는 다른 피드백 제어 시스템에 관한 자세한 설명은 [12]를 참조하자.

6.3.1 자전거 모델

6.2.1절에서는 모션 계획 모듈의 궤적 생성 알고리듬을 설명하기 위해 자동차 모델에 대해 간략히 소개했다. 자율주행 피드백 제어 모듈에서 자주 사용되는 자동차 모델인 **자전거 모델**Bicycle Model을 자세히 살펴보자. 자전거 모델로 표현된 자세는 2차원 평면에 표현한다. 자동차 자세는 자동차의 중심 위치 (x, y) 및 자동차와 2차원 평면의 x축 사이의 방향각 θ로 완전하게 표현할 수 있다. 이 모델은 자동차를 앞 바퀴와 뒷바퀴가 같은 직선 축으로 연결된 강체로 취급한다. 앞 바퀴는 특정 각도 범위에서 자유롭게 회전할 수 있는 반면에, 뒷 바퀴는 차체와 평행을 유지하며 회전할 수 없다. 앞 바퀴의 회전은 스티어링 휠의 회전각과 관련이 있다. 자전거 모델의 중요한 특징은 자동차가 전진(종방향 이동) 없이는 횡방향 이동을 할 수 없다는 것이며, 특징은 비홀로노믹 제약 조건으로 표현된다. 자동차 모델에서 비홀로노믹 제약 조건은 보통 미분 방정식이나 미분 부등식으로 표현된다. 타이어와 노면 간 접점에서의 관성과 미끄럼 효과를 무시한다. 효과를 무시하더라도 저속에서는 큰 영향이 없으며 매우 적은 오차가 발생한다. 그러나 고속에서는 피드백 제어에서 관성의 효과가 매우 중요해서 단순히 무시할 수만은 없다. 관성 효과를 고려한 고속 물리적 자동차 모델은 더욱 복잡하며, 관심 있는 독자들은 자동차 모델[12]을 참조한다.

자전거 모델에서의 자동차 자세 표현은 그림 6.9에서 볼 수 있다. xy 기반 2차원

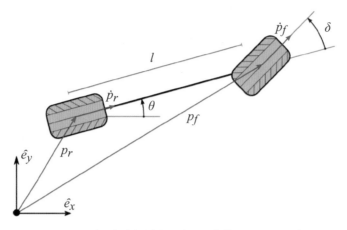

그림 6.9 피드백 제어에서의 자전거 모델[5](허가 하에 게재함)

평면을 사용하며, $\hat{e}_x$와 $\hat{e}_y$는 각각 x 방향과 y 방향에서의 단위 벡터를 나타낸다. p_f와 p_r은 각각 앞 바퀴 접점과 뒷 바퀴 접점을 나타낸다. 방향각 θ는 자동차와 x축 사이의 각(벡터 p_r과 단위 벡터 $\hat{e}_x$ 사이의 각)이다. 스티어링 휠 회전각 δ는 앞 바퀴 방향과 차체 사이의 각도로 정의되며, 앞 바퀴와 뒷 바퀴의 접점(p_f와 p_r)은 다음과 같은 성질을 만족한다.

$$(\dot{p}_r \cdot \hat{e}_y) \cos(\theta) - (\dot{p}_r \cdot \hat{e}_x) = 0$$
$$(\dot{p}_f \cdot \hat{e}_y) \cos(\theta + \delta) - (\dot{p}_f \cdot \hat{e}_x) \sin(\theta + \delta) = 0$$

$\dot{p}_f$와 $\dot{p}_r$은 접점에서 앞 바퀴와 뒷 바퀴의 순간 속도 벡터다. 뒷 바퀴의 접선 속도인 $v_r := \dot{p}_r \cdot (p_f - p_r)/\|p_f - p_r\|$과 함께, x축과 y축에서의 뒷 바퀴 속도에 대한 스칼라 투영을 각각 $x_r := p_r \cdot \hat{e}_x$와 $y_r := p_r \cdot \hat{e}_y$라 하면, 앞에서 언급한 p_f와 p_r 사이의 제약조건들은 다음과 같이 표현될 수 있다.

$$\dot{x}_r = v_r \cos(\theta)$$
$$\dot{y}_r = v_r \sin(\theta)$$
$$\theta = v_r \tan(\delta)/l$$

l은 자동차의 길이(앞 바퀴 축 중심과 뒷 바퀴 축 중심 사이의 거리)를 나타낸다. 마찬가지로 앞 바퀴 변수의 관계도 다음과 같이 표현할 수 있다.

$$\dot{x}_f = v_r \cos(\theta + \delta)$$
$$\dot{y}_f = v_r \sin(\theta + \delta)$$
$$\dot{\theta} = v_f \sin(\delta)/l$$

앞 바퀴와 뒷 바퀴 속도의 스칼라 변수는 $v_r = v_f \cos(\delta)$를 만족한다는 점에 유의하라.

　앞에서 설명한 자전거 모델에서는 제어의 목표가 물리적 자세 제약 조건들을 만족하는 스티어링 휠 회전각 $\delta \in [\delta_{min}, \delta_{max}]$와 전진 속도 $v_r \in [\delta_{min}, \delta_{max}]$를 찾는 것이다. 그러나 실제로는 단순화를 위해, 제어 출력 값을 실제 스티어링 휠 회전각과 목표 전진 속도 대신 스티어링 휠 각도 변화율 ω와 스로틀/브레이크 비율로 한다. 이를 통해 ω와 δ 사이의 관계는 $\tan(\delta)/l = \omega/v_r = \kappa$로 간소화할 수 있다. 제어 문제 역시, 만족하는 스티어링 휠 변화율 δ를 찾는 문제로 간소화할 수 있다. 단순화를 외발자전거 모델^{Unicycle Model}이라 하며, 전진 속도가 오직 자동차의 축 길이와 조향각 변화율에만 의존하도록 단순하다는 것이 특징이다.

6.3.2 PID 제어

자율주행 자동차 피드백 제어에서 가장 널리 사용되는 알고리듬은 그림 6.10에 나온 PID 피드백 제어 시스템이다. $e(t)$는 목표 자세 변수와 실제 자세 변수 사이의 현재 추적 오차^{tracking error}를 나타낸다. 추적 오차는 궤적을 따르는 종방향/횡방향 오차일 수도 있고, 다양한 궤적 지점에서의 각도/곡률 오차일 수도 있으며, 심지어는 자동차 자세 변수들의 포괄적인 조합일 수도 있다. 그림 6.10에서 P 제어기는 현재 추적 오차에 대한 피드백을 나타내는데, 그 계수는 K_p에 의해 결정된다. I 제어기와 D 제어기는 각각 적분 부분과 미분 부분을 나타내며 계수는 각각 K_I와 K_D에 의해 결정된다.

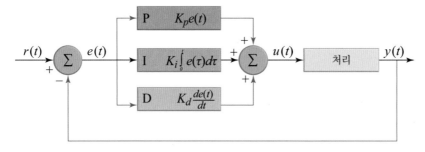

그림 6.10 PID 기반 피드백 제어 시스템([13] 기반)

자율주행 자동차에서 피드백 제어 모듈의 역할은, 자율주행 자동차가 업스트림 모션 계획 모듈의 출력 궤적을 최대한 가깝게 따르도록 제어하는 것이다. 여기서는 [15]에 제안한 방법론을 사용하며, 스티어링 휠 각도 δ와 전진 속도 V_s를 개별적으로 제어하기 위해 2개의 PID 제어기를 활용한다. 주어진 시간 프레임 n에서, 스티어링 휠 각도에 대한 PID 제어기는 다음과 같다.

$$\delta_n = K_1\theta_e + K_2 l_e \,/\, V_s + K_3 \dot{l}_e + K_4 \sum_{i=1}^{n} l_e \,\Delta t$$

특정 시간 프레임 n에서 변수 θ_e와 l_e는 모두 실제 자세와 모션 계획 모듈의 출력 궤적 지점상 목표 자세 사이의 추적 오차 항을 나타낸다. 그리고 각 시간 프레임 n에 대해, 모션 계획 모듈의 출력 궤적 지점에서의 자세를 기준 지점reference point이라 한다. θ_e는 자동차 자세의 방향과 기준 지점의 방향 사이의 각도 오차를 나타내며, l_e는 자동차의 실제 횡방향 위치와 기준 지점의 횡방향 위치 사이의 횡방향 오차를 나타낸다. V_s는 전진 속도다. 계수 K_1과 K_2는 P 제어기를 결정하는 계수인 반면에, K_3는 미분 부분(D 제어기)을 결정하고 K_4는 적분 부분(I 제어기)을 결정한다. 2개의 PID 제어기 중 하나가 방향에 대한 조향각 제어기라면, 나머지 하나는 종방향(s 방향)을 따르는 전진 속도 V_s에 대한 제어기가 되며, 스로틀/브레이크 출력 값을 제어한다. 제어기는 실제 자동차 자세 곡률 xxx와 기준 지점 곡률 xxx 사이의 오차를 고려한다. 곡률들로부터 전진 속도 오차를 추적하기 위한 함수 xxx를 설계한다. 그런 다음, 종방향 목표 전진 속도는 xxx가 된다. 추적할 목표 전진 속도와 실제 전진 속도 xxx가 주어지면, 전진 속도에 대한 PID 제어기는 다음과 같이 표현될 수 있다.

$$V_e = V_{desired} - V_s$$
$$U_V = K_p V_e + K_I \sum V_e \Delta t + K_D \Delta V_e / \Delta t$$

K_p, K_I, K_D는 각각 비례, 적분, 미분 부분의 게인gain을 나타내며, U_V는 주어진 시간 프레임 n에서의 스로틀/브레이크 출력 값을 나타낸다.

2개의 PID 제어기는 자율주행 자동차에서 피드백 제어 모듈에 대한 가장 전형적이고 기본적인 구현 방식이다. 좀 더 나은 자율주행 구현을 위해서는 더 복잡한 피드백 제어 시스템을 통해 곡률과 저크 같은 변수를 더욱 잘 추적해서 조정해야 한다. 자동차가 사전에 정의된 궤적을 따라가도록 정확하고 정교하게 제어하는 문제는 자율주행에서만 고민하는 문제가 아니다. 관심 있는 독자는 [15]에서 소개하는 다양한 솔루션을 참조한다.

6.4 결론

5장과 6장에서는 경로 계획 모듈, 동작 결정 모듈, 트래픽 예측 모듈, 모션 계획 모듈, 피드백 제어 모듈로 구성된 자율주행 자동차 계획 및 제어의 일반적인 아키텍처에 대해 설명했다. 모듈에 대해 학계와 업계에서 제안한 방식이 다양하게 나와 있다. 각 제안 방법마다 나름대로 이론적 또는 실용적으로 입증된 장점이 있다. 실제로 자율주행에서 해결할 난제는 개별 모듈 단위 문제가 아니라, 자율주행 자동차 계획 및 제어 문제 전체를 계층으로 분할해서 각각을 일관성 있게 해결하는 방법에 대한 것이다. 이런 관점에서 볼 때 현존하는 솔루션을 모두 나열하는 방식이 아닌, 각 모듈 사이의 일관성 있는 연동을 통해 해결하는 관점에서 살펴봤다. 각 모듈의 문제와 역할 범위를 명확히 정의하고 모듈마다 주어진 문제를 데이터 흐름에 따라 추상적인 수준에서 구체화하는 방법을 설명하는 데 초점을 뒀다. 각 모듈 또는 각 계층마다 문제를 정의하고 현재 업계에서 해결하는 방법을 알아봤다. 또한 각 다운스트림 모듈마다 업스트림 모듈의 출력 값을 입력 값으로 활용해 데이터 흐름에 따라 구체적인 제어 신호로 계산하는 방법을 설명했다. 분할 정복 방식으로 설명한 내용을 통해 자율주행 자동차 계획 및 제어의 전반에 대해 잘 이해했길 바란다.

6.5 참고문헌

[1] Montemerlo, M., Becker, J., Bhat, S., Dahlkamp, H., Dolgov, D., Ettinger, S., Haehnel, D., Hilden, T., Hoffmann, G., Huhnke, B., Johnston, D., Klumpp, S., Langer, D., Levandowski, A., Levinson, J., Marcil, J., Orenstein, D., Paefgen, J., Penny, I., Petrovskaya, A.,Pflueger, M., Stanek, G., Stavens, D., Vogt, A., and Thrun, S. 2008. Junior: The Stanford entry in the urban challenge. *Journal of Field Robotics: Special Issue on the 2007 DARPA Urban Challenge* 25(9), pp. 569-597. 108

[2] Urmson,C., Anhalt, J., Bagnell, D., Baker, C., Bittner, R., Clark, M. N., Dolan, J., Duggins, D., Galatali, T., Geyer, C., Gittleman, M., Harbaugh, S., Hebert, M., Howard,T. M., Kolski, S., Kelly, A., Likhachev, M. McNaughton, M., Miller, N., Peterson, K., Pilnick, B., Rajkumar, R., Rybski, P., Salesky, B., S, Y. W., Singh, S., Snider, J., Stentz, A., Whittaker, W., Wolkowicki, Z., Ziglar, J., Bae, H., Brown, T., Demitrish, D., Litkouhi, B., Nickolaou, J., Sadekar, V., Zhang, W., Struble, J., Taylor, M., Darms, M., and Ferguson, D. 2008. Autonomous driving in urban environments: Boss and the urban challenge. *Journal of Field Robotics: Special Issue on the 2007 DARPA Urban Challenge* 25(9), pp. 425-466. 108

[3] Buehler, M., lagnemma, K., and Singh, S. (Eds.) 2009. *The DARPA Urban Challenge: Autonomous Vehicles in City Traffic.* Springer-Verlag Berlin Heidelberg. DOI: 10.1007/978-3-642-03991-1. 108

[4] Katrakazas, C., Quddus, M., Chen, W. H., and Deka, L. 2015. Real-time motion planning methods for autonomous on-road driving: State-of-the-art and future research directions. Elsevier Transporation Research Park C: *Emerging Technologies* Vol. 60, pp. 416-442. DOI: 10.1016/j.trc.2015.09.011. 108, 118

[5] Paden, B., Cap, M., Yong, S. Z., Yershow, D., and E. Frazzolo. 2016. A survey of motion planning and control techniques for self-driving urban vehicles. *IEEE Transactions on Intelligent Vehicles* 1(1), pp. 33-55. DOI: 10.1109/TIV.2016.2578706. 108, 118, 133

[6]   Brechtel, S. and Dillmann, R. 2011. Probabilistic MDP-behavior planning for cars. *IEEE Conference on Intelligent Transportation Systems*. DOI: 10.1109/ITSC.2011.6082928. 110

[7]   Ulbrich, S. and Maurer, M. 2013. Probabilistic online POMDP decision making for lane changes in fully automated driving. *16th International Conference on Intelligent Transportation Systems (ITSC)*. DOI: 10.1109/ITSC.2013.6728533. 110, 118

[8]   Gu, T., Snider, J., M. Dolan, J. and Lee J. 2013. Focused trajectory planning for autonomous on-road driving. *IEEE Intelligent Vehicles Symposium (IV)*. DOI: 10.1109/IVS.2013.6629524. 118, 132

[9]   Mcnaughton, M. 2011. Parallel algorithms for real-time motion planning. Doctoral Dissertation. Robotics Institute, Carnegie Mellon University. 118, 119, 121, 125

[10]   Werling, M., Ziegler, J., Kammel, S., and Thrun, S. 2010. Optimal trajectory generation for dynamic street scenarios in a frenet frame. In *2010 IEEE International Conference on Robotics and Automation (ICRA)*, (pp. 987−993). IEEE. DOI: 10.1109/ROBOT.2010.5509799. 129

[11]   Zakaria, M. A., Zamzuri, H., and Mazlan, S. A. 2016. Dynamic curvature steering control for autonomous vehicle: Performance analysis. *IOP Conference series: Materials Science and Engineering 114*, 012149. DOI: 10.1088/1757-899X/114/1/012149. 132

[12]   Connors, J. and Elkaim, G.H. 2008. Trajectory generation and control methodology for an ground autonomous vehicle. *AIAA Guidance, Navigation and Control Conference*. 132

[13]   https://en.wikipedia.org/wiki/PID_controller. 132, 134

[14]   National Instruments: http://www.ni.com/white-paper/3782/en/. 132

[15]   Zakaria, M.A., Zamzuri, H., and Mazlan, S.A. 2016. Dynamic curvature steering control for autonomous vehicle: Performance analysis. *IOP Conference series: Materials Science and Engineering 114*, 012149. DOI: 10.1088/1757-899X/114/1/012149. 134, 135

강화 학습 기반의
계획 및 제어

최적화 기반 접근법은 여전히 모션 계획 및 제어 문제를 해결하는 데 많이 적용되고 있지만, 최근 인공지능 기술의 발전으로 학습 기반 접근법을 도입하는 사례가 늘고 있다. 물론 아직까지는 계획 및 제어에 학습 기반 접근법을 적용하는 데는 어느 정도 한계가 있지만, 현재 기술 추세로 볼 때 앞으로는 상당히 중요한 기술로 자리 잡을 것으로 예상된다. 그중에서도 특히 강화 학습은 보상 같은 단계별 안내 정보에 따라 여러 단계로 구성된 문제를 해결하는 데 널리 적용되고 있다. 그래서 다양한 단계의 자율주행 계획 및 제어 문제를 해결하는 데도 강화 학습 기법을 적용하고 있다. 강화 학습 기반의 계획 및 제어는 자율주행 계획 및 제어 문제에 실제로 적용할 수 있는 솔루션으로 자리 잡거나, 최소한 현재 사용하는 최적화 기반 접근법을 보완할 수 있을 것이다.

7.1 서론

5장과 6장에서는 계획 및 제어 프레임워크에 대해 살펴봤다. 계획 및 제어 프레임워크는 일반적으로 경로 설정 모듈, 트래픽 예측 모듈, 동작 결정 모듈, 모션 계획 모듈, 피드백 제어 모듈 등으로 구성된다. 이 책에서 제안한 동작 결정 솔루션은 안전성을 보장하기 위해 여러 계층으로 구성된 시나리오와 규칙을 적용한다. 모션 계획 모듈과 피드백 제어 모듈은 본질적으로 특정한 제약 조건에 대한 최적화 문제를 해결한다. 여전히 기존의 계획 및 제어 접근법이 주로 사용되고 있지만, 최근 등장하는 학습 기반 접근법[1, 2, 3, 8, 9]에 대한 관심이 증가하는 추세다. 실전에서는 기존 최적화 기반 접근법도 상당히 효과적으로 적용되고 있다[5, 6].

최적화 기반 계획 및 제어 접근법은 현재 효과적이라고 입증됐기 때문에, 7장에서는 학습 기반 솔루션을 살펴보자. 그중에서도 특히 강화 학습 기반의 계획 및 제어 접근법을 중점적으로 살펴보는데, 그 이유는 세 가지다. 첫째, 자율주행은 아직 초기 단계에 있으며 현재의 응용 시나리오들은 실제 제한 없는 시내 환경을 주행할 수준은 아니라고 생각한다. 대부분의 자동차 제조업체와 자율주행 기술 회사는 보통 제한된 지역 또는 경로에서 자율주행 테스트를 하고 있다. 상대적으로 넓고 제한 없는 시내에서 자율주행할 수 있는 수준인 L4Level 4[10] 요구사항을 만족하는 자율주행 자동차 제품은 아직 없다. 최적화 기반의 접근법이 제한된 시나리오에서 잘 적용된다고 해서, 실제 도로에서 발생할 수 있는 모든 상황까지 충분히 대처 가능하다고 볼 수 없다. 둘째, 순수 최적화 기반 접근법은 주행 데이터 히스토리를 제대로 활용하지 않는다. 데이터가 필수품 수준으로 굉장히 중요해진 빅데이터 시대에 들어서면서 사람이 운전하는 자동차나 자율주행 자동차로부터 상당히 많은 주행 데이터가 축적됐다. 주행 히스토리에 대한 빅데이터를 활용해 자율주행 자동차의 계획 및 제어를 향상하는 문제는 여전히 해결할 문제로 남아 있다. 축적된 주행 빅데이터로부터 가치 있는 정보를 추출해 학습에 활용할 수 있다는 것은 분명하지만, 아직 성공적으로 수행한 사례는 없다. 기존의 최적화 기반 접근법으로 이러한 데이터를 제대로 활용할 방법은 별로 없다. 하지만 학습 기반 접근법은 주행 데이터 히스토리를 활용하기 쉽다. 셋째, 가장 중요한 이유는 사람도 주행 방법을 '학습'한다는 것이다. 물론 비용이나 목표를 '최적화'하는 방식이 아닌, 강사에게 배우는 방식으로 학습하는 것이 대부분이다. 바로 이 점이 강화 학습 기반의 계획 및 제어 접근법을 적용해야 할 가장 중요한 근거다. 강화 학습은 여러 동작을 통해 환경과 상호작용하는 과정을 반복하는 방식으로 진행되는데, 이는 사람이 강사가 제시하는 원칙과 지적에 따라 운전을 배우는 방식과 굉장히 비슷하다. 이런 관점에서 이미 로봇 제어에 강화 학습을 적용하고 있으며, 자율주행 계획 및 제어에서도 중요한 역할을 할 것이라 예상된다.

7장에서는 먼저 강화 학습의 기초부터 소개한다. 그런 다음, 강화 학습의 대표적인 알고리듬인 Q 학습과 액터 크리틱 학습을 설명한다. 또한 자율주행에 적용되는 강화 학습 사례도 소개한다. 강화 학습 기반 솔루션은 자율주행 계획 및 제어의 다양한 계층에 적용된다. 일부 모델은 강화 학습을 통해 동작 수준의 의사결정을 표현하는 반면[3, 9], 어떤 모델은 모션 계획에서 궤적을 생성하거나 피드백 제어 신호를 출력하는 데 직접 적용된다[2]. 또한 강화 학습은 몇 가지 시나리오에서 성공적으로 적용할 수 있다고 밝혀졌다[1]. 하지만 제한 없는 시내 주행 시나리오에 대한 자율주행 자동차 계획 및 제어에 강화 학습을 적용하는 문제는 여전히 해결해야 할 난제로 남아 있다.

7.2 강화 학습

그림 7.1에서 볼 수 있듯이, 강화 학습reinforcement learning의 핵심 특징은 학습 과정이 환경과 상호작용하는 폐루프close-loop라는 점이다. 강화 학습의 주요 대상을 에이전트로 표현하며 에이전트는 동작을 수행함으로써 결정을 내린다. 에이전트 외의 나머지 모두는 환경으로 표현한다. 강화 학습 과정은 에이전트가 동작하고, 상태를 감지

하고, 보상을 받는 과정(라운드)을 반복하는 방식으로 구성된다.

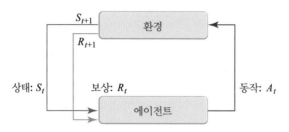

그림 7.1 강화 학습 프레임워크: 에이전트는 동작을 수행하고 상태를 감지하며 보상을 받는 과정으로 환경과 상호작용한다.

구체적으로 말하면, 학습 과정은 시간 t = 0, 1, 2, 3, …으로 인덱싱된 각 라운드를 거치면서 진행된다. 각 시간 단계마다 에이전트는 상태 공간 S의 환경 상태 S_t ∈ S를 수신함으로써 환경을 인지한다. 그런 다음, 에이전트는 주어진 상태 관측 S_t의 동작 공간 $A(S_t)$에서 동작 $A_t = A(S_t)$를 수행해서 결정한다. 동작을 수행한 후의 시간 t + 1에서는, 환경과 상호작용하면서 상태가 S_{t+1}로 변경되며 스칼라 값의 보상 R_t를 받는다. 에이전트는 업데이트된 상태 S_{t+1}과 보상 R_t를 즉시 인지한다. 환경으로부터 보상을 생성하는 방식은 보상 함수reward function로 표현한다. 보상 함수는 현재 환경의 상태(또는 상태–동작 쌍)와, 바로 이전 상태 전이의 만족도desirability를 나타내는 스칼라 값을 매핑하는 방식으로 즉각 보상instant reward 값을 정의한다. 에이전트의 목표는 전체 프로세스에서 총 누적 보상이 최대가 되는 방향으로 동작하게 학습하는 것이다. 동작을 수행함으로써 상태 전이의 만족도를 나타내는 보상 함수와는 달리, 총 누적 보상total cumulated reward을 리턴returns이라 한다. 시간 단계 t 이후의 보상이 R_{t+1}, R_{t+2}, R_{t+3}, …일 때, 최대화하려는 리턴을 다음과 같이 간단히 보상의 합으로 표현할 수 있다.

$$G_t = R_{t+1}, R_{t+2}, R_{t+3}… + R_T$$

T는 최종 시간 단계다. 리턴을 최대화하는 방식은 에이전트가 환경과 상호작용하는 단계가 유한한 시나리오(예: 두 명이 포커 게임을 하는 경우)에 적합하다. 이때 각각의 정상적으로 전이된 상태 시퀀스는 항상 특정 상태에서 시작해서 종료 상태terminal state 집합에서 끝난다. 정상적으로 진행된 상태 시퀀스를 에피소드episode라 하며, 이런 종류의 작업을 에피소드 단위 학습 작업episodic learning task이라 한다.

상태 시퀀스가 무한한 강화 학습 문제도 있는데 이를 연속적 작업continuing task이라 한다. 이럴 때는 최종 시간 단계의 수가 무한해서 보상을 단순히 합산하는 방식으로 표현할 수 없고, 리턴 함수, 즉 최대화 목표를 기대 감쇠 보상expected discounted reward 으로 표현한다.

$$G_t = R_{t+1} + \gamma R_{t+2} + \gamma^2 R_{t+3} \ldots = \sum_{k=0}^{\infty} \gamma^k R_{t+k+1}$$

$0 \leq \gamma \leq 1$은 현재보다 한 단계 이후 시간에 예상되는 미래 보상의 가치를 평가하는 방식에 대한 감쇠율discount rate을 표현하는 매개변수다. 모든 시간 단계마다 보상에 한계가 있다면, 누적 감쇠 보상도 한계가 있다는 사실은 수학적으로 쉽게 증명할 수 있다. $\gamma = 0$인 극단적인 경우라면, 에이전트는 즉각 보상을 최대화하는 데만 주력한다.

각 시간 단계마다 인지된 상태가 주어졌을 때, 에이전트는 수행할 동작을 선택해야 한다. 이때 에이전트의 목표는 동작을 수행함으로써 얻은 기대 리턴을 최대화하는 전략을 정책policy이라고 하며 π로 표현한다. 정책 π는 주어진 상태 S_t에서 학습 에이전트의 동작 전략을 정의하며 상태-동작 룩업 테이블state-action lookup table처럼 간단히 표현할 수도 있고, 심층 신경망Deep Neural Network처럼 복잡하게 표현할 수도 있다. 7.2.1절에서는 최적 정책의 근사치를 계산하는 방법을 자세히 설명한다. 수식으로 표현하면 정책 π는 시간 t에서 주어진 상태 $S_t \in S$를 동작 $A_t \in (AS_t)$에 매핑하는 $\pi:$ $S \rightarrow A$ 함수이고, 상태 s에서 선택한 동작 a의 확률을 $\pi_t(a|s)$로 표현한다. 정책이 동작을 선택하는 방식은 보통 가치 함수value function $V_\pi(s)$로 결정한다. 가치 함수는 에이

전트가 상태 s에 있을 때 얼마나 좋거나 나쁜지 측정한다. 가치 함수를 수식으로 표현하면, 상태 s로 전이한 후 정책을 따를 때의 기대 리턴이다. 상태 전이가 마르코프인 간단한 마르코프 결정 과정MDP, Markov Decision Process(6장에서 설명)에서 가치 함수는 다음과 같이 표현한다.

$$V_\pi(s) = E_\pi (G_t \mid S_t = s) = E_\pi (\textstyle\sum_{k=0}^{\infty} \gamma^k R_{t+k+1} \mid S_t = s)$$

E_π는 주어진 정책 π에서의 기댓값이다. 가치 함수를 정책 π에 대한 상태 가치 함수state-value function라 한다. 마찬가지로 Q 가치 함수Q-value function는 동작 A_t를 수행한 이후 정책 π를 따르는 상태–동작 쌍을 상태 S_t의 기대 리턴인 스칼라에 매핑한 값이다. Q 가치 함수는 다음과 같이 표현한다.

$$Q_\pi (s,a) = E_\pi (G_t \mid S_t = s, A_t = a) = E_\pi (\textstyle\sum_{k=0}^{\infty} \gamma^k R_{t+k+1} \mid S_t = s, A_t = a)$$

강화 학습 과정을 상태 가치 함수 또는 상태–동작 가치 함수로 추정하는 알고리듬이 많다.

가치 함수 Q_π와 V_π의 정의에서 굉장히 독특한 부분은 본질적으로 재귀 구조를 갖는다는 것이다. 재귀 구조는 학습 환경이 마르코프 과정일 때 특히 수식으로 잘 표현할 수 있다. 마르코프 결정 과정에서 에피소드를 하나의 시퀀스로 표현한다.

$$s_0, a_0, r_1, s_1, a_1, r_2, s_2, a_2, r_3, s_3, \ldots s_{T-1}, a_{T-1}, r_T, s_T$$

마르코프 결정 과정에서 어떠한 정책 π와 상태 s가 주어졌을 때, 가치 함수 $V_\pi(s) = E_\pi(G_t \mid S_t = s)$는 다음과 같이 확장될 수 있다.

$$V_\pi (s) = E_\pi (G_t \mid S_t = s) = \textstyle\sum_a \pi(a|s) \sum_{s'} p(s' \mid s, a)[r(s, a, s') + \gamma V_\pi (s')]$$

이를 가치 함수 $V_\pi(s)$에 대한 벨만 방정식Bellman Equation이라 한다. [7]에서는 강화 학습 알고리듬을 자세히 설명한다. 이 책의 주제가 자율주행인 만큼 가장 대표적인 두 가지 강화 학습 알고리듬을 소개한다.

7.2.1 Q 학습

Q 학습$^{\text{Q-learning}}$ 알고리듬[7]은 강화 학습에서 가장 유명한 알고리듬이다. Q 학습의 기본 개념은, 동작 a_t를 수행한 이후 최적 전략 $Q(s_t, a_t) = \max_\pi R_{t+1}$을 따르는 상태 s_t에서 최대 기대 리턴에 근사하는 방법을 학습하는 것이다. 이때 정책은 $\pi(s_t) = \text{argmax}_{a_t} Q(s_t, a_t)$에 따라 선택한다. Q 학습에서 핵심 문제는 상태-동작 쌍들을 최적 기대 리턴에 매핑하는 Q 함수를 정확히 추정하는 방법이다.

Q 함수 $Q(s_t, a_t)$는 $Q(s_t, a_t) = r(s_t, a_t, s_{t+1}) + \gamma \max_{a_{t+1}} Q(s_{t+1}, a_{t+1})$과 같이 재귀 구조로 구성된다. 이는 Q 함수 관점에서 본 벨만 방정식이다. $Q(s_t, a_t)$의 이러한 재귀 구조를 바탕으로, 역전파$^{\text{backward propagation}}$ 방식의 동적 프로그래밍$^{\text{dynamic programming}}$을 통해 Q 함수를 풀 수 있다.

$$Q(s_t, a_t) \leftarrow Q(s_t, a_t) + \alpha[r(s_t, a_t, s_{t+1}) + \gamma \max_{a_{t+1}} Q(s_{t+1}, a_{t+1}) - Q(s_t, a_t)]$$

계산한 Q 함수가 최적 상태-동작 함수를 근사하도록 수렴하려면, 모든 상태-동작 쌍이 지속적으로 업데이트돼야 한다. 이런 가정에서 매개변수에 대한 확률적 근사 조건을 가진 Q 학습 알고리듬의 변형 역시 1의 확률로 최적 상태-동작 함수에 수렴한다는 사실이 증명됐다. 그림 7.2에서 볼 수 있듯이, Q 학습 알고리듬은 단순히 $|S|$개의 행과 $|A|$개의 열을 가진 Q 테이블에 대한 반복적 업데이트 과정이다.

동작 수행에 대한 ε 그리디 선택$^{\varepsilon\text{-greedy choice}}$이란, 에이전트가 ε의 확률로 수행할 동작을 임의로 선택하며 $1 - \varepsilon$의 확률로 최적의 동작(주어진 현재 상태 s_t에서 최대 기대 리턴을 주는 동작)을 수행하는 것을 의미한다.

그러나 그림 7.2에 나온 알고리듬을 적용하면 상태 공간 $|S|$와 동작 공간 $|A|$가 클 때 테이블 크기가 매우 커진다. 자율주행 시나리오에서 상태 공간이 센서 입

```
1  function Q_Leaning(Episodes)
2      Initialize the Q(s,a), and Q(terminate-state,:)=0
3      for each episode in Episodes:
4          Initialize to start state S
5          repeat (for each step of episode):
6              choose an action a ∈ A using the policy from the Q table with ε-greedy
7              Take the action a and observe the reward R and the next state s'
8              Q(s,a) ← Q(s,a) + α[R + γ max_{a'} Q(s',a') − Q(s,a)]
9              S ← s'
10         until S is a terminal state
```

그림 7.2 Q 학습 알고리듬

력 값, 자율주행 자동차 상태, 로컬라이제이션 및 맵 정보의 조합이라고 한다면, 상태 공간은 각 차원의 값이 연속인 큰 다차원 벡터로 표현될 것이다. 물론 큰 연속 상태 공간이라 해도 항상 이산화되므로, 큰 스파스sparse Q 테이블을 계산하면 된다고 생각할 수도 있다. 그러나 커다란 Q 테이블이 수렴하기 위해서는 매우 긴 시간이 필요하므로, 학습의 효율과 실용성이 크게 떨어진다. 상태−동작 공간이 커질수록, Q 함수의 좋은 근사로서 딥러닝이 효과를 발휘한다. 심층 신경망은 고도로 구조화된 큰 차원의 데이터에 대한 특징들을 도출하는 데 매우 좋다. 그림 7.3은 Q 함수 신경망 근사를 위한 두 가지 구조를 나타낸다. 왼쪽 신경망은 상태와 동작을 입력 값으로 하여 모든 상태−동작 쌍의 q 값을 출력한다. 그러나 이 구조는 모든 상태−동작 쌍에 대한 순방향 계산을 수행해야 하기 때문에 효율적이지 않다. 실제로는 오른쪽 신경망과 유사한 구조를 가진 심층 신경망이 사용된다. 신경망은 상태만을 입력 값으로 하여 가능한 모든 동작 $a \in A$에 대한 후보 q 값을 출력하며, 순방향 계산을 한 번만 수행해도 충분하다.

그림 7.4는 구글의 딥마인드DeepMind 논문에서 사용한 심층 신경망을 보여주고 있는데, 이를 DQNDeep-Q-Learning이라 한다. DQN은 구조는 콘볼루션 계층과 출력 값이 완전히 연결된 계층을 가진 전형적인 신경망이다. 컴퓨터 비전에서의 전형적인 신경망들과 비교해보면, 풀링 계층이 없다는 큰 차이점이 있다. 개체를 감지할 때 개체 위치가 개체 존재의 특징이 되지 않도록, 풀링 계층은 신경망을 위치 불변량으로

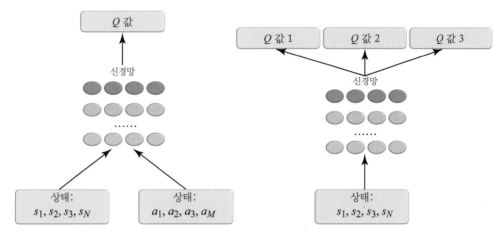

그림 7.3 DQN에서의 신경망 구조

계층	입력 값	필터 크기	스트라이드	필터 개수	활성화	출력 값
conv1	$84 \times 84 \times 4$	8×8	4	32	ReLU	$20 \times 20 \times 32$
conv2	$20 \times 20 \times 32$	4×4	2	64	ReLU	$9 \times 9 \times 64$
conv3	$9 \times 9 \times 64$	3×3	1	64	ReLU	$7 \times 7 \times 64$
fc4	$7 \times 7 \times 64$			512	ReLU	512
fc5	512			18	선형	18

그림 7.4 DQN에서의 전형적인 신경망 구조

만든다. 그러나 자율주행 또는 아타리^{Atari} 논문[4]에서는 강화 학습 환경에서 개체들 간의 상대적 위치를 고려한다.

신경망은 그림 7.3의 오른쪽 구조를 활용하는데, 주어진 상태 입력 값에 대해 가능한 모든 동작의 q 값을 출력한다. 심층 신경망의 트레이닝은 예측 q 값들과 목표 q 값들 간의 제곱 오차 손실을 최적화하는 회귀 문제로 볼 수 있다. 제곱 오차 손실은 다음과 같이 나타낼 수 있다.

$$\mathrm{L} = \frac{1}{2}\left[r(s_t, a_t, s_{t+1}) + \gamma \max_{a_{t+1}} Q(s_{t+1}, a_{t+1}) - Q(s_t, a_t)\right]^2$$

상태 전이 (s_t, a_t, r, s_{t+1})이 주어지면, 목표 항은 $r(s_t, a_t, s_{t+1}) + \gamma \max_{a_{t+1}} Q(s_{t+1}, a_{t+1})$ 이고 예측 항은 $Q(s_t, a_t)$이다. 그리고 이에 따른 이전 Q 함수 테이블 업데이트 알고리듬의 수행 절차는 다음과 같다.

1. 모든 동작에 대한 예측 q 값을 얻기 위해 현재 상태 s_t의 순방향 전달을 수행한다.

2. 다음 상태 s_{t+1}에 대해 순방향 전달을 수행하고 모든 신경망 출력 값들의 최 댓값 $\max_{a_{t+1}} Q(s_{t+1}, a_{t+1})$을 계산한다.

3. 동작에 대한 목표 q 값을 이전 단계에서 계산한 $r(s_t, a_t, s_{t+1}) + \gamma \max_{a_{t+1}} Q(s_{t+1}, a_{t+1})$로 설정한다. 다른 모든 동작에 대한 목표 q 값은 1단계에서 원래 반환됐던 값과 동일하게 설정해 해당 출력 값에 대한 오차를 0으로 만든다.

4. 역전파를 통해 가중치를 업데이트한다.

자세한 알고리듬은 그림 7.5에 나와 있다. 알고리듬은 학습 과정을 쉽게 처리하도록 두 가지 방법을 사용했다. 첫 번째 방법은 경험 재생experience replay이다. 핵심 아이디어는 경험된 모든 상태 전이 (s_t, a_t, r, s_{t+1})을 재생 메모리replay memory에 저장하는 것이다. 신경망을 트레이닝할 때는 실제 전이 예제로서 메모리 풀로부터 미니 배치 표본들을 무작위로 표본화한다. 그러나 재생 메모리 히스토리를 무작위로 표본화하면, 트레이닝 예제들의 분포가 망가지며 후속 트레이닝 예제들의 분산이 커질 것이다. 경험 재생을 통해서는 트레이닝이 지도 학습에 가까워지며 더욱 쉽게 이해, 디버그, 테스트될 수 있다. 모든 전이 예제가 인간을 재현하는 것이라 한다면, DQN을 트레이닝하는 것은 인간의 경험을 모방하는 것과 유사하다.

```
1 function DQN_Leaning(Episodes)
2      Initialize the Q(s,a) with random weights
3      Initialize the replay memory D
4      for each episode in Episodes:
5          repeat :
6              choose an action a ∈ A using the policy from the Q table with ε -greedy
7              take the action a and observe the reward r and the next state s'
8              store experience (s, a, r, s') in replay memory D
9              sample random transition (ss, aa, rr, ss') from replay memory D
10             calculate target for each minibatch transition
11                 if is terminal state:
12                     tt = rr
13                 else:
14                     tt = rr + γ max Q(s', a') − Q(s, a)
                                 a'
15                 train deep neural network Q with Loss = ¹/₂ (tt − Q(ss, aa)) ²
16             s ← s'
17         until s is a terminal state
```

그림 7.5 DQN 알고리듬

DQN 알고리듬을 용이하게 하기 위해 사용한 다른 방법은 ε 그리디 동작 선택이라고도 표현하는 탐색 및 활용exploration and exploitation의 균형이다. 탐색 및 활용의 딜레마는, 좋은 전략이나 정책이 더 많은 기대 보상을 가져올 수도 있는 효과적인 동작을 선택하기 위해서는 먼저 알려지지 않은 기대 보상을 가진 동작들을 탐색해봐야 한다는 점에 있다. 좀 더 구체적으로 말하면 탐색exploration은 에이전트가 기대 리턴이 명확하지 않고 아직 탐색되지 않은 새로운 동작들을 찾으려고 시도하는 것을 의미한다. 이와는 반대로 활용exploitation은 에이전트가 Q 테이블에 따라 현재 상태에서 가장 효과적인 동작을 선택하는 것을 말한다. 일반적으로, 탐색은 초기 상태−동작 쌍들이 무작위로 초기화되는 Q 학습 과정의 시작 부분에서 발생한다. 초기 반복 수행 이후에, 에이전트는 상태−동작 쌍들에 대한 기대 리턴 관련 지식들을 축적한다. 그러고 나서 에이전트는 주어진 상태에서 가장 높은 Q 값을 가진 '그리디' 동작을 선택하게 되는데, 이 과정은 Q 테이블의 활용에 더 가깝다. 탐색 및 활용의 균형을 담당하는 매개변수는 ε이며, ε 그리디 탐색을 통해 이들 간의 균형을 제어할 수 있다. 딥마인드 논문[4]에서는 초기 탐색 향상을 위해 매개변수 ε의 초깃값을 1로 설정한 뒤, 이후 활용 쪽에 치중하기 위해 값을 점차적으로 0.1씩 감소시켜 최종적으로 0.1의 탐색률로 고정한다.

7.2.2 액터 크리틱 방법

구글 딥마인드에서 제시한 비동기 이득 액터 크리틱A3C, Asynchronous Advantage Actor-Critic 알고리듬은 강화 학습 알고리듬에서 가장 중요하고 획기적인 돌파구를 마련했다. 알고리듬은 표준 강화 학습에서 기존 DQN 알고리듬보다 훨씬 빠르고 간단하며 견고하다. 비록 A3C가 아직까지 자율주행에 직접 적용되지는 않았지만, 자율주행 분야에서 강화 학습의 발전을 위한 알고리듬이 되는 것은 단순히 시간 문제라 생각한다.

A3C 신경망의 구조는 그림 7.6에 나타나 있다. DQN과의 가장 큰 차이점은, DQN에는 1개의 학습 에이전트만 존재하는 것과 달리 A3C에는 1개 이상의 학습 에이전트가 존재한다는 것이다. 각 에이전트는 그 자체의 매개변수들을 가진 독립 신경망으로서, 그 자체의 환경 사본에서 상호작용하며 학습하는데 이를 워커 에이전트worker agent라 한다. 워커 에이전트 외에도 전역 신경망 에이전트가 있다. 각 에이전트는 그 자체의 환경에서 학습하기 때문에, 학습 과정은 비동기적이다. 각 에이전트는 손실에 대한 정보를 받아 그 자체 환경에서의 정책을 업데이트한 후에, 함께 전역 환경을 업데이트한다. 업데이트된 새로운 전역 신경망을 통해, 각 에이전트는 업데이트된 전역 환경으로 재설정돼 새로운 학습 단계를 시작한다. 비동기 학습 과정에서는 모든 에이전트가 독립적으로 학습해 전체 경험이 더욱 다양하기 때문에, 단일 에이전트 학습보다 더 효율적이다. A3C 알고리듬의 트레이닝에 대한 자세한 절차는 다음과 같다.

1. 전역 신경망을 초기화하고 각 독립 워커 신경망을 전역 신경망으로 재설정한다.
2. 각 독립 워커 에이전트는 그 자체 환경과 상호작용하며 학습한다.
3. 각 독립 워커 에이전트는 그 자체 신경망에 대한 손실 함수를 계산한다.

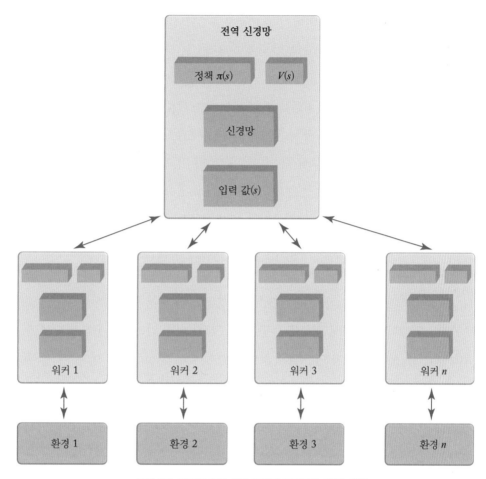

그림 7.6 비동기 이득 액터 크리틱 프레임워크([11] 기반)

4. 각 독립 워커 에이전트는 그 자체 손실에 대한 변화율을 업데이트한다.

5. 워커 에이전트들은 각 손실의 변화율을 통해 함께 전역 신경망을 업데이트한다.

그림 7.6에서 볼 수 있듯이, 워커 신경망과 전역 신경망으로 이뤄진 구조에서는 두 가지의 고유한 분기점branch이 있다. 두 가지의 분기된 신경망은 가치 함수 $V_\pi(s)$와 정책 $\pi(s)$를 따로 추정하도록 설계된다. 가치 함수 $V_\pi(s)$는 특정 상태에 있는 것에 대

한 만족도를 정책 $\pi(s)$는 각 동작에 대한 만족도를 추정한다. 별도의 가치 추정 신경망과 정책 추정 신경망에는 해당 분기점에 자체적으로 완전하게 연결된 계층이 있다. 또한 가치 추정 신경망과 정책 추정 신경망은 일반적인 네트워크 아키텍처를 공유하는데, 아키텍처는 위치 불변성을 위한 콘볼루션 계층 및 콘볼루션 계층의 상단에서 시간 종속성을 다루는 LSTM 계층으로 구성돼 있다. 가치 함수 $V_\pi(s)$를 추정하기 위한 신경망 분기점은 크리틱critic의 역할을 하며, 정책 $\pi(s)$를 추정하기 위한 신경망 분기점은 액터actor의 역할을 한다. 그리고 가장 중요한 것은 에이전트가 액터의 역할을 하는 정책 함수를 업데이트하기 위해 크리틱으로부터 가치 함수를 추정한다는 점인데, 이 방법은 일반적인 정책 변화율 추정보다 더 효과적이다. 이와 같이 가치 함수와 정책 함수를 따로 추정하기 위한 전문적이며 독특한 신경망 분기를 액터 크리틱Actor-Critic 방법이라 한다. A3C 알고리듬이 가진 마지막 고유한 특징은 이득Advantage 업데이트다. 정책 변화율 추정에서는 감쇠 기대 리턴을 사용하는 반면에, A3C 알고리듬에서는 '내가 기대했던 것보다 얼마나 더 좋을까'라는 아이디어를 활용한다. 이득 함수에서는 그 양을 $A = Q(s, a) - V(s)$의 형태로 측정하는데, 여기서 $Q(s, a)$는 감쇠 리턴 R로 근사할 수 있다. 각 워커 에이전트에 대한 가치 손실 함수는 다음과 같이 표현할 수 있다.

$$L_{value} = \sum (R - V(s))^2$$

탐색 및 활용의 균형 잡힌 제어를 위해, 출력 동작 확률들의 엔트로피 H_π를 계산해 정책 업데이트를 위한 손실 함수에 통합한다. 엔트로피가 높을 때는 출력 동작이 작은 확률을 가지며, 에이전트가 활용에 대해 더욱 보수적이어야 하고 더 많은 탐색을 해야 한다. 반대로 엔트로피가 낮으면 에이전트가 더욱 확신을 가지고 정책을 활용할 수 있음을 의미한다. 그러므로 정책에 대한 손실 함수는 다음과 같다.

$$L_{policy} = A(s) * \log(\pi(s)) + H_\pi * \beta$$

텐서플로^{tensorflow} 기반의 A3C 구현에 대한 자세한 사항은 [11, 12]를 참조한다.

7.3 자율주행을 위한 학습 기반 계획 및 제어

지금까지 살펴본 Q 학습, 액터 크리틱 방법 같은 대표적인 강화 학습 알고리듬을 바탕으로 강화 학습 알고리듬이 자율주행 계획 및 제어에 어떻게 기여했는지 알아보자. 강화 학습은 자율주행 계획 및 제어에서 동작 결정, 모션 계획, 피드백 제어 등을 비롯한 여러 단계에 적용됐다. 또한 자율주행에서 심층 신경망 기반의 지도 학습을 사용하는 [8]과 같은 연구도 있다. 입력 값은 이미지 픽셀 같은 원본 센서 데이터이며, 출력 값은 스티어링 휠, 스로틀, 브레이크 등의 직접 제어 신호들이다. 이런 접근법을 엔드 투 엔드 솔루션이라 한다. 센서 데이터 입력 및 제어 신호 출력^{sensor data in, control signal out}이라는 엔드 투 엔드 솔루션의 아이디어는 듣기에는 정말 매력적이지만 보통 복잡한 모델 구조를 동반하며, 완전히 불가능하지는 않더라도 최종 결과 및/또는 중간 결과를 설명하기 매우 어렵다. 7.3절에서는 다양한 계획 및 제어 계층에서의 강화 학습 기반 접근법들을 소개한다. 모든 강화 학습 기반의 계획 및 제어 접근법을 다루는 것이 아니라, 서로 다른 각 계층에서의 가장 전형적인 접근법들에 대해 반복해 설명하는 것이 목표이다. 설명을 통해 적용 제약 조건뿐 아니라 문제 규모, 상태 공간 설계, 동작 공간 설계, 신경망 구조 설계 같은 측면들에 초점을 맞출 것이다. 대부분 연구들에서는 출력 동작들이 강화 학습 수행의 규모를 나타낸다. 출력 동작들은 보통 동작 결정이나 직접 제어 신호 단계에서 이뤄진다. 출력 동작들이 모션 계획 단계(시공간 궤적들)에서 이뤄지는 경우는 거의 없다. 이것은 많은 강화 학습 접근법들이 최하단 제어 계층의 실제 시공간 궤적 수행 단계까지 깊숙이 적용됐음을 의미한다.

7.3.1 동작 결정을 위한 강화 학습

동작 결정에 강화 학습을 적용하는 주목적은 단순히 교통 규칙을 따르는 것만으로는 충분하지 못한 트래픽 시나리오에 대처하기 위해서다. 동작 결정에서 꼬리물기 같은 상황에 대처하기 위해, 인간의 운전 경험은 강화 학습 기반 시스템이 더욱 사람처럼 결정하도록 학습시키기 위한 훌륭한 예가 될 수 있다. 이것은 산업계 주요 접근법인 규칙 기반의 동작 결정 접근법에 대한 매우 좋은 보완책이 된다. [3]에서는 강화 학습 기반의 접근법이 동작 결정 단계에 적용됐는데, (논문에서는 '욕구desire'라고 표현한) 동작 공간을 다음과 같이 설계했다.

$$D = [0, v_{max}] \times L \times \{g, t, o\}^n$$

v_{max}는 자율주행 자동차의 목표 속도이고, L은 횡방향 차로 위치들의 이산 집합이며, g, t, o는 각각 장애물이나 다른 자동차에 대한 양보give way to(g), 추월overtake(t), 거리 유지 및 주의keep an offset distance(o)를 나타낸다. 동작 공간(욕구)은 이러한 세 가지 차원에 대한 데카르트 곱Cartesian product이다. [3]에서의 접근법에 대한 상태 공간은, 센서 정보의 해석을 통해 생성된 자동차 주변의 '환경 모델'뿐 아니라 이전 프레임들로부터 움직이고 있는 개체들의 기구학 같은 유용한 정보도 모두 포함한다.

강화 학습 기반 동작 결정 전략의 주요 기여 중 하나는 정책의 확률적 변화율이 반드시 마르코프 성질일 필요는 없다는 것이다. 그러므로 변화율 추정에서 분산을 감소시키는 방법들 역시 마르코프 가정이 필요 없다. [3]의 구현은 관련 소유권 때문에 결과를 재현해볼 수는 없지만, 해당 저자는 모방을 통해 강화 학습 에이전트를 초기화했으며 정책 변화율 접근법의 반복 수행을 통해 그 에이전트를 업데이트했다고 언급했다.

7.3.2 계획 및 제어를 위한 강화 학습

강화 학습 기반의 계획 및 제어에서 핵심 과제는 상태 공간을 설계하는 방법이다. 모션 계획 단계나 피드백 제어 단계에서 동작들을 계산하기 위해서는 자율주행 자동차의 정보와 그 주변 환경 모두를 포함시켜야 한다. 원본 센서 데이터를 입력 값으로 이용하지 않는다면, 상태 공간들은 자율주행 자동차 및 환경에 대한 구조화된 정보를 어떻게든 통합해야만 한다. 상태 공간은 큰 다차원 연속 공간이 될 것이다. [2]에서는 연속 상태 공간에서 CLV^{Car-Like-Vehicles}라는 제어 문제를 해결하기 위해 강화 학습과 함께 셀 매핑^{cell-mapping} 기법을 사용했다. 또한 셀 매핑 기법을 통해 상태 공간을 이산화했는데, 인접 속성이 상태 전이를 위한 제약 조건이 된다. 상태 공간(셀 매핑 이전)과 동작 공간은 그림 7.7에서 볼 수 있다.

상태 기호	상태 변수	범위
$X_1 = v$	속도	$-1.5 \leq X_1 \leq 1.5$ "m/s"
$X_2 = x$	X 직교 좌표	$-0.9 \leq X_2 \leq 0.9$ "m"
$X_2 = y$	Y 직교 좌표	$-1.3 \leq X_3 \leq 1.3$ "m"
$X_2 = \theta$	방향	$-\pi \leq X_4 \leq \pi$ "rad"

동작 기호	동작 값		
주행 모터의 전압	-18 V	0 V	18 V
조향각	$-23°$	$0°$	$23°$

```
Algorithm 1 CACM-RL
1:   Initialise Q-Table(s,a) y Model_Table
2:   x ← current state
3:   s ← cell(x)
4:   IF        s ∈ drain or s ∈ goal or s ∈ safety_area
5:   THEN    F_reactive(x)
6:   ELSE    IF        D-k-adjoining(x,x')
7:           THEN    Q-Table(s,a) ← s',r
8:                    Model_Table ← IT(x,x')
9:                    a ← policy(s)
10:                   Execute action a on the vehicle
11:                   Observe the new state x' and r
12:  UNTIL the end of the learning stage
13:  FOR all (s,a), repeat N times
14:       x̄ ← Model_Table, DT(x,x')
15:       s̄' ← cell(x̄')
16:       Q-Table(s,a) ← s̄', r
```

그림 7.7 셀 매핑 이전의 상태 공간, 동작 공간, [2]에서의 제어 인접 셀 매핑(Control-Adjoining-Cell-Mapping) 알고리듬

인접 속성이 실제 상태 공간을 상당히 줄이기 때문에, 이 접근법은 강화 학습에 대한 어떠한 신경망 구조도 사용하지 않는다. 대신, 그림 7.7에서 볼 수 있듯이 Q 학습 방식 테이블 업데이트 알고리듬을 사용한다. 강화 학습 기반 접근법의 한 가지 중요한 특징은 상태-동작 쌍에 대한 2개의 테이블인 Q 테이블과 모델 테이블을 통합

한다는 것이다. Q 테이블은 기존의 강화 학습에서와 동일하며 모델 테이블은 최적 제어 정책으로 근사가 잘 이뤄질 수 있도록 D-k 인접 속성을 만족하는 평균 지역 전이를 계산한다. 또한 인접 셀 간의 정교한 매핑은 활용 단계 수행을 불필요하게 만들기 때문에 그림 7.7에서의 CACM-RL 알고리듬에서는 탐색 단계만 수행한다. 그림 7.7에서 볼 수 있듯이 장애물 정보를 어떠한 상태 변수로도 고려하지 않으며 오직 $F\_reactive()$와 $safety\_area$ 판단 함수에서만 고려한다는 점을 기억해야 한다. 이 방법은 상태 공간의 복잡도를 크게 감소시키지만 알고리듬을 동적 장애물에 대해 매우 견고하지 못하게 만들기 때문에, 정적/동적 장애물 회피의 일반적인 시나리오에 강화 학습을 적용하기 위한 여지가 남아 있다.

특수한 경우

앞에서 설명한 두 가지 전형적인 예는 동작 결정 문제나 피드백 제어 문제를 일반적인 관점에서 해결하기 위해 강화 학습을 활용하고 있는데, 이는 출력 동작 공간이 특정 시나리오에 맞게 정의되지 않았기 때문이다. 제어 문제에서 두 가지 특수한 경우인 ACC^Adaptive Cruise Control와 로터리 합류 지점 시나리오를 다루기 위해, [1]에서는 RNN^Recurrent Neural Network 기반의 접근법을 그 시나리오들에 맞게 정의했다. 두 가지 특수한 경우에 맞게 정의된 접근법은 일반적으로 적용되지는 않지만, '예측 가능한 가까운 미래 예측 및 예측 불가능한 환경 학습'이라는 흥미로운 아이디어를 제공한다. 두 가지 경우 모두에서 문제는 두 단계로 분할된다. 첫 번째 단계는 지도 학습 문제인데, 현재 상태 s_t와 현재 동작 a_t를 다음 상태 s_{t+1}에 매핑하는 미분 가능한 함수 $\hat{N}(s_t, a_t) \approx s_{t+1}$이 학습된다. 학습된 함수는 가까운 미래에 대한 예측 변수다. 그런 다음 상태 공간 S를 동작 공간 A에 매핑하는 정책 함수는 매개 함수 $\pi_\theta: S \rightarrow A$로 정의되는데 여기서 π_θ는 RNN이다. 다음 상태 s_{t+1}은 $s_{t+1} = \hat{N}(s_t, a_t) + v_t$로 정의되는데, $v_t \in \mathbb{R}^d$는 예측 불가능한 환경이다. 두 번째 단계는 역전달을 통해 π_θ의 매개 변수를 학습하는 문제다. 주어진 예측 불가능한 환경 v_t에서, 제안한 RNN은 적대적 환경에 영향을 받지 않는 견고한 동작을 학습하게 된다.

미해결 문제와 어려운 문제에 대한 몇 가지 견해

강화 학습 기반의 계획 및 제어에 대한 기존의 연구들을 바탕으로 강화 학습 기반의 동작 결정 또는 모션 계획을 성공적으로 수행하기 위해 반드시 해결해야 할 주요 문제들을 논의한다.

첫 번째 문제는 상태 공간의 설계다. 구조화된 맵 정보를 주변의 동적 장애물 같은 환경 정보와 통합하려면, 상태 공간을 설계하기가 어렵다. 주변 장애물의 개수가 정해져 있지 않다는 점을 고려하면, 장애물을 상태 벡터 공간에 포함시키기 위해 장애물 구조화를 위한 규칙들이 있어야만 한다. 게다가 장애물 자체에 대한 정보만으로는 충분하지 않으며, 장애물과 도로 구조 간의 연관성에 대한 정보도 필요하다. 범용적인 결정이나 계획을 위해서는 이러한 모든 정보를 함께 고려할 필요가 있다. 모든 정보를 포함시키기 위한 하나의 방법은 도로 맵을 SL 좌표계상의 그리드들로 분할하는 것인데, 이 방법은 최적 경로를 탐색하는 동안 모션 계획도 함께 최적화하는 것과 유사하다. 또한 최적화 기반의 모션 계획 모듈이 입력 데이터를 처리하는 방법은 강화 학습 기반의 접근법에서 상태 공간을 설계하기 위한 휴리스틱으로도 활용될 수 있다.

두 번째 문제는 보상 함수의 설계다. 동작 출력 공간이 주로 유형별 동작 결정에 관련된 것이라면, 보상 함수 설계가 더욱 쉬울 수도 있다. 그러나 실제 제어 관련 동작 출력 값과 상태 공간에서, 동작 수행을 통해 상태를 s_t에서 s_{t+1}로 전이하는 것에 대한 보상은 신중하게 평가 및 측정돼야만 한다. 보상 체계는 목적지 도달, 장애물 회피, 편안한 운행 같은 요소들을 고려할 필요가 있다. 실제로, 더 이전의 연구에서는 모션 계획의 시공간 궤적에서보다 제어 신호 출력 값에서 강화 학습이 더욱 영향력 있었기 때문에, 모션 계획 단계에서보다 피드백 제어 단계에서 보상 함수를 직접 설계하는 편이 더 쉬웠을 수도 있다. 그러나 계획 및 제어 프레임워크에서는 제어 계층을 모션 계획 단계에서 시공간 궤적들을 출력하기 위한 단순한 피드백 폐루프 모듈로 분할하기 때문에, 이 책에서는 모션 계획 단계 기반의 학습을 수행하는 것이 적절하다고 생각한다. 또한 폐루프에서 특정 제어 시스템이 주어졌을 때 시공간 궤적을 수행하는 것에 대한 문제는 선형 또는 비선형 시스템을 통해 최적화 문제로 완전하게 모델링될 수 있다. 제어 단계에서 강화 학습을 직접 수행하는 것은 보상 함수 설계 문제를 간단하게 만들 수도 있다. 그러나 학습은 주로 제어 단계의 최적화라고도 일컫는 동작 수행 문제를 해결해야만 한다. 이것은 학습 모델이 최적 궤적 자체만을 생성하는 데 초점을 맞추기보다는 궤적 수행을 불필요하게 모델링한다는 것을 의미한다. 자율주행 모션 계획을 위한 강화 학습에 더 많은 노력이 필요하다고 생각한다.

7.4 결론

강화 학습을 통해 자율주행 계획 및 제어 문제를 해결하는 접근법은 주목할 만한 경향이자 최적화 기반의 솔루션을 보완하기 위한 중요한 방법이다. 방대한 양의 누적 주행 데이터에 기반한 강화 학습 기반의 계획 및 제어 최적화 솔루션 하나만으로 완전히 해결할 수 없는 문제를 다루는 데 도움이 된다. 강화 학습 기법에 대한 현재의 연구는 자율주행 계획 및 제어의 다양한 범위에 적용되긴 했지만, 아직은 여전히 초기 단계에 머물러 있다.

7.5 참고문헌

[1]   Shai, S-S., Ben-Zrihem, N., Cohen, A., and Shashua, A. 2016. *Long-term Planning by Short-term Prediction*. arXiv preprint arXiv:1602.01580. 139, 140, 152

[2]   Gomez, M., González, R. V., Martínez-Marín T., Meziat D., and Sánchez S. 2012. Optimal motion planning by reinforcement learning in autonomous mobile vehicles. *Robotica*, 30(2) pp.159–70. DOI: 10.1017/S0263574711000452. 139, 140, 151

[3]   Shalev-Shwartz, S., Shammah, S., and Shashua, A. 2016. *Safe, Multi-agent,*

Reinforcement Learning for Autonomous Driving. arXiv preprint arXiv:1610.03295. 139, 140, 150

[4]   Mnih, V., Kavukcuoglu, K., Silver, D., Graves, A., Antonoglou, I., Wierstra, D., and Riedmiller M. 2013. Playing Atari with deep reinforcement learning. arXiv preprint arXiv:1312.5602. 144, 147

[5]   Katrakazas, C., Quddus, M., Chen, W-H., and Deka, L. 2015. Real-time motion planning methods for autonomous on-road driving: State-of-the-art and future research directions. *Elsevier Transporation Research Park C: Emerging Technologies* 60, pp. 416−442. DOI: 10.1016/j.trc.2015.09.011. 139

[6]   Paden, B., Cap, M., Yong, S. Z., Yershow, D., and Frazzolo E. 2016. A survey of motion planning and control techniques for self-driving urban vehicles. *IEEE Transactions on Intelligent Vehicles* 1(1), pp. 33−55. DOI: 10.1109/TIV.2016.2578706. 139

[7]   Sutton, R. S. and Barto, A. G. 1998. *Reinforcement Learning: An Introduction.* Cambridge: MIT Press. 143

[8]   Bojarski, M., Del Testa, D., Dworakowski, D., Firner, B., Flepp, B., Goyal, P., Jackel, L. D., Monfort, M., Muller, U., Zhang, J., and Zhang, X. 2016. *End to End Learning for Self-driving Cars.* arXiv preprint arXiv:1604.07316. 139, 149

[9]   Geng, X., Liang, H., Yu, B., Zhao, P., He, L., and Huang, R. 2017. A scenario-adaptive driving behavior prediction approach to urban autonomous driving. *Applied Sciences* 7(4) p. 426. DOI: 10.3390/app7040426. 139, 140

[10]   *SAE Levels of Driving Automation.* https://www.sae.org/misc/pdfs/automated_driving.pdf. 140

[11]   Mnih, V., Badia, A. P., Mirza, M., Graves, A., Lillicrap, T., Harley, T., Silver, D., and Kavukcuoglu, K. 2016. Asynchronous methods for deep reinforcement learning. In *International Conference on Machine Learning* (pp. 1928−1937). 148, 149

[12]   https://github.com/awjuliani/DeepRL-Agents/blob/master/A3C-Doom.ipynb. 149

자율주행을 위한
클라이언트 시스템

8장에서는 자율주행 시스템 중에서도 OS와 컴퓨팅 플랫폼 같은 클라이언트 시스템을 구축하는 방법을 설명한다. 자율주행 시스템은 소프트웨어와 하드웨어로 구성된 굉장히 복잡한 시스템이다. 다양한 컴포넌트들이 상호작용하는 과정을 잘 조율하려면 OS가 필요한데 8장에서는 여러 OS 중에서도 ROS^{Robot Operating System}를 중심으로 설명한다. 또한 복잡한 자율주행 시스템의 두뇌에 해당하는 컴퓨팅 플랫폼에 대해 살펴본다. 자율주행 태스크에 어떤 연산이 필요한지 분석하고, 이를 처리하는 데 필요한 CPU, GPU, FPGA, DSP, ASIC 같은 다양한 컴퓨팅 솔루션의 장단점을 살펴본다.

8.1 복잡한 자율주행 시스템

자율주행 시스템은 다양한 태스크가 상당히 복잡하게 엮인 시스템이다. 그림 8.1에 나온 것처럼 교통 상황을 예측하기 힘든 도심 환경에서 자율주행 연산을 제대로 수행하려면, 센싱, 인지, 로컬라이제이션, 계획 및 제어 같은 다양한 실시간 시스템이 제대로 연동돼야 한다.

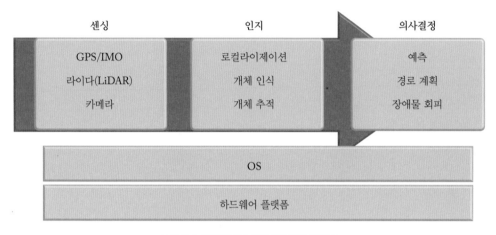

그림 8.1 자율주행을 위한 하드웨어 플랫폼

자율주행은 단일 기술이 아니라 여러 기술을 통합한 것이다. 통합은 클라이언트 시스템에서 이뤄지며, 클라이언트 시스템은 다시 OS와 하드웨어 플랫폼으로 구성된다. 그림 8.2는 하드웨어 플랫폼을 굉장히 간략하게 표현한 것으로, 1장에서 소개한 센싱, 인지, 동작 등을 비롯한 자율주행 태스크를 다양한 컴퓨팅 기술로 처리한다. 먼저 센서는 주변 환경으로부터 데이터를 수집해서 인지와 동작 연산을 수행하는 컴퓨팅 플랫폼으로 전달한다. 동작 계획을 생성해서 그 결과를 제어 플랫폼으로 전달해 실행한다. 이 작업은 하드웨어만으로는 처리할 수 없다. 다양한 컴포넌트가 서로 통신하고, 여러 실시간 태스크에 자원을 할당하는 작업을 잘 조율하려면 하드웨어 위에 OS를 설치해야 한다. 예를 들어, 카메라에서 초당 60프레임의 속도로 생성되는 데이터를 제대로 전달하려면 한 프레임당 16ms 이내에 처리해야 한다. 하지만 데이터가 증가할수록 시스템 자원을 할당하기가 힘들어진다. 예를 들어, 라이다에서 들어오는 포인트 클라우드 데이터가 급격히 증가하면, CPU 자원에 대한 경쟁이 심해져 카메라에서 들어온 프레임의 처리 속도가 떨어진다. 따라서 각 컴포넌트마다 사용할 수 있는 자원의 양을 제한해야 하는데, OS가 이 작업을 처리해준다.

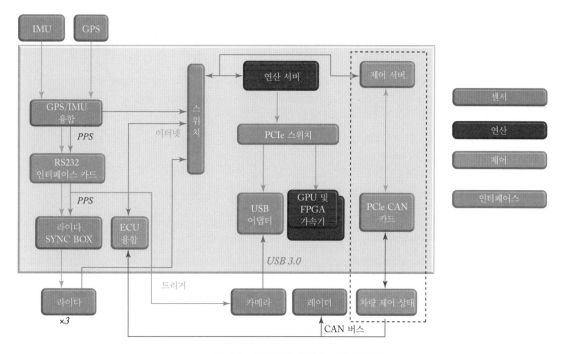

그림 8.2 자율주행을 위한 하드웨어 플랫폼

8.2 자율주행을 위한 OS

자율주행 시스템은 센싱, 로컬라이제이션, 개체 인식, 개체 추적, 트래픽 예측, 경로 계획, 장애물 회피, 내비게이션을 비롯한 다양한 소프트웨어 모듈이 맞물려 돌

아간다. 자율주행 자동차가 제대로 주행하려면 각 모듈마다 주어진 실시간 요구사항을 반드시 만족해야 한다. 모듈을 잘 관리하려면 결국 OS가 필요하다. OS의 두 가지 핵심 기능은 통신과 자원 할당이다. ROS는 이런 기능을 제공하는 소프트웨어 라이브러리이자 도구로서[1], 현재 운행 중인 상당수의 자율주행 OS로 ROS를 직접 사용하거나 ROS의 설계 철학을 반영한 OS를 사용하고 있다. 그러므로 ROS를 먼저 살펴보자.

8.2.1 ROS 개요

ROS$^{Robot Operating System}$는 윌로우 게라지$^{Willow Garage}$ PR2 프로젝트에서 시작했다.[1] 핵심 컴포넌트는 크게 세 가지, ROS 마스터^{Master}, ROS 노드^{Node}, ROS 서비스^{Service}로 구성된다. ROS 마스터의 주된 기능은 네임 서비스를 제공하는 것이다. 노드 설정에 관련된 여러 매개변수와 업스트림(상향) 노드와 다운스트림(하향) 노드 사이의 연결 이름, 기존 ROS 서비스의 이름 등을 관리한다. ROS 노드는 다른 노드로부터 전달된 메시지를 처리하고, 새로운 메시지를 다운스트림 노드로 보낸다. ROS 서비스는 특수한 형태의 ROS 노드이자 일종의 서비스 노드로서, 요청받은 사항을 처리해서 결과를 리턴한다. 2세대 ROS인 ROS 2는 산업용 애플리케이션에 최적화됐는데, 신뢰성 있는 통신을 위해 DDS 미들웨어를 사용하고 통신 효율을 높이기 위해 공유 메모리를 활용한다(그림 8.3).

ROS 1.0이 수년 동안 엄청난 테스트를 거치면서 어느 정도 안정성이 입증됐지만, ROS 2.0은 한창 개발 단계에 있다. 그래서 현재 ROS 2.0이 아닌 ROS 1.0을 주로 사용하고 있는데, 구체적인 이유는 다음과 같다.

---

1 구체적으로 2007년 스탠퍼드 대학교의 AI LAB에서 진행하는 STAIR 프로젝트를 위해 모건 퀴글리(Morgan Quigley)가 Switchyard라는 시스템을 개발하면서 시작됐다. 이를 OpenCV, Kinect 등에서 많이 사용하는 PCL을 개발한 윌로우 게라지라는 회사가 이어받아 2010년에 ROS 1.0이 등장했으며, 2013년 윌로우 게라지가 상업 로봇 시장에 진출하면서 현재는 OSRF(Open Source Robotics Foundation)에서 관리하고 있다. ROS 1.0은 Indigo Igloo, Jade Turtle, Kinetic Kame(현재 다운로드 권장 버전), 2017년에는 Lunar Loggerhead가 나왔고, 2018년 5월에는 Melodic Morenia가 공개될 예정이다. 참고로 뒤에서 언급하는 ROS 2.0(https://github.com/ros2/ros2/wiki)은 2017년에 등장했고, 현재도 활발히 개발 중이다. - 옮긴이

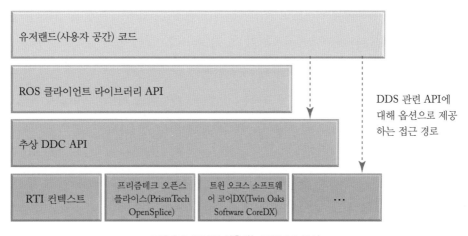

그림 8.3 DDS를 사용하는 ROS 2.0 통신

1. 자율주행 시스템에서 안정성과 보안은 굉장히 중요하다. 충분히 검증된 시스템을 통해 안정성과 보안을 보장해야 하는데, ROS 2.0은 그런 면에서 아직 불안하다.

2. DDS가 차지하는 비용이 크다. DDS 미들웨어를 사용한 시스템의 성능을 테스트한 결과, DDS 처리량이 오히려 ROS 1.0보다 훨씬 떨어졌다. 주된 이유는 DDS로 인해 발생하는 오버헤드가 크기 때문이었다.

ROS의 기초

ROS에서 가장 중요한 개념은 노드, 노드 관리자, 매개변수 서버, 메시지, 테마, 서비스, 태스크다.

1. **노드**node: 노드는 어떤 태스크를 수행하는 프로세스다. 모터 제어 노드는 모터에 대한 정보를 읽어서 모터의 회전을 제어한다. 경로 계획 노드는 모바일 플랫폼의 모션 플래닝motion planning(동작 계획)을 구현하는 데 사용된다.

2. **노드 관리자**node manager/**마스터**master: 이름에서 풍기듯이 노드 관리자의 목적은 다른 노드를 관리하는 것이다. 각 노드마다 자신에 대한 정보를 노드 관리

자에 등록해야 한다. 노드 관리자는 이러한 노드 사이의 통신을 조율한다.

3. **매개변수 서버**parameter server: 매개변수 서버는 시스템에 있는 노드의 운영에 관련된 설정 매개변수를 중앙에 저장한다.

4. **메시지**message: 노드끼리 주고받는 정보다. 메시지는 타입이 지정된 필드로 구성된 간단한 데이터 구조다. 참고로 메시지는 구조화된 텍스트 데이터를 담을 수도 있고 구조가 별도로 정해지지 않은 멀티미디어 데이터를 담을 수도 있다.

5. **토픽**topic: 발행–구독 방식의 통신 메커니즘으로서, 노드가 특정 토픽에 메시지를 발행하면 토픽을 구독하던 다른 노드는 그 노드가 발행한 메시지를 받는다(그림 8.4).

6. **서비스**service: 1 대 1 통신 메커니즘으로서, 노드가 서비스 노드에서 제공하는 서비스를 요청하면 두 노드 사이의 통신 채널을 만들어준다.

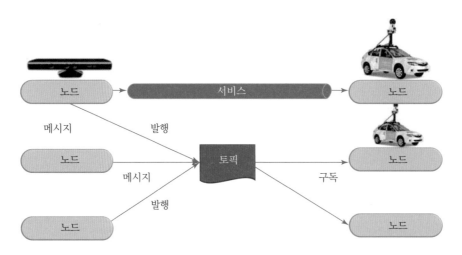

그림 8.4 ROS 통신 메커니즘

8.2.2 시스템 신뢰성

자율주행 OS에서 가장 중요한 요구사항은 시스템의 신뢰성reliability이다. 가령, 자율주행 자동차가 도로를 주행하는데 갑자기 ROS 마스터 노드가 뻗어서 시스템 전체가 멈췄다고 생각해보자. 단 하나의 마스터로 전체 시스템을 관리하도록 설계된 초기 버전의 ROS에서 특히 이런 문제가 자주 발생했는데, 실제 도로를 주행할 때는 절대로 있어서는 안 될 일이다. 따라서 가장 먼저 해야 할 일은 시스템의 견고성robustness과 신뢰성을 높이도록 마스터 노드를 분산하는 것이다. 그림 8.5에 나온 것처럼 문제를 해결하기 위한 한 가지 방법은 주키퍼ZooKeeper를 활용하는 것이다[2]. 주키퍼를 사용하면 여러 개의 마스터 노드를 구동해, 하나는 액티브 마스터 노드로 작동하고, 나머지 마스터 노드들은 백업용으로 구동한다. 이렇게 구성하면, 액티브 마스터 노드가 뻗을 경우 여러 개의 백업 마스터 노드 중 하나를 새로운 액티브 마스터 노드로 선정해서 작동시킬 수 있기 때문에 전체 시스템이 멈추는 일을 막을 수 있다.

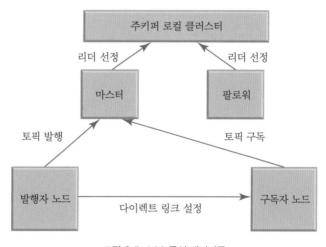

그림 8.5 ROS 통신 메커니즘

주키퍼 메커니즘에 따르면 마스터 노드가 죽으면 계획planning 노드 등도 함께 죽을 수 있다. 문제를 해결하기 위해 시스템에 있는 모든 노드의 상태를 감시하는 모니터 노드를 추가로 구현했다. 시스템에 있는 각 노드는 주키퍼에 심박heartbeat(하트비트) 메시지를 주기적으로 보내는데, 일정 시간 동안 심박 메시지를 받지 못하면 그 노드가 사라졌다고 간주한다. 주키퍼는 모니터 노드에게 사라진 노드를 재구동하도록 알려준다. 이때 노드는 수신 메시지의 처리 상태를 저장하지 않는 무상태stateless 방식으로 작동할 수도 있고, 그 상태를 저장하는 방식으로 작동할 수도 있다. 상태를 저장하는 노드의 대표적인 예로 항상 현재 위치를 알아야 하는 로컬라이제이션 노드가 있다. 노드를 재구동하면 가장 마지막에 기록된 상태로부터 다시 이어서 시작한다. 따라서 주키퍼로 심박 메시지를 보낼 때 노드의 상태 정보를 함께 보내기도 하는데, 노드가 사라지면 가장 마지막에 받은 최종 상태를 기반으로 그 노드를 다시 구동한다.

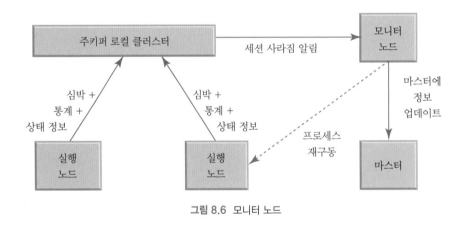

그림 8.6 모니터 노드

8.2.3 성능 개선

초기 버전의 ROS는 통신이 자주 발생하면 성능 오버헤드가 굉장히 높아졌다. 주된 이유는 같은 머신에 있는 ROS 노드끼리 루프백loop-back으로 통신할 때도 전체 네트워크 스택을 거치기 때문이다. 다시 말해, 패킷을 보낼 때마다 여러 계층의 소프트웨어 스택을 거쳐야 했기 때문에 불필요한 지연 시간과 메모리 소비가 발생했다. 문제를 해결하기 위해 공유 메모리와 메모리 매핑 테크닉을 이용해 데이터는 메모리 시스템으로 전달하고 주소만 전송하게 했다. 이 기법을 로컬 통신에 적용하면 한 패킷만 보내도 되기 때문에 통신 지연 시간을 20ms 이내로 만족할 수 있고 CPU 사용량도 크게 줄일 수 있었다.

두 번째 이유는, 초창기 ROS에서 브로드캐스팅 방식으로 메시지를 보내는 메커니즘을 다중 점대점 전송 방식multiple point-to-point transmission으로 구현했기 때문이다. 예를 들어, 5개의 노드에 데이터를 보내면 각 노드마다 데이터의 복사본을 만들기 때문에 한 데이터를 다섯 번이나 복사한다. 이렇게 하면 CPU 및 메모리 자원의 엄청난 낭비를 초래한다. 그뿐 아니라 통신 시스템의 처리량에도 큰 영향을 미친다. 문제를 해결하기 위해 멀티캐스트multicast 메커니즘을 구현했다. 한 노드에서 여러 노드로 메시지를 보낼 때, 메시지에 대한 복사본을 단 하나만 만든다.

세 번째, 이유로, ROS의 통신 스택을 분석한 결과, 통신 지연 시간은 주로 데이터 직렬화와 역직렬화에서 발생했다. 직렬화serialization란 오브젝트의 상태 정보를 저장하거나 전송할 수 있는 형태로 변환하는 과정이다. 직렬화를 수행하는 동안 오브젝트는 자신의 현재 상태를 임시 또는 영구 저장소에 쓴다. 그런 다음 나중에 오브젝트가 필요할 때 역직렬화deserialization를 통해 저장소에 기록된 정보를 읽어서 오브젝트를 다시 생성한다. 문제를 해결하기 위해 직렬화 지연 시간을 50% 가량 줄이는 경량 직렬화/역직렬화 메커니즘을 구현했다.

8.2.4 자원 관리 및 보안

간단한 공격 시나리오 하나를 생각해보자. ROS 노드 중 하나가 공격을 당해서 제어권을 상실하면, 그 노드는 시스템에 OOMOut-Of-Memory 에러가 발생할 때까지 메모리를 계속해서 할당해서 다른 프로세스를 죽이고 메모리를 확보할 수 있다. 초기 버전의 ROS에서는 실제로 이런 일이 발생한다. 이를 막을 보안 메커니즘이 따로 없기 때문이다. 문제를 해결하기 위해 각각의 ROS 노드를 LXC^{Linux Container}(리눅스 컨테이너) 안에 담았다[3]. 쉽게 말해 LXC는 경량 가상화 메커니즘으로서, 프로세스와 자원을 서로 격리한다. 마치 C++ 네임스페이스^{NameSpace}처럼, LXC도 자원을 서로 격리된 그룹으로 나눠서 각 노드마다 사용할 수 있는 자원을 제한하기 때문에, 노드마다 주어진 실시간 요구사항을 만족시키는 데 필요한 CPU 및 메모리 자원을 보장할 수 있다. 또한 LXC는 경량 가상화 기법에 해당하기 때문에 이로 인해 늘어나는 CPU 오버헤드는 5%에 불과하다. LXC는 자원 사용을 제한하는 기능뿐 아니라 샌드박스^{sandbox} 기능도 제공한다. 따라서 ROS 노드 프로세스의 접근 권한을 시스템 차원에서 제한할 수 있다. 샌드박스를 통해 디스크, 메모리, 네트워크 자원에 대한 접근 권한을 제한할 수 있기 때문에, 악의적인 공격을 당한 ROS 노드 프로세스가 다른 ROS 노드 프로세스에 해를 끼치는 것을 막을 수 있다. 결과적으로 나는 LXC를 활용함으로써 ROS 노드에 대한 보안뿐만 아니라 시스템 자원의 할당 및 관리 기능도 제공할 수 있었다.

8.3 컴퓨팅 플랫폼

상용 자율주행 자동차에 장착된 센서 중에서 초당 2GB나 되는 원본 센서 데이터를 생성하는 것도 있는데, 이렇게 생성된 엄청난 양의 데이터는 인지과 동작 계획 연산 단계로 전달된다. 따라서 컴퓨팅 플랫폼의 설계 방식이 실시간 성능뿐 아니라 자율주행 시스템의 견고성에 직접적인 영향을 미친다. 여기서 발생하는 핵심 이슈는 비용, 전력 소비량, 방열^{heat dissipation} 등이 있다.

8.3.1 컴퓨팅 플랫폼 구현

먼저 자율주행 기술 개발을 선도하는 회사에서 사용하던 자율주행 컴퓨팅 솔루션을 간단히 살펴보고 넘어가자[4]. 사용한 컴퓨팅 플랫폼은 1세대에 해당하며, 2개의 컴퓨팅 박스로 구성되는데, 각각 인텔 제온 E5 프로세서와 4~8개의 엔비디아 K80 GPU 가속기를 장착하고 이들을 PCI-E 버스로 연결했다. 이렇게 구성한 플랫폼을 통해 최대로 발휘하는 성능은 (12개의 코어로 구성된) CPU를 통해 400GOPS/s 수준으로 400W의 전력을 사용한다. 각각의 GPU마다 8TOPS/s를 내며 전력은 300W를 소비한다. 이들을 모두 합해서 전체 시스템이 발휘하는 성능은 3,000W 전력 소비량으로 64.5TOPS/s의 성능을 발휘한다. 구성된 컴퓨팅 박스는 차량 주위에 설치된 12개의 고해상도 카메라와 연결하여 개체 감지 및 개체 추적 태스크를 수행한다. 라이다 장치는 차량의 꼭대기에 장착해 차량에 대한 로컬라이제이션과 장애물 회피 기능을 담당한다. 두 번째 컴퓨팅 박스는 첫 번째 박스와 동일한 태스크를 수행하며, 시스템의 신뢰성을 보장하기 위한 용도로 장착한다. 즉, 첫 번째 박스가 죽으면 두 번째 박스가 즉시 역할을 넘겨받는다. 두 박스 모두 최고로 작동하는 최악의 경우, 5,000W의 전력을 소비하면서 엄청난 열을 발산한다. 또한 한 박스를 구축하는 데 드는 비용은 20,000~30,000달러에 육박해서, 일반 소비자가 솔루션을 구성하는 데 있어 감당할 수 없는 수준이다.

8.3.2 기존 컴퓨팅 솔루션

자율주행 컴퓨팅에 관련된 칩 설계사와 제조사에서 제공하는 기존 컴퓨팅 솔루션에 대해 알아보자.

GPU 기반 컴퓨팅 솔루션

엔비디아 PX 플랫폼은 현재 자율주행을 위한 GPU 솔루션 중에서도 대표적인 플랫폼이다. PX 2에는 2개의 테그라^Tegra SoC와 2개의 파스칼^Pascal 그래픽스 프로세서를 장착하고 있다. 각각의 GPU마다 전용 메모리와 심층 신경망^Deep Neural Network (딥 뉴럴 네트워크) 가속을 위한 특수 명령어를 갖추고 있다. 처리량을 높이기 위해 테그라마다 파스칼 GPU에 PCI-E Gen 2×4 버스(총 대역폭: 4.0GB/s)에 직접 연결돼 있다. 또한 듀얼 CPU-GPU 클러스터를 70GB/s 속도로 전송할 수 있는 기가비트 이더넷Gigabit Ethernet에 연결했다. 또한 최적화된 I/O 아키텍처와 DNN 가속 기능을 통해 PX2마다 초당 24조 개의 딥러닝 연산을 수행할 수 있다. 다시 말해, 알렉스넷AlexNet 딥러닝 워크로드를 구동할 때 초당 2,800개의 이미지를 처리할 수 있다.

DSP 기반 솔루션

텍사스 인스트루먼츠TI, Texas Instruments의 TDA는 자율주행을 위한 DSP 솔루션을 제공한다. TDA2x SoC는 2개의 부동소수점 C66x DSP 코어와 4개의 완전 프로그래머블한 비전 가속기Vision Accelerator로 구성되며 비전 프로세싱 기능을 처리할 수 있다. 비전 가속기는 비전 태스크에 대해 ARM Cortex-15 GPU보다 전력 소모도 낮고 가속도도 8배나 높다. 다른 DSP 기반 자율주행 컴퓨팅 솔루션으로 CEVA-XM4라는 것도 있다. 이 장치는 비디오 스트림에 대한 컴퓨터 비전 태스크를 처리하도록 설계된 것이다. CEVA-XM4는 에너지 효율이 높다는 장점이다. 1080p 비디오를 초당 30프레임으로 처리할 때의 기준으로 30mW가량 더 적게 든다.

FPGA 기반 솔루션

알테라Altera의 사이클론Cyclone V SoC는 FPGA 기반의 자율주행 솔루션으로서 아우디 차량에 적용되고 있다. 알테라의 FPGA는 센서 퓨전에 최적화된 것으로, 차량에 장착된 여러 센서로부터 들어온 데이터를 취합해 높은 신뢰도로 물체를 감지하는 데 활용하고 있다. 마찬가지로 징크 울트라스케일Zynq UltraScale MPSoC 역시 자율주행 태스크에 특화된 제품이다. CNNConvolution Neural Network(컨볼루션/합성곱 신경망) 태스크를 수행할 때 14이미지/s/W(와트)의 성능을 발휘하는데, 이는 테슬라 K40 GPU(4이미지/s/W)의 성능을 훨씬 웃도는 수준이다. 또한 이를 물체 추적 태스크에 적용하면 1080p 해상도의 라이브 비디오 스트림을 60fps로 처리할 수 있다.

ASIC 기반 솔루션

모빌아이^{MobilEye} EyeQ5는 ASIC 기반 자율주행 솔루션을 선도하는 제품이다. EyeQ5 는 완전 프로그래머블한 이종^{heterogeneous} 가속기를 갖추고 있으며, 칩 안에 장착된 네 가지 가속기는 컴퓨터 비전, 신호 처리, 머신러닝에 관련된 자체 알고리듬에 최적화돼 있다. 다양한 가속기 아키텍처를 제공함으로써 애플리케이션에서는 각 태스크에 가장 적합한 코어를 활용해 연산 시간과 에너지를 절약할 수 있다. 여러 개의 EyeQ5 디바이스를 장착해 시스템을 확장할 수 있도록 EyeQ5에는 IPC^{inter-processor communication}를 위한 2개의 PCI-E 포트를 제공하고 있다.

8.3.3 컴퓨터 아키텍처 설계 분석

컴퓨팅 플랫폼을 구현할 때 세 가지 핵심 사항 즉, (1) 부하^{workload} 종류에 따라 가장 적합한 컴퓨팅 장치, (2) 극단적인 경우 자율주행에 관련된 태스크를 수행하는 데 있어 모바일 프로세서로도 충분한지 여부, (3) 자율주행을 위한 효율적인 컴퓨팅 플랫폼을 설계하는 방법 등을 반드시 고려해야 한다.

부하의 종류에 최적화된 컴퓨팅 장치

컨볼루션^{convolution}과 특징 추출^{feature extraction} 태스크에 가장 적합한 장치부터 살펴보자. 태스크는 자율주행에 관련된 작업 중에서도 연산량이 가장 높은 것들이다. 완제품 형태로 제공되는 ARM 모바일 SoC로 몇 가지 실험을 해봤다. SoC는 4개의 코어로 구성된 CPU와 GPU, DSP를 장착하고 있는데 자세한 사양은 [5]를 참조하기 바란다. 이종 플랫폼의 성능과 에너지 소비량을 분석하기 위해 특징 추출과 컨볼루션 태스크를 구현하고 CPU, GPU, DSP에 최적화한 뒤, 칩 수준의 에너지 소비량을 측정했다.

먼저 컨볼루션 계층을 구현했다. 이는 개체 인식과 개체 추적 태스크에서 흔히 사용하는 것으로 연산량이 가장 많다. 그림 8.7의 왼쪽에 이렇게 측정한 성능과 에너지 소비량을 정리했다. 컨볼루션 태스크를 CPU에서 실행할 때는 8ms가 걸렸고 20mJ 의 에너지를 소비했다. 같은 작업을 DSP에서 실행할 때는 5ms가 걸렸고 7.5mJ을 소비했다. GPU에서는 2ms 만에 끝냈고, 4.5mJ만 소비했다. 결과를 토대로 컨볼 루션 태스크에 성능뿐 아니라 에너지 소비 측면에서 가장 효율적인 장치는 GPU라 는 사실을 알아냈다.

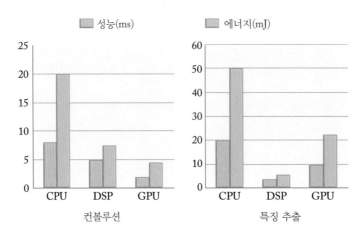

그림 8.7 컨볼루션 및 특징 추출 태스크에 대한 성능과 에너지 소비량

다음으로 특징 추출을 구현했다. 로컬라이제이션 단계에서 사용할 특징점feature point을 생성하는 작업으로서, 위치 측정 파이프라인에서 수행하는 태스크 중에서도 연산량이 가장 많은 편이다. 그림 8.7의 오른쪽은 성능과 에너지 소비량을 측정한 결과다. CPU에서 실행할 때는 특징 추출 태스크가 끝나기까지 20ms가 걸렸고 50mJ 을 소비했다. GPU에서 실행할 때는 특징 추출 태스크가 끝나기까지 10ms가 걸렸고, 22.5mJ을 소비했다. DSP에서 실행할 때는 4ms만에 특징 추출 태스크를 끝냈고, 전력 소비량은 6mJ에 불과했다. 결과를 토대로 특징 처리 태스크에 대해 성능과 에너지 소비 측면에서 가장 효율적인 컴퓨팅 유닛은 DSP란 결론을 내렸다. 로컬라 이제이션, 계획, 장애물 회피 같은 자율주행 관련 태스크는 실험하지 않았는데, 태

스크들은 주로 제어 연산으로 구성되기 때문에 GPU나 DSP로는 성능이 좋지 않다고 판단했기 때문이다.

모바일 프로세서 기반의 자율주행

자율주행 시스템의 한계를 알아보기 위해 앞서 언급한 ARM 모바일 SoC에서 어느 정도의 성능을 보여주는지 알아보자. 그림 8.8은 내가 모바일 SoC 기반으로 구현한 비전 기반 자율주행 시스템을 보여주고 있다. 모바일 SoC에서 특징 추출이나 옵티컬 플로우optical flow 같은 센서 데이터를 처리하는 태스크는 DSP로 처리하고, 개체 인식 같은 딥러닝 태스크는 GPU를 활용하며, 차량에 대한 실시간 로컬라이제이션 태스크는 2개의 CPU 스레드로 처리하는데, 그중 한 CPU 스레드는 실시간 경로 계획에 활용하고, 다른 하나는 장애물 회피에 사용하도록 구성했다. 이때 한 CPU 코어의 활용도가 100%가 아니라면, 여러 개의 CPU 스레드를 한 CPU 코어에서 실행할 수도 있다.

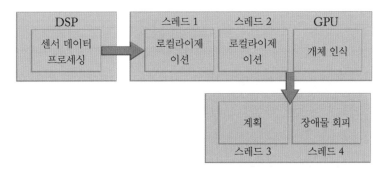

그림 8.8 모바일 SoC에 구현한 자율주행 내비게이션 시스템

시스템을 ARM 모바일 SoC에서 구동했을 때 성능이 그럭저럭 잘 나왔다. 로컬라이제이션 파이프라인은 초당 25개의 이미지를 처리할 수 있어서 초당 30개의 이미지 생성 속도에 근접했다. 딥러닝 파이프라인은 초당 2개 내지 3개의 개체 인식

태스크를 수행할 수 있다. 계획 및 제어 파이프라인은 하나의 경로를 계획하는 데 6ms 이내에 처리하도록 설계했다. 전체 시스템을 구동할 때 SoC의 평균 에너지 소비량은 11W였다. 시스템을 이용해 위치 측정 손실 없이 차량을 5mph 속도로 주행할 수 있었는데, 모바일 SoC에서 구동한 점을 감안하면 상당히 뛰어난 편이다. 여기에 컴퓨팅 자원을 좀 더 보강하면 더 많은 데이터를 처리할 수 있어서 더 높은 속도로 차량을 주행할 수 있으며, 상용 자율주행 시스템 수준에 맞출 수도 있을 것이다.

컴퓨팅 플랫폼 설계

ARM 모바일 SoC로 이 정도의 성능을 낼 수 있던 이유는, 각 태스크마다 에너지 소비량과 성능 측면에서 가장 효율적인 컴퓨팅 장치를 적용하도록 이기종 컴퓨팅 자원을 최대한 활용해 시스템을 구성했기 때문이다. 하지만 시스템에 모든 태스크를 탑재할 수는 없다는 단점도 있다. 가령 개체 추적, 차로 변경 예측, 교차로 트래픽 예측 등의 작업은 담을 수 없었다. 또한 자율주행 시스템에서 원본 센서 데이터를 클라우드로 업로드해서 처리하고 싶었지만, 네트워크의 최대 대역폭을 모두 차지할 정도로 데이터 양이 너무 많았다.

앞서 언급한 개체 추적, 차로 변경 예측, 교차로 트래픽 예측, 데이터 업로드 같은 기능은 항상 실행되는 것이 아니다. 예를 들어 개체 추적 태스크는 개체 인식 태스크로 인해 구동되고, 트래픽 예측 태스크는 개체 추적 태스크에 의해 구동된다. 데이터 업로드 태스크 역시 항상 실행되지는 않는데, 데이터 업로드 작업은 처리량을 높이고 대역폭 사용률을 낮추기 위해 배치 방식으로 처리하는 경우가 많기 때문이다. 각 태스크를 ASIC 칩으로 설계하면 칩 영역의 상당 부분을 낭비하게 되는데, 태스크는 FPGA로 처리하는 것이 적합하다. 부분 재설정Partial-Reconfiguration 테크닉을 활용하면, FPGA 소프트 코어를 몇 ms 만에 변경할 수 있어서 실시간으로 시분할time-sharing할 수 있다고 증명된 바가 있다[6].

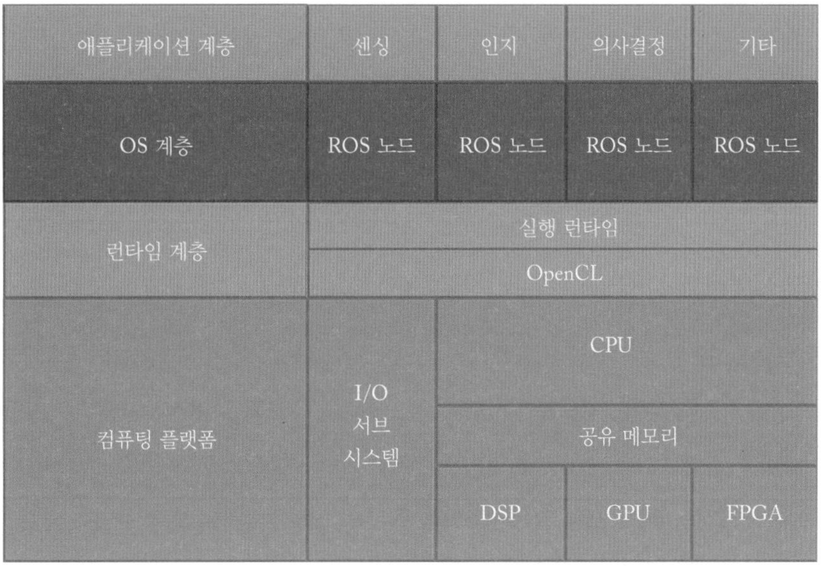

애플리케이션 계층	센싱	인지	의사결정	기타
OS 계층	ROS 노드	ROS 노드	ROS 노드	ROS 노드

| 런타임 계층 | | 실행 런타임 | | |
| | | OpenCL | | |

컴퓨팅 플랫폼	I/O 서브 시스템	CPU		
		공유 메모리		
		DSP	GPU	FPGA

그림 8.9 자율주행을 위한 컴퓨팅 스택

그림 8.9는 자율주행 시스템을 위한 컴퓨팅 스택을 보여주고 있다. 컴퓨팅 플랫폼 계층을 보면, SoC 아키텍처가 프론트엔드 센서와 상호작용하는 I/O 서브시스템, 특징 추출을 위해 이미지 스트림을 전처리하는 DSP, 개체 인식과 몇 가지 딥러닝 태스크를 수행하는 GPU, 계획 및 제어와 상호작용 태스크를 수행하는 멀티코어 CPU, 데이터 압축과 업로드, 개체 추적, 트래픽 예측 등을 위한 동적 재설정 가능하고 시분할을 지원하는 FPGA로 구성된 것을 볼 수 있다. 컴퓨팅 및 I/O 구성 요소는 공유 메모리를 통해 통신한다. 구성된 컴퓨팅 플랫폼 계층 위에 런타임 계층을 구축해 OpenCL을 기반으로 다양한 워크로드를 이기종 컴퓨팅 유닛에 할당하고 [7], 런타임 실행 엔진을 통해 다양한 태스크를 런타임에 스케줄링하도록 구성했다. 런타임 계층 위에 ROS 기반의 OS 계층을 구성했는데, ROS 노드마다 자율주행 관련 태스크를 담은 분산 시스템으로 구성된다.

8.4 참고문헌

[1] Quigley, M., Gerkey, B., Conley, K., Faust, J., Foote, T., Leibs, J., Berger, E., Wheeler, R., and Ng, A. 2009. ROS: An open-source robot operating system, *Proceedings of the Open-Source Software Workshop International Conference on Robotics and Automation.* 157

[2] Hunt, P., Konar, M., Junqueira, F. P., and Reed, B. 2010. ZooKeeper: Wait-free coordination for internet-scale systems. In *Proceedings of the Usenix Annual Technical Conference.* 160

[3] Helsley, M. 2009. LXC: Linux container tools. *IBM DevloperWorks Technical Library*, p.11. 161

[4] Liu, S., Tang, J., Zhang, Z., and Gaudiot, J. L. 2017. Computer architectures for autonomous driving. *Computer*, 50(8), pp.18–25. DOI: 10.1109/MC.2017.3001256. 162

[5] *Qualcomm Snapdragon 820 Processor*, https://www.qualcomm.com/products/snapdra-gon/processors/820. 163

[6] Liu, S., Pittman, R. N., Forin, A., and Gaudiot, J.L. 2013. Achieving energy efficiency through runtime partial reconfiguration on reconfigurable systems. *ACM Transactions on Embedded Computing Systems (TECS)*, 12(3), p. 72. DOI: 10.1145/2442116.2442122. 166

[7] Stone, J. E., Gohara, D., and Shi, G. 2010. OpenCL: A parallel programming standard for heterogeneous computing systems. *Computing in Science & Engineering*, 12(3), pp. 66–73. DOI: 10.1109/MCSE.2010.69. 166

자율주행을 위한
클라우드 플랫폼

자율주행 클라우드는 자율주행 자동차를 지원하는 데 핵심적인 서비스를 제공한다. 현재 클라우드를 통해 새로 배치한 알고리듬에 대한 분산 시뮬레이션 테스트, 오프라인 딥러닝 모델 트레이닝, HD 맵 생성 등을 비롯한 다양한 서비스가 제공된다. 서비스는 분산 컴퓨팅, 분산 스토리지, 이기종 컴퓨팅을 비롯한 다양한 인프라스트럭처의 지원이 필요하다. 9장에서는 통합 자율주행 클라우드 인프라스트럭처의 구현 방법과 여러 서비스를 지원하는 방법을 자세히 소개한다.

9.1 개요

자율주행 자동차는 모바일 시스템인 반면, 자율주행 클라우드는 분산 컴퓨팅, 분산 스토리지, 이기종 컴퓨팅을 비롯한 자율주행 자동차에 필요한 기본적인 인프라스트럭처를 제공한다[1]. 인프라스트럭처 위에 자율주행 자동차를 지원하기 위한 핵심 서비스를 구현할 수 있다. 예를 들어, 자율주행 자동차가 도심을 돌아다닐 때 초당 2GB 이상의 원본 센서 데이터가 생성된다. 따라서 방대한 양의 원본 데이터를 저장하고 처리하고, 분석하려면 효율적인 클라우드 인프라스트럭처를 구축해야 한다. 9장에서 소개하는 클라우드 인프라스트럭처를 이용하면 원본 데이터를 효율적으로 다룰 수 있기 때문에, 새로 배치한 알고리듬에 대한 분산 시뮬레이션 테스트를 수행하거나, 오프라인 딥러닝 모델을 트레이닝하거나, 지속적으로 HD 맵을 생성하는 등의 작업을 처리할 수 있다.

9.2 인프라스트럭처

클라우드를 이용한 자율주행 애플리케이션의 대표적인 예로, 새로 배치한 알고리듬의 시뮬레이션 테스트, HD 맵 생성, 오프라인 딥러닝 모델 트레이닝 등이 있다. 애플리케이션은 모두 분산 컴퓨팅이나 분산 스토리지 같은 인프라스트럭처의 지원이 필요하다. 각 애플리케이션마다 최적화된 인프라스트럭처를 직접 제작해도 되지만, 다음과 같은 여러 가지 현실적인 문제가 발생한다.

- **취약한 동적 자원 공유 기능**: 애플리케이션마다 인프라스트럭처를 따로 구축하면, 한 애플리케이션이 아이들 상태이고 다른 애플리케이션이 완전 가동 상태일 때, 아이들 상태의 인프라스트럭처를 활용할 수 없다.

- **성능 저하**: 같은 데이터를 여러 애플리케이션이 공유하는 경우가 많다. 예를 들어, 새로 생성된 맵은 드라이빙 시뮬레이션의 입력 데이터로도 사용된다. 인프라스트럭처가 통합돼 있지 않으면 데이터를 한쪽 분산 스토리지에

서 다른 쪽 분산 스토리지로 일일이 복사해야 하는데, 이로 인해 성능 부담이 높아진다.

- **관리 오버헤드**: 각각의 애플리케이션에 특화된 인프라스트럭처를 관리하기 위해 각 인프라스트럭처마다 여러 명의 엔지니어로 구성된 팀을 배치해야한다. 인프라스트럭처를 하나로 통합하면 관리 부담을 크게 줄일 수 있다.

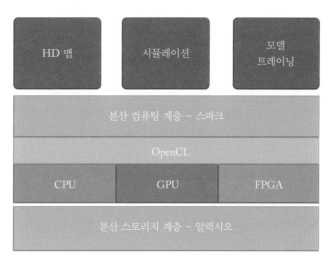

그림 9.1 자율주행을 위한 클라우드 플랫폼

　　문제를 해결하기 위해 그림 9.1과 같이 분산 컴퓨팅과 분산 스토리지 기능을 갖춘 통합 인프라스트럭처를 개발했다. 성능을 좀 더 개선하기 위해 GPU나 FPGA를 통해 다양한 커널을 가속하기 위해 이기종 컴퓨팅 계층을 구축했다. 장치를 통해 성능 및 에너지 효율을 크게 개선할 수 있었다. 분산 컴퓨팅을 위해서는 스파크Spark를 사용했고[2], 이기종 컴퓨팅 가속을 위해서는 OpenCL을 이용했으며[4], 인메모리 스토리지는 알럭시오Alluxio로 구축했다[3]. 각각의 세 가지 인프라스트럭처 컴포넌트들이 가진 장점을 서로 결합함으로써 신뢰성 있고 지연 시간이 낮으며, 처리량이 높은 자율주행 클라우드를 구축할 수 있었다.

9.2.1 분산 컴퓨팅 프레임워크

자율주행을 위한 분산 컴퓨팅 프레임워크를 구축할 당시, 충분히 검증된 하둡 맵리듀스Hadoop MapReduce 엔진과[11], 지연 시간이 낮고 처리량이 높은 인메모리 분산 컴퓨팅 프레임워크인 아파치 스파크Apache Spark[2]라는 두 가지 선택사항을 두고 고민했다.

그중에서 특히 아파치 스파크는 프로그래머에게 RDDresilient distributed dataset(탄력적 분산형 데이터 세트)라는 자료 구조를 기반으로 API를 제공한다는 장점이 있다. RRD는 장애 대응fault-tolerant을 지원하도록 클러스터 안의 여러 머신에 분산된 읽기 전용 데이터 아이템 집합multiset이다. 이는 맵리듀스 클러스터 컴퓨팅 방식이 가진 한계, 다시 말해 맵리듀스 방식의 분산 프로그램은 반드시 특정한 선형 데이터 플로우 구조를 따라야 한다는 제약을 극복하기 위해 개발된 것이다. 맵리듀스 프로그램은 디스크에서 입력 데이터를 읽고 데이터에 맵 연산을 수행하며, 그 결과를 리듀스한 뒤에 최종 결과를 디스크에 저장한다. 반면 스파크의 RRD는 분산 프로그램에 대한 워킹 세트working set[1]처럼 작동하며, 일종의 제한된 형태의 분산 공유 메모리를 제공한다. 스파크는 인메모리 RDD를 사용함으로써 연산을 반복적으로 수행하는 시간을 엄청나게 단축할 수 있다.

맵리듀스를 스파크로 전환하기 전에, 과연 스파크를 통해 원하는 만큼 성능을 향상할 수 있는지 가늠하기 위해 스파크 클러스터의 안정성reliability을 집중적으로 분석했다. 이를 위해 1,000개의 머신으로 구성된 스파크 클러스터를 배치한 후 석 달 동안 스트레스 테스트를 수행했다. 테스트 수행 과정에서 대부분 시스템의 메모리 관리에 관련된 것으로 스파크 노드가 뻗게 만드는 버그를 찾았다. 버그를 수정한 후에는 시스템이 몇 주 동안 안정적으로 실행되면서 충돌이 발생하는 사례도 극히 드물었다. 따라서 자율주행을 위한 분산 컴퓨팅 플랫폼으로 스파크가 적합하다고 판

---

1 자주 사용하는 것들을 빠르게 접근하도록 메모리에 상주시키는 공간 및 이를 이용하는 기법 – 옮긴이

단했다.

둘째로, 성능을 측정하기 위해 엄청난 양의 실전 배치(프로덕션production)용 SQL 쿼리를 맵리듀스와 스파크 클러스터에서 실행해봤다. 둘 다 동일한 컴퓨팅 자원을 가졌을 때 스파크의 성능이 맵리듀스에 비해 평균 5배 가량 높았다. 바이두에서 매일 수행하던 내부 쿼리를 맵리듀스에서 실행하면 1,000초나 걸렸지만, 스파크에서는 150초 만에 끝냈다.

9.2.2 분산 스토리지

분산 컴퓨팅 엔진을 선정했다면 분산 스토리지 엔진을 골라야 한다. 이때도 두 가지 선택사항이 있었다. 하나는 안정적이고 영속적인persistent 스토리지를 제공하는 HDFSHadoop Distributed File System(하둡 분산 파일 시스템)이고[11], 다른 하나는 클러스터 프레임워크 안에서 데이터를 메모리 수준의 속도로 안정적으로 공유할 수 있는 메모리 중심 분산 스토리지 시스템인 알럭시오Alluxio가 있었다[3].

알럭시오는 기본 저장 매체로 메모리를 사용하기 때문에, 읽기 및 쓰기 연산을 메모리 속도로 수행할 수 있다. 하지만 모든 데이터를 저장하기에는 메모리 공간이 충분하지 않다.

공간 문제는 알럭시오에서 제공하는 계층형 스토리지tiered storage 기능으로 해결할 수 있다. 알럭시오는 메모리, SSD, HDD를 비롯한 여러 계층의 스토리지를 함께 관리하는 계층형 스토리지를 제공한다. 여러 계층의 스토리지를 활용하면 메모리 공간이 부족하더라도 적절히 조정해 시스템에 더 많은 데이터를 동시에 저장할 수 있다. 알럭시오는 모든 계층 사이에 있는 블록들을 자동으로 관리해주기 때문에, 사용자와 관리자는 데이터의 위치를 일일이 관리할 필요가 없다. 계층화 스토리지의 메모리 계층은 최상위 캐시 역할, SSD는 2차 캐시 역할, HDD는 3차 캐시 역할, 마지막 단계에 있는 스토리지는 영속 스토리지 역할을 한다고 볼 수 있다.

알럭시오를 연산 노드에 설치하고, 공간 지역성을 최대한 활용하도록 알럭시오를 캐시 계층으로 설정했다. 따라서 연산 노드는 알럭시오를 통해 데이터를 읽거나 쓴다. 읽거나 쓴 데이터는 원격 스토리지 노드에 비동기식으로 저장해 영속성을 보장한다. 결과적으로 HDFS만 사용할 때에 비해 속도를 무려 30배 이상 높일 수 있었다.

9.2.3 이기종 컴퓨팅

기본적으로 스파크 분산 컴퓨팅 프레임워크는 기본 컴퓨팅 장치로 범용 CPU를 사용하는데, 워크로드의 종류에 따라 적합하지 않을 수 있다. 예를 들어, GPU는 기본 구조 자체가 엄청난 수준의 데이터 병렬 처리 기능을 제공하도록 설계됐기 때문에 이미지에 대한 컨볼루션처럼 연산량이 아주 많은 작업에 적합하다. 가령 CNN 기반 개체 인식 태스크를 GPU에서 수행했을 때와 CPU에서 수행했을 때의 성능을 비교해본 결과, GPU가 CPU에 비해 성능이 10~20배 이상 뛰어났다. 반면 FPGA는 벡터 연산에 대한 저전력 솔루션으로서, 컴퓨터 비전과 딥러닝 태스크의 핵심 처리 장치로 많이 사용한다. 이기종 컴퓨팅 장치를 활용하면 성능뿐 아니라 에너지 효율성도 크게 향상할 수 있다.

이기종 컴퓨팅 자원을 하나의 인프라스트럭처에 통합하는 과정에서 몇 가지 이슈가 발생한다. 첫째는 각각의 컴퓨팅 자원을 워크로드의 종류에 따라 동적으로 할당하는 방법이고, 둘째는 워크로드를 각 컴퓨팅 장치에 매끄럽게 할당하는 방법이다.

그림 9.2에서 보는 바와 같이, 첫 번째 이슈를 해결하기 위해 YARN(안)과 LXC[Linux Container](리눅스 컨테이너)를 이용해 잡[job] 스케줄링과 디스패치 작업을 처리했다. YARN은 분산 컴퓨팅 시스템의 자원 관리 및 스케줄링 기능을 제공하는데, 이를 통해 여러 잡이 하나의 클러스터를 효율적으로 공유할 수 있다. LXC는 OS 수준의 가상화를 제공하는 기술로써 하나의 호스트 안에서 여러 개의 리눅스 시스템을 서로 격리된 형태로 구동할 수 있다. LXC는 CPU, 메모리, 블록 I/O, 네트워크 같은 자원에 대한 격리, 제한, 우선순위 기능을 제공한다. LXC를 이용하면 여러 가상 머신

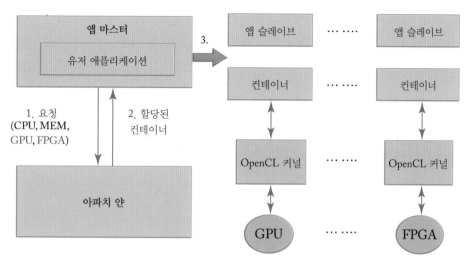

그림 9.2 분산 이기종 컴퓨팅 플랫폼

을 하나의 호스트에서 최소한의 오버헤드로 동시에 구동할 수 있다. 실험한 바에 따르면 애플리케이션을 네이티브로만 구동할 때에 비해 LXC를 사용함으로써 늘어난 CPU 오버헤드는 5%에 불과했다.

스파크 애플리케이션을 구동하면 YARN을 통해 이기종 컴퓨팅 자원을 요청한다. 그러면 YARN은 각 요청에 대해 LXC를 할당한다. 이때 스파크 워커는 여러 개의 컨테이너를 호스팅할 수 있으며, 각 컨테이너마다 CPU, GPU, FPGA 같은 컴퓨팅 자원을 따로 갖고 있을 수 있다. 컨테이너는 자원 격리 기능을 제공하기 때문에 태스크 관리뿐 아니라 자원 활용도도 극대화할 수 있다.

두 번째 이슈를 해결하려면 이기종 컴퓨팅 자원과 스파크 인프라스트럭처를 매끄럽게 연결하기 위한 메커니즘이 필요하다. 스파크는 기본적으로 JVM^{Java Virtual Machine}(자바 가상 머신)을 사용하기 때문에, 가장 먼저 워크로드를 네이티브 공간에 배치해야 한다. 스파크 프로그래밍 인터페이스는 RDD를 기반으로 구성돼 있기 때문에, 이기종 컴퓨팅 RDD를 개발해 JNI^{Java Native Interface}(자바 네이티브 인터페이스)를 통해 컴퓨팅 태스크를 매니지드 공간에서 네이티브 공간으로 디스패치하도록 만들었다.

그런 다음, 네이티브 환경에서 워크로드를 GPU나 FPGA로 디스패치하는 메커니즘을 마련했다. OpenCL을 활용했는데, 다양한 이기종 컴퓨팅 플랫폼에 대한 가용성을 제공하기 때문이었다. OpenCL 디바이스에서 실행하는 함수를 커널이라 한다. OpenCL은 호스트에 구동하는 프로그램이 이종 디바이스에서 커널을 구동하고 디바이스 메모리를 관리하기 위한 API를 별도로 정의해 제공한다.

9.3 시뮬레이션

통합 인프라스트럭처를 구축했다면 서비스를 실행할 수 있다. 먼저 새로 배치할 알고리듬에 대한 분산 시뮬레이션 테스트부터 수행한다.

새로 개발한 알고리듬은 특별히 테스트 비용이 많이 들거나 한 번 실행하는 데 걸리는 시간이 너무 길지 않다면 실제 자동차에 탑재하기 전에 엄격하게 테스트하는 것이 좋다. 저자는 시뮬레이터에서 테스트했다[5]. 테스트를 위해 데이터를 ROS를 통해 재현하도록 구성하고[6], 신속하게 검증하고 문제점도 조기에 발견할 수 있도록 구성한 시뮬레이터에 새로 개발한 알고리듬을 구동했다. 그런 다음 시뮬레이션 테스트를 모두 통과한 알고리듬만 실제 자동차에 탑재해 도로 주행 테스트를 수행했다.

새로 개발한 알고리듬을 하나의 머신에서만 테스트하면 시간이 너무 오래 걸리거나 테스트 커버리지(범위)가 매우 좁다. 문제를 해결하기 위해 스파크 인프라스트럭처를 활용해 분산 시뮬레이션 플랫폼을 구축했다. 이를 통해 새로 개발한 알고리듬을 여러 연산 노드에 배치한 뒤, 각 노드마다 다른 데이터 부분을 제공하고 이를 수행한 결과를 최종 단계에서 취합했다.

ROS와 스파크를 매끄럽게 연동하기 위해서는 두 가지 문제를 해결해야 했다. 우선 스파크는 기본적으로 구조화된 텍스트 데이터를 입력받는데, 시뮬레이션을 수행하기 위해서는 스파크가 ROS에서 저장한 멀티미디어 바이너리 데이터(여러 센서로부터 받은 원본 또는 필터링된 입력 값이나 인지 단계에서 감지한 장애물에 대한 바운딩 박스obstacle bounding boxes(경계 상자) 등)도 입력받을 수 있어야 했다. 또한 스파크를 매니지드 환경에 구동하기 위해 ROS를 네이티브 환경에 구동해야 했다.

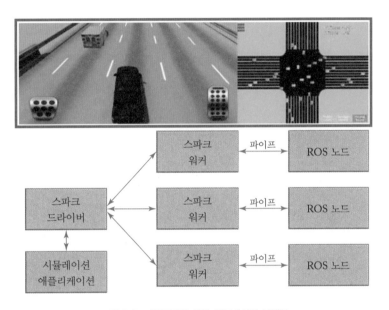

그림 9.3 자율주행을 위한 시뮬레이션 플랫폼

9.3.1 BinPipeRDD

구성한 아키텍처가 제대로 작동하기 위해 가장 먼저 스파크가 멀티미디어 데이터와 같은 바이너리 입력 스트림을 받게 해야 한다. 스파크는 원래 입력을 텍스트 포맷으로 받도록 설계됐다. 따라서 키key와 값value을 공백이나 탭tab 문자로 구분한 레코드와 캐리지 리턴CR, Carriage Return 문자로 구분한 레코드로 입력하도록 구성했다. 하지만 바이너리 데이터 스트림은 키/값 필드에 어떤 값이든 들어올 수 있기 때문에 이런 방식으로 처리할 수 없다. 문제를 해결하기 위해 BinPipeRDD를 새로 만들었다. 그림 9.4는 스파크 실행자^{executor}에서 구동하는 BinPipeRDD를 보여주고 있다. 먼저 바이너리 파일에 대한 파티션들이 인코딩과 직렬화 단계를 거쳐 바이너리 바이트 스트림을 구성하게 했다. 인코딩 단계에서 문자열^{string}(예: 파일 이름)과 정수형^{integer}(예: 바이너리 데이터 크기)을 비롯한 현재 지원하는 모든 입력 포맷을 정의한 바이트 배열 기반의 통합 포맷으로 변환(인코딩)했다. 그런 다음 직렬화 단계에서 모든 바이트 배열을 하나의 바이너리 스트림으로 합쳤다(이때 각각의 바이트 배열은 하나의 바이너리 입력 파일일 수도 있다). 바이너리 스트림을 사용자 프로그램에서 받으면 역직렬화^{de-serialize} 하고 디코딩해 바이트 스트림을 읽을 수 있는 포맷으로 변환했다. 사용자 프로그램은 원래 수행할 연산(사용자 로직)을 처리한다. 연산은 jpg 파일을 90도만큼 회전시키는 단순한 작업부터, 라이다 스캐너로부터 들어온 바이너리 센서 측정 데이터에서

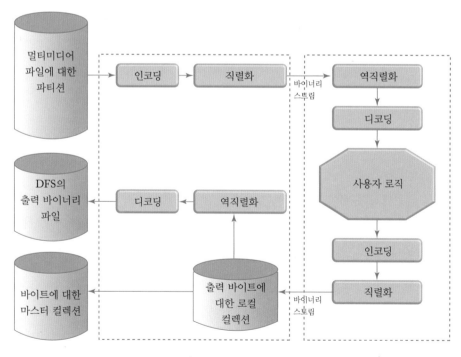

그림 9.4 BinPipeRDD 설계

보행자를 감지하는 다소 복잡한 태스크까지 다양하다. 연산을 수행해서 나온 결과는 다시 인코딩하고 직렬화해서 RDD[바이트] 파티션 형태로 전달한다. 전달된 파티션은 마지막 단계에서 수집collect 연산을 거쳐 스파크 드라이버로 리턴하거나, HDFS에 바이너리 파일로 저장한다. 처리 과정을 통해 바이너리 데이터를 사용자 정의 포맷으로 변환해서 처리하고, 이를 스파크에서 처리한 결과를 다시 바이너리 스트림으로 변환해 수집 연산을 수행하거나 애플리케이션의 로직에 따라 한 단계 더 나아가 바이트 스트림을 텍스트나 범용 바이너리 파일로 변환해 HDFS에 저장한다.

9.3.2 스파크와 ROS 연동하기

스파크에서 ROS 백bag 데이터를 입력받는 부분은 BinPipeRDD로 해결했다. 다음으로 할 일은 스파크에서 ROS 노드를 구동할 방법과 스파크와 ROS 노드가 서로 통신할 방법을 마련하는 것이다. 새로운 형태의 RDD를 설계해서 ROS 노드와 스파크를 통합하는 것도 한 가지 방법이지만, 이렇게 하면 ROS 인터페이스뿐 아니라 스파크의 인터페이스도 변경해야 한다. ROS 버전이 달라지면 유지 보수 부담이 커지기 때문에 ROS와 스파크가 각자 나름의 방식으로 독립적으로 구동하되, ROS 노드와 스파크 실행자를 서로 같은 곳에 두고 스파크와 ROS 노드가 리눅스 파이프로 통신할 수 있도록 구성했다. 리눅스 파이프pipe는 단방향 데이터 채널로서 흔히 쓰는 IPCInter-Process Communication(프로세스 간 통신) 메커니즘이다. 파이프에 쓴 데이터는 커널에 버퍼로 저장돼 있다가 파이프를 읽을 때 빠져나간다.

9.3.3 성능

지금까지 설명한 시스템을 구축하는 동안 지속적으로 성능을 평가했다. 먼저 백만 개의 이미지(전체 데이터 세트 크기 > 12TB)에 대한 기본 이미지 특징 추출 태스크를 실행해 시스템의 확장성을 테스트했다. 그림 9.5에 나온 것처럼, CPU 코어 수를 2,000개에서 10,000개로 확장하면서 실행 시간이 130초에서 32초 정도로 떨어졌다. 따라서 선형 확장성linear scalability은 굉장히 뛰어남을 확인할 수 있었다. 그런 다음 내부 재생용 시뮬레이션 테스트 세트를 실행했다. 한 노드에서 전체 데이터 세트를 실행하기까지 3시간 가량 걸렸다. 스파크 노드 수를 8개까지 늘렸더니 25분만에 시뮬레이션을 끝내면서 다시 한번 뛰어난 확장성을 확인할 수 있었다.

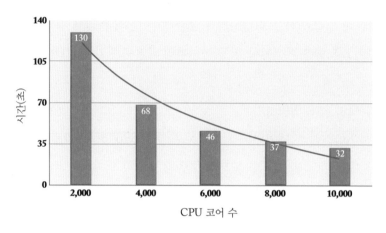

그림 9.5 시뮬레이션 플랫폼 데이터 파이프라인

9.4 모델 트레이닝

구축한 인프라스트럭처에서 지원해야 할 두 번째 애플리케이션은 오프라인 모델 트레이닝(학습)이다. 오프라인 모델 트레이닝 태스크에 대해 높은 성능을 발휘하기 위해서는 인프라스트럭처에서 GPU 가속뿐 아니라 매개변수 서버에 대한 인메모리 스토리지도 매끄럽게 연동해야 한다.

자율주행에서는 다양한 딥러닝 모델을 사용하므로 모델의 효과성과 효율성을 지속적으로 향상하기 위해 업데이트하는 기능이 반드시 필요하다. 생성된 원본 데이터의 양이 어마어마하기 때문에 하나의 서버만으로는 모델 트레이닝을 빠르게 처리할 수 없다. 문제를 해결하기 위해 스파크와 패들Paddle을 이용해 확장성이 높은 분산 딥러닝 시스템을 구축했다[10]. 스파크 드라이버에서 스파크 컨텍스트와 패들 컨텍스트를 관리하고, 각 노드마다 스파크 실행자는 패들 트레이너 인스턴스를 호스팅한다. 구성한 시스템 위에 알럭시오를 이용해 시스템에 대한 매개변수 서버를 구축했다. 이를 통해 선형 성능 확장성을 확보할 수 있었으며, 자원을 추가할수록 시스템의 확장성이 뛰어나다는 사실을 확인했다.

9.4.1 스파크를 사용하는 이유

기존에 나온 딥러닝 프레임워크들도 한결같이 분산 트레이닝 기능을 갖고 있음에도 오프라인 트레이닝을 위한 분산 컴퓨팅 프레임워크로 스파크를 사용하는지 의아할 것이다. 모델 트레이닝이 독립적인standalone 프로세스처럼 보일 수도 있지만, 실제로는 ETL이나 간단한 특징 추출 등을 비롯한 데이터 전처리 단계에 영향을 받을 수 있기 때문이다. 테스트한 경험에 따르면, 그림 9.6의 왼쪽에 나온 것처럼 각 단계를 독립 프로세스로 취급하면 HDFS 같은 하부 스토리지에 엄청난 I/O가 발생한다. 따라서 하부 스토리지에 대한 I/O로 인해 전체 프로세싱 파이프라인에 병목 현상이 발생할 가능성이 높다는 사실을 발견했다.

그림 9.6의 오른쪽처럼 스파크를 이용해 통합된 분산 컴퓨팅 프레임워크를 구축하면 중간 단계의 데이터를 RDD 형태로 메모리 버퍼에 저장할 수 있다. 따라서 프로세싱 단계들을 거칠 때마다 하부 스토리지에 대한 원격 I/O가 과도하게 발생하지 않으면서 자연스레 파이프라인을 형성할 수 있다. 파이프라인의 시작 단계에서 HDFS에 있는 원본 데이터를 읽은 다음, 이를 가공해 RDD 형태로 다음 단계로 넘겨주는 식으로 처리하다가, 최종 단계가 끝나면 그동안 처리한 데이터를 다시 HDFS에 저장한다. 결국, 시스템의 평균 처리량이 거의 두 배 가량 높아졌다.

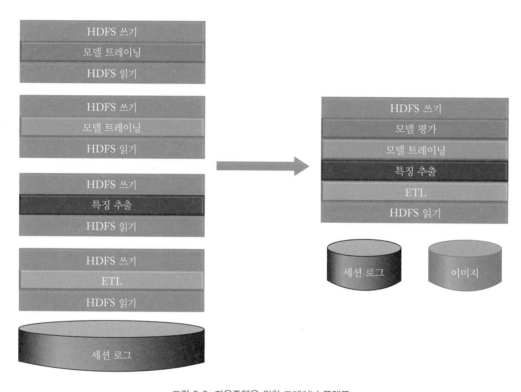

그림 9.6 자율주행을 위한 트레이닝 플랫폼

9.4.2 트레이닝 플랫폼 아키텍처

그림 9.7에 구축한 트레이닝 플랫폼의 아키텍처를 나타냈다. 먼저 스파크 드라이브를 통해 모든 스파크 노드를 관리하고, 각 노드마다 스파크 실행자와 패들 트레이너를 실행하도록 구성해 스파크 프레임워크를 통해 분산 컴퓨팅 및 자원 할당을 처리한다.

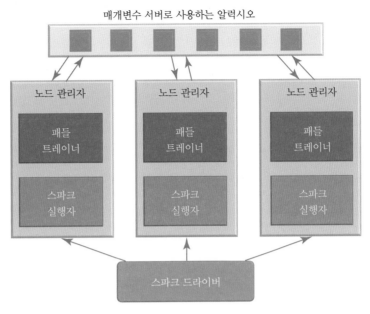

매개변수 서버로 사용하는 알럭시오

노드 관리자

패들
트레이너

스파크
실행자

노드 관리자

패들
트레이너

스파크
실행자

노드 관리자

패들
트레이너

스파크
실행자

스파크 드라이버

그림 9.7 자율주행을 위한 트레이닝 플랫폼

아키텍처를 그림 9.7과 같이 구성하면 모든 트레이닝 데이터를 샤드shard로 분할해 각 노드마다 독립적으로 원본 데이터에 대한 1개 이상의 샤드를 처리하게 함으로써 데이터 병렬성을 최대한 높일 수 있다. 노드들을 동기화할 수 있도록 트레이닝을 반복할 때마다 마지막 단계에, 각 노드에서 업데이트된 모든 매개변수를 요약해 계산한 뒤 새로운 매개변수 집합을 생성하고, 새로 나온 매개변수 집합을 모든 노드에 브로드캐스팅하여 다음번 트레이닝 작업에 적용한다.

매개변수를 효율적으로 저장하고 업데이트하는 일은 매개변수 서버가 맡는다. 매개변수를 HDFS에 저장해버리면, 앞에서 언급한 바와 같이 I/O로 인한 성능 병목 현상이 발생한다. 병목 문제를 최대한 줄이기 위해 매개변수 서버를 알럭시오로 구축했다. 9.2.2절에서 설명한 바와 같이 알럭시오는 메모리 기반 분산 스토리지로서, I/O 성능에 최적화하도록 인메모리 스토리지를 활용한다. HDFS와 비교해 알럭시오를 매개변수 서버로 활용하면 I/O 성능이 5배 이상 향상됐다.

9.4.3 이기종 컴퓨팅

다음 단계로 이기종 컴퓨팅을 통해 오프라인 모델 트레이닝의 효율성을 높일 수 있는지 살펴봤다. 첫 번째 단계로 CNN^{Convolution Neural Networks}(컨볼루션 신경망, 합성곱 신경망)을 CPU로 처리할 때보다 GPU로 처리하면 얼마나 성능을 높일 수 있는지 확인했다. 9.2.3절에서 소개한 OpenCL 인프라스트럭처에서 내부 개체 인식 모델을 사용함으로써 GPU를 사용할 때 속도가 15배가량 높아진다는 사실을 확인했다. 두 번째 단계로 이렇게 구축한 인프라스트럭처를 얼마나 확장할 수 있는지 확인했다. 내 머신은 각 노드마다 GPU 카드를 1개씩 장착했다. 그림 9.8은 이 상태에서 실험한 결과를 보여주고 있다. GPU 수가 늘어남에 따라 한 패스당 트레이닝 지연 시간은 거의 선형적으로 줄어들었다. 결과를 통해 내가 구축한 플랫폼의 확장성을 확인했다. 다시 말해, 트레이닝할 데이터가 늘어날 때마다 컴퓨팅 자원을 추가함으로써 트레이닝 시간을 단축할 수 있다고 확신할 수 있었다.

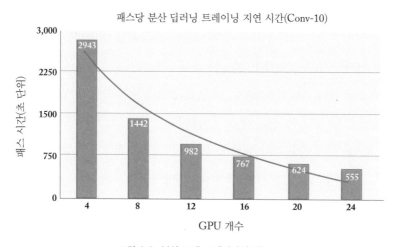

그림 9.8 분산 모델 트레이닝의 성능

9.5 HD 맵 생성

구축한 인프라스트럭처에서 지원해야 할 세 번째 애플리케이션은 HD 맵 생성으로서, 멀티스테이지multi-stage 파이프라인으로 구성된다. 스파크와 이기종 컴퓨팅을 적용함으로써 파이프라인 단계 사이의 I/O를 줄이고, 파이프라인에서 크리티컬 패스critical path(임계 경로)의 처리 속도를 높일 수 있었다.

그림 9.9에서 보는 바와 같이, 오프라인 트레이닝과 마찬가지로 HD 맵 생성 프로세스 역시 원본 데이터 읽기, 필터링, 전처리, 자세 복원 및 개선pose recovery and refinement, 포인트 클라우드 정렬, 2D 반사 맵 생성, HD 맵 레이블링, 최종 맵 출력 등의 여러 단계로 복잡하게 구성된다[7, 8]. 스파크를 통해 다양하게 구성된 단계들을 모두 하나의 스파크 잡job으로 연결할 수 있었다. 스파크의 가장 큰 장점은 인메모리 컴퓨팅 메커니즘을 제공한다는 것이다. 따라서 중간 단계의 데이터를 하드디스크에 저장할 필요가 없어서 맵 생성 프로세스의 성능을 크게 높일 수 있다.

HD 맵 생성 파이프라인

그림 9.9 자율주행을 위한 시뮬레이션 플랫폼

9.5.1 HD 맵

기존 디지털 맵과 마찬가지로 HD 맵 역시 여러 개의 정보 계층으로 구성된다. 그림 9.10과 같이, 가장 아래쪽에 있는 계층에는 원본 라이다^{LiDAR} 데이터로부터 생성된 그리드 맵이 있다. 맵의 그리드 입도^{granularity}는 대략 $5cm \times 5cm$이다. 그리드는 기본적으로 각 그리드 셀에 있는 환경의 고도와 반사 정보를 기록한다. 자율주행 자동차가 이동하면서 새로운 라이다 스캔 데이터를 수집할 때마다, 그리드 맵을 토대로 GPS와 IMU를 통해 계산한 초기 위치 예측 값과 실시간으로 비교하면서 자동차가 실시간으로 정확하게 위치를 측정할 수 있도록 도와준다.

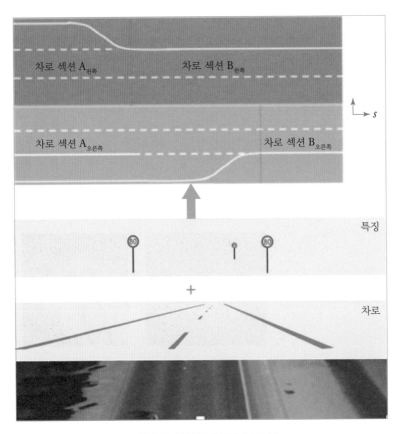

그림 9.10 분산 모델 트레이닝의 성능

그리드 계층 위에는 여러 개의 의미 정보 계층들이 있다. 예를 들어, 기준선과 차로 정보를 그리드 맵에 추가하고 각 차로마다 레이블을 단다. 자율주행 자동차가 이동할 때 정확한 차로를 달리고 있는지 확인할 수 있을 뿐만 아니라, 이웃 차로에 있는 다른 차량과 안전 거리를 확보하고 있는지 판단할 수 있다. 차로 정보 계층 위에 신호등 레이블을 추가해 자율주행 자동차에게 현재 도로의 제한 속도나 주변에 신호등이 있는지 여부 등을 알려준다. 그 정보는 자율주행 자동차에 장착된 센서가 고장 나서 신호등을 제대로 인식하지 못할 때를 보완하는 역할을 한다.

9.5.2 클라우드를 이용한 맵 생성

HD 맵 생성에서 라이다 데이터가 중요하다고 설명했지만, 라이다 데이터 말고도 다양한 센서 데이터를 사용한다. 그림 9.11에서 보는 바와 같이 실제로 HD 맵을 생성할 때는 위치 정보를 정확히 구할 수 있도록 여러 센서로부터 들어온 원본 데이터를 조합한다. 먼저 휠 오도메트리 데이터와 IMU 데이터를 통해 전파propagation를 수행하거나 일정한 시간 동안 자동차가 이동한 거리를 계산한다. 그런 다음 GPS 데이터와 라이다 데이터를 활용하여 앞서 구한 전파 결과를 보정해 오차를 최소화한다.

프로세스 관점에서 보면 맵 생성을 위한 연산은 크게 세 단계로 나눌 수 있다. 가장 먼저 SLAM$^{Simultaneous\ Localization\ And\ Mapping}$을 수행해 매번 라이다 스캔 정보가 들어올 때마다 위치를 알아낸다. 스파크 잡은 IMU 로그, 휠 오도메트리 로그, GPS 로그, 라이다 원본 데이터를 비롯한 모든 원본 데이터를 HDFS에서 불러온다. 그런 다음, 맵 생성과 포인트 클라우드 정렬을 수행한다. 이때 각각의 라이다 스캔 데이터를 하나로 엮어서 연속적인 맵을 만든다. 마지막 단계에서는 그리드 맵에 레이블과 의미 정보를 추가한다.

오프라인 트레이닝 애플리케이션과 마찬가지로, 맵을 생성하는 단계도 하나의 스파크 잡으로 연결하고 중간 단계 데이터를 메모리 버퍼에 저장해 각 단계를 별도의 잡으로 처리할 때에 비해 5배가량 속도를 높일 수 있었다. 또한 맵 생성 단계에서 가

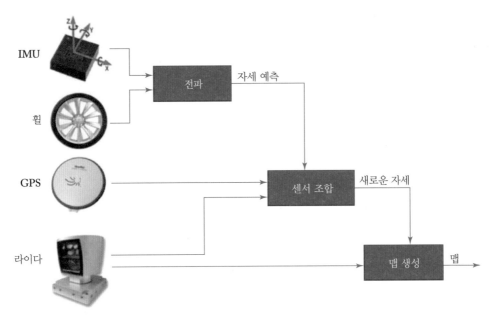

그림 9.11 클라우드를 이용한 맵 생성

장 많이 수행하는 연산은 ICP[Iterative Closest Point] 포인트 클라우드 정렬이다[12]. 이기종 인프라스트럭처로 구성해 핵심적인 ICP 연산을 GPU로 오프로딩함으로써, 이단계의 속도를 30배 가량 높일 수 있었다.

9.6 결론

자율주행 클라우드는 자율주행 기술 스택에서 핵심적인 부분이다. 9장에서는 실제로 자율주행 클라우드를 구축했던 경험을 상세하게 소개했다. 다양한 클라우드 애플리케이션을 지원하기 위해서는 인프라스트럭처에서 분산 컴퓨팅, 분산 스토리지뿐만 아니라 이기종 컴퓨팅 기능을 통한 하드웨어 가속 기능도 제공해야 한다.

각 애플리케이션마다 인프라스트럭처를 별도로 구축하면 여러 개의 인프라스트럭처를 모두 관리해야 해서 자원 활용도와 성능이 떨어지고 유지 보수 부담이 커진다. 분산 컴퓨팅은 스파크로, 분산 스토리지는 알럭시오로, 이기종 컴퓨팅 자원을 활용하는 부분은 OpenCL을 활용하는 방식으로 통합 인프라스트럭처를 구축함으로써 문제를 해결했을 뿐만 아니라 성능과 에너지 효율성도 더욱 높일 수 있었다.

통합 인프라스트럭처를 구축하면 다양한 애플리케이션을 지원할 수 있는데, 몇 가지 예를 들면 새로 배치할 알고리듬에 대한 분산 시뮬레이션 테스트, 오프라인 딥러닝 모델 트레이닝, HD 맵 생성 등이 있다. 애플리케이션을 하나씩 살펴보면서 특정한 기능을 지원하기 위해 인프라스트럭처를 어떻게 활용하는지, 성능 향상과 확장성은 어떻게 제공하는지 자세히 소개했다.

현재 자율주행 자동차를 위한 클라우드 인프라스트럭처는 초기 단계에 있다. 자율주행 기술은 현재도 활발하게 발전하고 있기 때문이다. 그럼에도 불구하고 분산 컴퓨팅, 분산 스토리지, 이기종 컴퓨팅 같은 기본적인 기능을 제공하는 통합 인프라스트럭처를 구성함으로써, 새롭게 등장하고 있는 자율주행 클라우드 애플리케이션들이 요구하는 기능을 충족할 수 있도록 빠르게 진화하는 자율주행 클라우드를 만들 수 있다.

9.7 참고문헌

[1]   Liu, S., Peng, J., and Gaudiot, J.L. 2017. Computer, drive my car! *Computer*, 50(1), pp. 8–8. DOI: 10.1109/MC.2017.2. 169

[2]   Zaharia, M., Chowdhury, M., Franklin, M.J., Shenker, S., and Stoica, I. 2010. Spark: Cluster computing with working sets. *HotCloud*, 10(10–10), p. 95. 170, 171

[3]   Li, H., Ghodsi, A., Zaharia, M., Shenker, S., and Stoica, I. 2014. Tachyon: Reliable, memory speed storage for cluster computing frameworks. In *Proceedings of the ACM Symposium on Cloud Computing* (pp. 1–15). ACM. DOI: 10.1145/2670979.2670985. 170, 171

[4]   Stone, J.E., Gohara, D., and Shi, G. 2010. OpenCL: A parallel programming standard for heterogeneous computing systems. *Computing in Science & Engineering*, 12(3), pp. 66–73. DOI: 10.1109/MCSE.2010.69. 170

[5]   Basarke, C., Berger, C., and Rumpe, B. 2007. Software & systems engineering process and tools for the development of autonomous driving intelligence. *Journal*

of *Aerospace Computing, Information, and Communication*, 4(12), pp. 1158–1174. DOI: 10.2514/1.33453. 173

[6]   Robot Operating System, http://www.ros.org/. 173

[7]   Levinson, J. and Thrun, S. 2010. Robust vehicle localization in urban environments using probabilistic maps. In *2010 IEEE International Conference on Robotics and Automation (ICRA)*, (pp. 4372–4378). IEEE. DOI: 10.1109/ROBOT.2010.5509700. 179

[8]   Schreiber, M., Knöppel, C., and Franke, U. 2013. Laneloc: Lane marking based localization using highly accurate maps. In *Intelligent Vehicles Symposium (IV), 2013 IEEE* (pp. 449–454). IEEE. DOI: 10.1109/IVS.2013.6629509. 179

[9]   Geiger, A., Lenz, P., Stiller, C., and Urtasun, R. 2013. Vision meets robotics: The KITTI dataset. *The International Journal of Robotics Research*, 32(11), pp. 1231–1237. DOI: 10.1177/0278364913491297.

[10]   Baidu PaddlePaddle: https://github.com/PaddlePaddle/Paddle. 176

[11]   White, T. 2012. *Hadoop: The Definitive Guide*. O'Reilly Media, Inc. 171

[12]   Segal, A., Haehnel, D., and Thrun, S. 2009. Generalized-ICP. In *Robotics: Science and Systems*. DOI: 10.15607/RSS.2009.V.021. 182

복잡한 교통 환경에서의
자율주행 라스트마일 배송 차량

10.1 배경과 동기

10장에서는 복잡한 교통 환경에서 동작하는 상용 자율주행 라스트마일 배송 차량의 사례 연구를 살펴본다.

소비자들은 구매한 상품이 안전하고 빠르게 배송되기를 기대하기 때문에 물류 서비스는 만족스러운 전자상거래e-commerce 경험에 필수다. 라스트마일 배송이란 지역 물류 센터에서 온라인 구매 상품을 소비자에게 배달하는 것을 말한다. 전자상거래 배달 과정의 마지막 단계인 라스트마일 배송에서 자율주행은 복잡한 교통 환경에서 동작해야 하기 때문에 매우 어려운 일이다.

자율주행 라스트마일 배송 서비스의 주요한 동기는 기존 라스트마일 배송의 근본적인 문제에 있다. 우선, 중국의 선도적 전자 상거래 회사인 JD.com과 같은 서비스 제공 업체는 증가하는 인건비가 감당하기 어려울 수 있다. 실제 운영 데이터를 기준으로 약 2만 달러의 연봉을 받는 계약직 택배 기사는 하루에 110개의 전자 상거래 소포를 배송할 수 있는데, 이는 각각의 배송료가 거의 0.5달러에 근접한다는 뜻이다. 비용은 인구 배당 효과^{demographic dividend}가 한계에 다다를 때까지 증가할 것이다. 둘째로, 택배 기사는 반복해서 소비자에게 연락하고 픽업을 기다리며 도로를 운전하면서 낭비되는 시간 때문에 다른 창의적인 일을 할 수 없다. 다행히 자율주행 기술은 이런 문제에 정확히 대응할 수 있고, 자율주행 자동차로 택배 기사를 대체하는 것을 통해 다음과 같은 이득을 얻을 수 있다.

1. 기상 상태나 시간 때문에 배송이 지연되지 않는다. 이상적인 무인 차량은 소비자의 전자 상거래 주문에 언제든지 제시간에 대응할 수 있다. 특히, 야간이나 법정 공휴일에 배송할 때에도 추가 비용이 발생하지 않는다.

2. 비슷한 요소로, 무인 차량은 언제든지 동작하도록 설계됐기 때문에 기존의 8시간 근무 체계보다 배송 업무를 처리할 때 시간적 유연성이 증가한다.

3. 인력 채용, 교육, 관리 비용이 완전히 없어진다.

4. 자율주행 자동차 시스템은 택배 기사와 다른 사람들이 공유하는 대중 교통 인프라에 대한 안전성과 효율성을 향상시킨다.

언급한 문제점들을 극복하기 위해 라스트마일 배송에 자율주행 자동차를 채용하는 것은 유망한 접근 방법이다.

10.2 복잡한 교통 환경에서의 자율주행 배송 기술

자율주행 기술은 지난 몇 년 동안 광범위하게 연구 중이다[1]. 여전히 제멋대로인 환경에서 형성된 교통 조건에서의 자율주행은 더 어려운데, 어려움의 주된 이유는 바로 보행자, 자전거, 자동차를 포함한 많은 수의 이질적 교통 참여자들이 도로를 공유하기 때문이다. 교통 참여자들은 교통 규칙을 반드시 따르지도 않는다. 북미나 유럽과 같은 대부분의 선진국과는 달리, 중국의 많은 대도시에서 예측이 어려운 환경을 흔히 볼 수 있다.

1. 중국에는 도시 인구가 많고 도시 거주민들은 단독주택보다는 아파트에 거주한다. 아파트 단지를 중심으로 인구 밀도가 높아 인구의 대부분이 교외에 있는 선진국과는 사뭇 다른 양상을 보인다. 결과적으로 아파트 주변의 구조화되지 않은 환경을 다니는 자율주행 자동차는 주차장 자동 차단기, 보행자, 자전거 탑승자와 같이 복잡한 상호작용 물체를 자주 만나게 된다(그림 10.1a).

2. 일반적인 교통 참여자에는 자전거, 전기 자전거, 도시 도로의 오토바이 등이

그림 10.1 예측이 어려운 행동의 복잡성을 반영하는 일반적인 시나리오: (a) 다양한 교통 수단이 공간을 공유하는 구조화되지 않은 주차장; (b) 여러 종류의 이륜차가 있는 도시 도로; (c) 긴 막대를 들고 다니는 사람; (d) 교통 혼잡. 선진국과 개발 도상국(예: 중국) 사이의 교통 조건 차이를 보여준다.

있다. 교통 참여자들은 각각 고유 운동 특성이 있다(그림 10.1b). 도시 거주민들이 그들의 차량을 평범하지 않거나 안전하지 않고, 심지어 불법적인 방법으로 사용한다면 상황은 더욱 악화될 것이다(예: 그림 10.1c와 같이 긴 물체를 들고 자전거를 타는 남자는 인구 밀집 지역에서 볼 수 있는 흔한 장면이다).

3. 그림 10.1d와 같이 대도시에서는 차량 소유권이 급격하게 늘어나 교통 체증이 빈번하게 발생한다.고 있다.

제멋대로인 환경에서의 교통 조건(예: 중국)은 선진국에 비해 훨씬 복잡해 기존 자율주행 기술은 혼란스러운 환경에 직접 적용하기 어렵다. 따라서 자율주행 기술을 좀 더 개선하고, 적용 시나리오와 예산에 맞게 조절해야 한다.

자율주행 자동차를 개발하고 유지할 때 '안전'은 최우선으로 둬야 한다. 승객을 태우는 자율주행 자동차와 비교했을 때, 배송 차량에는 독특한 안전성 요건이 있다. 배송 차량은 교통법을 준수함과 동시에 도로 교통이 정상적이고 안전하게 유지될 수 있도록 해야 한다. 이렇게 할 수 없다면, 자율주행 배송 차량은 특히 사람이 탑승하는 차량과 같은 다른 차량에 장애물이 되거나 위험을 초래해서는 안 된다. 배송 차량은 대안적 선택으로 스스로를 희생해야 할 수도 있다. 자율 배송 차량에 대한 특별 안전성 요건을 살펴봤는데, 안전성 요건의 설계는 10.3절에서 알아본다.

10.3 JD.COM: 자율주행 솔루션

가장 큰 전자상거래 업체 중 하나인 JD.com은 주로 배송료를 줄이기 위해 라스트마일 배송에 쓰이는 자율주행 자동차를 개발했다. 자율주행 자동차를 사용한다면 전자상거래 소포의 배송료는 개당 22.45%가 절감된다. 자율주행 자동차가 하루에 각각 60개의 전자상거래 소포를 배송한다고 가정할 때 이런 계산을 도출할 수 있다. JD.com의 전체 전자상거래 주문 중 10%를 자율주행 자동차로 배송할 경우, 적어도 매년 1억 1000만 달러의 비용 절감 효과가 발생할 것이다. 좀 더 일반적으로 말하자면, JD.com이 전체 시장에서 자율주행 기술을 이용해 전자상거래 소포 배송의 5%를 처리한다면 무려 연간 76억 4천만 달러의 비용이 절감된다는 것이다. 유망 이익과 합리적 수익 모델은 라스트마일 배송을 위한 자율주행 자동차를 연구 개발하는 동기가 됐다.

10.3.1 자율주행 아키텍처

자율주행 시스템이 동작하기 위해서는 그림 10.2와 같이 20개 이상의 모듈이 동시에 협력적으로 작동해야 한다.

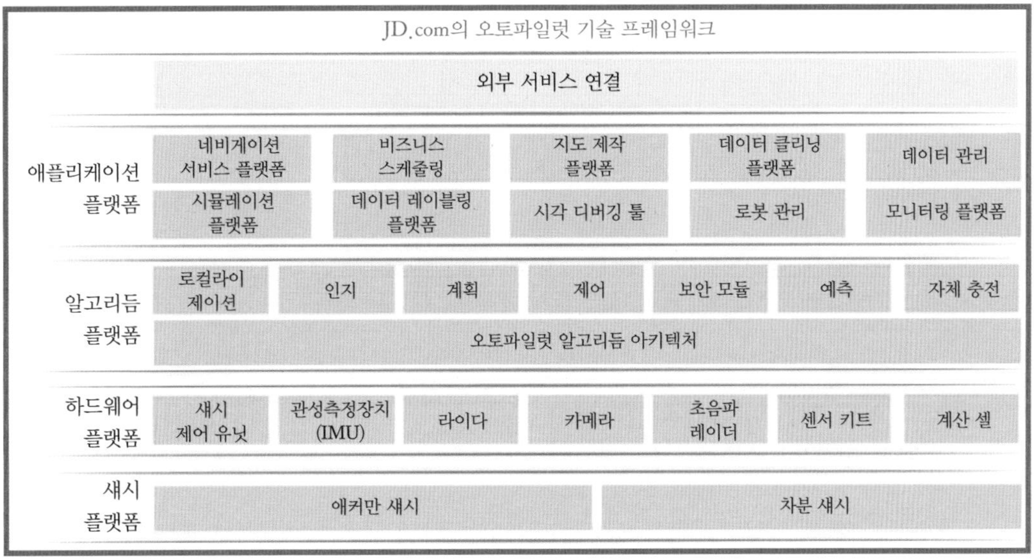

그림 10.2 자율주행 시스템의 아키텍처

그림 10.2의 각 모듈은 온라인 모듈 혹은 오프라인 모듈이다. 온라인 모듈은 자율주행 자동차가 도로를 주행할 때 동작하는 반면[2], 오프라인 모듈은 주로 오프라인 특징 추출, 학습, 구성, 시뮬레이션, 테스트 및 평가를 목적으로 동작한다[3].

라스트마일 배송 전략에서 우선 자율주행 자동차에 배송 주소를 할당한다. 그 다음 네비게이션 서비스 플랫폼을 통해 차량의 현재 위치 및 목적지까지의 경로가 결정된다. 이윽고 차량은 움직이기 시작한다. 목적지를 향해 이동하는 과정에서 자율주행 자동차는 안전하고 원활하며 효율적이고 예측 가능한 이동을 보장하기 위해 알고리듬 플랫폼에서 로컬라이제이션, 지역 인지, 지역 예측, 지역 결정, 지역 계획, 제어 등을 실행한다.

하드웨어 플랫폼은 앞서 언급한 요소들이 동작할 수 있도록 지원하는 플랫폼이다. 하드웨어 플랫폼은 구체적인 장치뿐 아니라 장치 사이를 연결하고 관리한다. 오프라인 모듈은 앞서 언급한 온라인 모듈을 준비한다. 예를 들어, 지도 제작 플랫폼은 HD 맵의 생성을 담당하고 시뮬레이션 플랫폼과 시각 디버깅 툴은 개발자의 디버깅을 돕는다. 10장의 나머지 부분은 자율주행 기술 스택에 강조된 모듈을 소개한다.

10.3.2 로컬라이제이션과 HD 맵

로컬라이제이션은 차량의 현재 위치를 파악하는 역할을 한다. 개발한 자율주행 솔루션에는 대략 다섯 가지의 정보를 이용해 로컬라이제이션을 수행한다. 첫 번째는 GPS 신호로, HD 맵 요청의 활성화를 위한 시동 신호로써 한 번만 사용된다. HD 맵은 나중에 사용된다.

나머지 4개의 로컬라이제이션 하위 모듈에는 다중 회선 라이다, 카메라, 섀시 기반 오도메트리, 관성 측정 장치IMU, Inertial Measurement Unit 정보에 기반한 로컬라이제이션 알고리듬이 포함된다. 다중 회선 라이다 알고리듬을 사용할 때, 점군을 생성하고 요청된 HD 맵의 사전 저장 지점과 매칭시킨다. 매칭에는 라이다 점군이 지면 및 지면이 아닌 점군으로 사전 분리되는 일반화 반복 근접 포인트ICP, Iterative Closest Point 기법[4]을 사용하며, 온라인으로 구현된다.

근접한 다중 회선 라이다, 카메라 및 섀시 데이터에서 차분 데이는 이동 즉, 오도메트리를 나타낸다. 오도메트리 융합으로 알려진 독립적 오토메트리 정보를 합성하는 방법을 사용하면 신뢰할 수 있는 오도메트리 결과를 도출할 수 있다. 오도메트리 융합 결과를 IMU 출력과 합성할 때, 융합 결과는 칼만 필터 프레임워크에서 ICP 기법을 교정하는 데 활용된다[5]. 또한 ICP 기법은 융합 결과를 교정해 IMU 출력과 융합 결과를 참 값에 가깝게 만들 수 있다. 아키텍처는 그림 10.3에 나타나 있다.

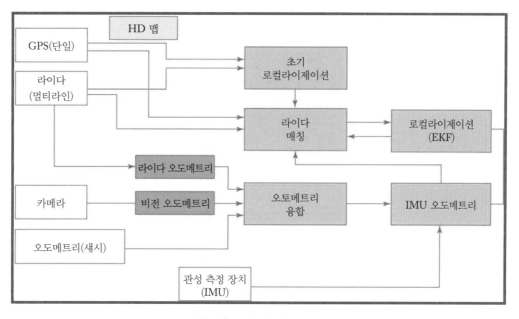

그림 10.3 로컬라이제이션 아키텍처

개발한 HD 맵은 도로의 자세한 특성을 포함하며, 16개의 레이어로 환경의 정적/동적 정보를 표현한다. HD 맵은 기하 지도, 의미 지도, 실시간 지도를 포함한 여러 개의 하위 지도로 구성돼 있다. 승객을 태우는 자율주행 자동차와 자율 배송 차량은 각 차선과 도로의 위치, 폭, 유형, 곡률 및 경계와 횡단보도, 교통 신호, 과속 방지턱 등과 같은 의미적 특징을 가진 교차로와 같은 몇 가지 요소를 공유한다. 한편, 중국의 자율 배송 차량에 특화된 도로 요소 또한 존재한다. 예를 들어, 기둥의 상세한 표현(대형 차량의 접근을 막기 위해 자전거 전용도로 입구에 배치), 깨끗한 구역(차량이 일시적으로도 정차할 수 없는 제한 영역), 관문(배급소에 출입하거나 주거 커뮤니티에 출입할 수 있는 출입문), 교통섬(보행자나 자전거 탑승자가 다음 청신호를 기다릴 수 있는 교차로 내의 영역)과 같은 요소들은 HD 맵에 중요하다. 다른 HD 맵에 일반적으로 존재하는 차선과 도로 외에도, 큰 교차로에서 더 나은 차선 연결을 위해 차선과 도로 사이의 중간 레벨로서 '차선 그룹' 요소를 추가했다.

배송 차량은 자율주행 자동차에 사용되는 것과 같은 센서로 GPS 신호가 약한 도시의 모든 구역에서도 비용 효율적으로 HD 맵을 구성해야 한다. 중국 도시 영역의 도로는 다른 곳보다 자주 바뀌기 때문에 HD 맵 또한 자주 갱신돼야 한다. 이를 위해서는 현대적인 센서 융합과 SLAM 기술을 기반으로 차분 GPS나 고가의 IMU에 의존하지 않는 HD 맵을 구축하고 유지하는 기술팀을 설립해야 한다. 인지팀이 개발한 기계학습 기법은 정적인 차량과 신호등의 탐지 과정에 포함돼 지도 구축의 효율성을 향상시킨다.

10.3.3 인지

인지 모듈의 역할은 환경에서 장애물의 역학 관계를 인식하고 추적하는 것이다. 인지 모듈은 복잡한 교통 환경에서 동작하는 전체 자율주행 시스템에 중요한 역할을 한다. 일반적인 하드웨어 설정은 그림 10.4와 같이 다중 소스 솔루션을 사용한다. 자율주행 자동차에는 1빔 라이다 1대, 16빔 라이다 1대, 모노 카메라 4대로 주변 개체를 탐지한다. 고해상도 HDR 카메라는 신호등 탐지를 위해 사용된다. 초음파 수용기는 가까이에 있는 다른 개체나 도로 요소와의 충돌을 방지하기 위해 사용된다.

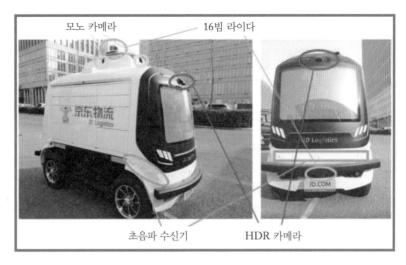

모노 카메라   16빔 라이다

초음파 수신기   HDR 카메라

그림 10.4 센서 하드웨어 설정

개체 탐지에는 그림 10.5와 같이 세 가지 기법이 독립적으로 사용되며, 탐지 결과를 융합한다. 구체적으로 말하자면, 첫 두 탐지기는 각각 기계학습과 기하 기반 기법으로 점군 데이터를 처리한다. 세 번째 탐지기는 기계학습 기반 기법을 사용해 시각 데이터를 처리한다.

실무 경험으로부터 개체 탐지에 쓰이는 첫 번째 방법이 일반적인 교통 관련 개체 분류에는 뛰어나지만 보행자의 분류 성능이 부족하다는 것을 관측했다. 이는 학습 기반 방법의 단점인데, 보행자의 특징이 교통 표지판에 비해 탐지하기 어렵기 때문이다. 반대로 두 번째 방법은 (보행자와 같이) 일반적인 형태의 인식에는 안정적인 성능을 보인다. 세 번째 방법은 특징의 분류를 위해 색, 음영, 텍스처에 집중하기 때문에 부분적으로 관측된 개체의 인식에 특히 적합하다. 세 개의 탐지기는 포괄적이고 신뢰할 수 있는 개체 인식 결과를 얻기 위해 서로 보완된다.

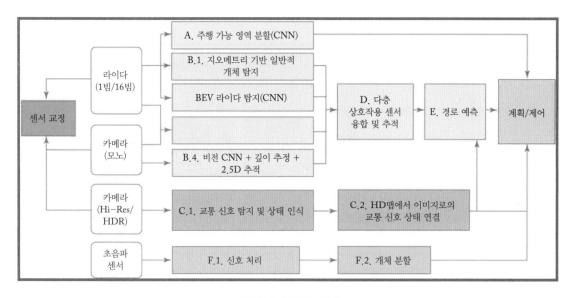

10.1절에서 설명했듯이, 도로의 많은 교통 요소가 자율주행 자동차에 영향을 미친다. 그림 10.1c의 시나리오와 같이 자율주행 자동차가 불법 교통 상황에 처음 직면했을 때를 예로 들어보자. 전기 자전거와 긴 막대 사이의 관계를 정확히 인식할 정도로 알고리듬이 충분한 데이터를 접하지 않았기 때문에 자율주행 자동차는 도로에 갇혀 시나리오를 처리하지 못할 수 있다. 이런 경우가 관측됐다면 원격 모니터링 담당자가 예방 차원에서 차량을 장악할 수 있다. 차후에 개체를 새로 설정한 범주에 분류하고, 첫 번째 탐지기와 세 번째 탐지기가 범주를 학습하기 위해 기존 데이터 중일부가 범주에 손수 배치된다. 지도 학습 기반의 계산은 신뢰할 수 있는 인식 성능을 성취하기 위한 유일한 방법이라고 볼 수 있다. 추가적으로 교통 신호등이나 바로앞 차량의 상태와 같이 관심 있어도 관찰할 수 없는 주변 교통을 체계적으로 추정하기 위한 추론 접근 방식을 개발했다.

10.3.4 예측, 결정, 계획

예측, 결정, 계획 모듈은 자율주행 자동차가 복잡한 교통 조건을 안전하게 통과할 수 있도록 하기 위해 중요한 모듈이다. 예측은 추적중인 이동 장애물이 앞으로 움직일 궤적을 근사하는 것을 말한다. 예측은 두 개의 협력 레이어에서 이루어진다. 구체적으로, 첫 번째 레이어에서는 HD 맵의 경로 정보와 차선 정보를 활용해 정밀하게 추적한 차량의 행동을 예측한다. 현재 도로의 과거 데이터를 기반으로 추적한 개체가 교통 규칙을 얼마나 잘 준수할지를 가정한다.

첫 번째 레이어는 일반적으로 정상적인 차량regulated vehicle을 취급하기에 적합하다. 두 번째 레이어는 기계학습 기반 기법과 추론 기법을 활용해 정상적이지 않은 개체의 행동을 예측한다. 두 레이어의 복합적인 동작을 통해 차량이 관찰하고 있는 개체가 움직이는 궤적을 구할 수 있다. 예측 레이어에서 구한 궤적에는 예측 신뢰도를 측정하기 위한 분산 정보가 포함된다.

결정과 계획은 차량의 지역 주행 기동을 직접 유도하는 데 중요한 역할을 한다. 혼란스러운 환경에서 복잡한 시나리오를 처리할 때, 결정 모듈은 거칠지만 믿을 수 있는 동위homotopic 궤적을 탐색해야 하고, 계획 모듈은 빠른 속도로 동작해야 한다. 결정 모듈에서는 샘플 검색sample-and-search 기반 기법을 사용한다. 좀 더 자세히 말하자면, 그래프의 샘플링 노드를 검색하는 과정에서 동적 프로그래밍 알고리듬이 사용되고, 비용 함수는 인지 및 예측 모듈의 불확실성(앞서 언급한 신뢰도 기반 정량화)을 고려한다. 이를 통해 강인하고 안전하게 궤적을 결정할 수 있다.

결정 모듈에서 나온 거친 궤적은 자연스럽게 양보할 것인지, 장애물을 피해갈 것인지를 결정한다. 거친 궤적을 통해 솔루션 공간을 거친 궤적 주변의 작은 영역으로 줄일 수 있고, 전역 계획에서의 시간 낭비를 줄일 수 있다. 구체적으로 말하면 궤적 계획은 결정 생성, 경로 계획, 속도 계획을 포함한 여러 단계로 분할된다. 분할을 통해 근본적인 어려움은 대부분 완화된다. 결정 생성 단계에서 차량과 주변 개체 사이의 상호작용은 경로–시간 좌표계의 '경로'에서 결정된다. 실현 한도는 본질적으로 결정 단계의 거친 궤적으로부터 결정되는 터널을 형성한다.

일반적인 *x-y* 좌표계 형식으로 경로 최적화 문제를 살펴본다. 프레네 좌표계 *l-s* (그림 10.6a)를 사용하는 경로 최적화 문제 또는 궤적−시간 좌표계 *s-t*(그림 10.6b)를 사용하는 속도 최적화 문제로 변환할 수 있다. 즉, 문제 지평선이 *x*축을 따라 X에 고정됐다고 가정하면, 0부터 X까지의 N + 1 등거리 지점에 대해 *x*축과 교차하는 N개의 직선을 정의할 수 있다. 관찰을 이용하면 경로와 속도 계획 체계는 각각 선을 따라 그리드 N의 위치를 찾는 것으로 변환되고, 그리드를 순차적으로 연결하는 것을 통해 s-l 경로 프로파일이나 s-t 속도 프로파일을 형성할 수 있다. 각 그리드의 위치를 $y_i(i = 1, \cdots, N)$로 정의할 때 y_i의 미분, 2차 미분, 3차 미분은 다음과 같다.

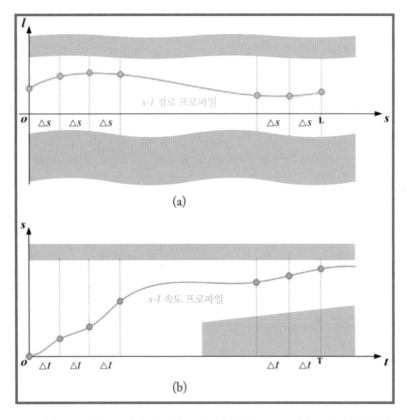

그림 10.6 이차 프로그래밍 모델 수식 개요: (a) *s-l* 좌표계에서의 경로 계획 (b) *s-t* 좌표계에서의 속도 계획

$$y_i' \equiv dy_i/dx$$

$$y_i'' \equiv dy_i'/dx \tag{1}$$

$$y_i''' \equiv dy_i''/dx$$

각 항의 크기가 일정 범위 안에 있도록 다음과 같이 제한했다. 항 y_i', y_i'', y_i'''는 모두 최적화 대상이 될 수 있음을 유의해야 한다. 크기를 제한하는 것을 통해 차량의 위험한 회전이나 급작스러운 돌진을 방지할 수 있다.

$$|y_i'| \le y_{max}'$$

$$|y_i''| \le y_{max}'' \tag{2}$$

$$|y_i'''| \le y_{max}'''$$

수식 (2)에서 y_{max}', y_{max}'', y_{max}'''는 연관 프로파일의 범위를 의미한다.

두 점의 범위는 $x = 0$과 $x = X$ 사이로 제한된다. 예를 들어, 속도 최적화에서 $y_1(0)$의 미분과 이차 미분은 $t = 0$에서의 초기 경로 위치, 초기 속도, 초기 가속도로 정의된다. $x = X$일 때, 경로 최적화에서 $y_N(X)$와 $y_N(X)$의 미분 및 이차 미분을 0으로 정의하거나 속도 최적화에서 $yN(X)$의 이차 미분과 삼차 미분을 0으로 정의한다.

차량은 터널의 장벽과 충돌해서는 안 된다. 따라서 구성 공간은 기본적인 충돌 회피 제약 조건에서 형성된다. 경로 최적화에서, 충돌 회피 제약 조건은 계산을 단순화하기 위해 사각형의 차량을 감싸는 두 개의 원으로 수식화된다[8]. 두 원은 터널의 장벽과 충돌하지 않도록 해야 하는 반면, 차량은 경로-시간 그래프의 s-t 영역과 충돌하지 않도록 해야 한다. 앞서 언급한 제약 조건 외에도 궤적은 매끄러워야 하고 최적화 결과는 거친 궤적과 가능한 비슷해야 한다. 결과를 고려해야 할 또 다른 최적화 개체나 결정과 관련된 제약 조건이 남아 있다. 요소들은 다음과 같은 최소화 목표에 반영된다.

$$J = \sum_k \sum_i \sum_{j=0,1,2,3} w_{k,i,j} \cdot (y_i^{(j)} - ref_{k,i,j})^2 \tag{3}$$

수식 (3)에서 $k \in \{1, ..., N_{ref}\}$는 참조 프로파일의 인덱스를 나타낸다. 최적화 성능에 동시에 영향을 미치는 Nref개의 참조 프로파일이 있다고 가정하자. $i \in \{1, ..., N\}$는 그리드의 인덱스를 나타낸다. $w_{k,i,j} \geq 0 (j = 0, ..., 3)$는 i번째 그리드를 k번째 참조 프로파일에 조금 더 가깝게 만들기 위한 가중 파라미터를 의미한다. y_i의 미분에 대한 j번째 항과 $ref_{k,i,j}(j = 0, ..., 3)$은 연관 참조 프로파일을 나타낸다. 각 그리드에서 여러 개의 $ref_{k,i,j}$가 존재하는 이유를 알아보기 위해 N번째 그리드 n에서의 속도 계획을 예로 들어보자. 터미널 모먼트($y'_N(N)$)에서 s'를 지정하는 방법은 누구도 미리 알 수 없다. 따라서 가중 합의 형태로 다양한 가능성들이 통합되는 것이다.

최적화 목표와 관련된 제약 조건을 사용해 이차 비용 함수와 선형 제약 조건을 갖는 이차 프로그래밍Quadratic Programming, QP 문제를 수식화할 수 있다.

> *Minimize* (3),
> *Subjected to*
>> Dynamic constraints (1),
>> Magnitude constraints (2),
>> Two-point boundary conditions, and
>> Collision-avoidance constraints. $\tag{4}$

명목상의 결정 변수는 $|y_i'''$가 돼야 하고, 경로 계획 문제의 자유도는 (대략) N이어야 한다. 그럼에도 불구하고 수식 (4)에서는 더 높은 수치 최적화 속도를 성취하기 위해 결정 변수를 y, y', y'', y'''로 뒀다(이렇게 두는 이유는 참고문헌 [7]의 동시 전략 분석을 통해 찾을 수 있다). QP 문제는 지역 최적화를 통해 수치적으로 해결된다. 앞서 언급한 QP 문제를 99퍼센트 해결하기 위해 소모되는 시간은 10밀리초 이내이므로, 온라인 계획에서 급작스러운 사건의 발생 혹은 복잡한 도로 시나리오에서 혼합된 개체에 대응하기에 충분하다.

10.4 안전과 보안 전략

자율주행 자동차의 설계에서 안전은 가장 중요한 요소다. 안전 보장은 시뮬레이션 단계, 차량 부분 모니터링vehicle-end monitoring 및 원격 모니터링을 포함한 여러 레이어를 통해 확립된다. 자율주행 기술 스택에서 강조한 안전 전략을 소개한다.

10.4.1 시뮬레이션 단계 검증

사용되는 모든 코드는 수많은 벤치마크 시험을 통과해야 한다. 각 테스트에서는 입력 원시 데이터를 읽어 들여 가상 현실 테스트를 '장식'하고, 신중하게 정의한 기준을 바탕으로 시뮬레이터의 가상 출력을 통해 자율주행 자동차의 성능을 측정한다. 시뮬레이션 시험 사례를 만들 때 현실의 데이터 기록을 이용해 수만 개의 가상 시나리오를 구축한다. 코드의 성능을 평가하기 위해서는 가상 환경이지만 현실적인 시나리오에 대해서 시험해야 한다. 시뮬레이션 시험을 통과할 수 있는 코드는 차량 시스템 부분에서 추가로 시험한 다음, 시험 과정에서 새롭게 나타난 문제를 기록한 뒤 향후의 코드 검사를 위한 가상 시나리오로 표시한다. 피드백 접근 방식을 통해 개발 안전성이 빠르게 향상된다.

10.4.2 차량 부분 모니터링

긴급 상황이 발생하거나 거의 발생하기 직전인 상황을 모니터링하는 차량 부분 저레벨 보호 모듈을 구현했다. 보호 모듈은 주로 제어 시스템의 상태를 모니터링하고 시스템 내부 및 외부에서 발생하는 내부/외부 예외 처리를 담당한다. 하드웨어에서 발생할 수 있는 갑작스러운 고장을 해결하기 위해 자율주행 자동차에는 고장 탐지 모니터링에 관련된 중복 유닛이 장착된다. (낮은 온도로 인한 시각 센서의 고장과 같은 상황에서) 중복 유닛마저 고장난다면 보호 모듈이 대신 미리 정의한 고장 복구 규칙에 따라 움직인다. 외부 환경으로부터의 문제와 관련해, 장애물이 차량에 지나치게 가까이 있거나 빠른 속도로 차량에 접근한다면 자율주행 자동차는 충돌 위험을 줄이기 위한 조치를 취할 것이다.

10.4.3 원격 모니터링

배송 차량의 운행상의 안전을 보장하기 위해 원격 모니터링 플랫폼을 개발했다. 차량의 운전 행동은 실시간으로 모니터링된다. 원격으로 모니터링하는 엔지니어는 차량의 제어권을 회수해 비정상적인 상황에서 벗어날 수 있도록 할 수 있다. 원격 모니터링 엔지니어가 원격 플랫폼이 경고 신호를 생성해 경찰에 상황을 알릴 수 있다.

10.5 생산 전개

대규모 생산을 하는 과정에서, 전체적인 기술적 어려움을 네 단계로 나누는 진보적인 전략을 수립했다. 첫 번째 단계는 수동 감시를 통한 저속 자율주행에 관한 것이다. 감시는 사람의 보조 하에 차량이 예측대로 동작하도록 하는 안전 조치를 추가하는 것을 의미하며, 잠재적인 위험이 발생할 때마다 운전 모드를 수동 운전으로 전환할 수 있다. 두 번째 단계는 수동 감시 없이 저속 자율주행을 하는 것이다. 세 번째 단계와 네 번째 단계는 각각 수동 감시의 유무에 따라 고속 자율주행을 하는 것이다. 네 단계 사이에 큰 차이가 없는 것을 쉽게 확인할 수 있을 것이다. 차량의 주행 속도는 환경에 맞춰 빨라진다. 기술 개발이 성공적이라면 차량의 속도가 상대적으로 빨라질 수 있으며, 반대로 느려질 수도 있다.

앞서 언급한 진보적인 기술 로드맵 외에도, 수익을 창출하기 위한 여정 또한 진보적으로 설계된다. 기술이 온로드 시험 운영에는 적합하지 않다면, 많은 로봇 애플리케이션에서 사용할 수 있는 저수준 섀시를 개발하는 데 초점을 맞춘다. 아이디어는 세 가지 이유로 효과적이다. 첫째, 실내 저수준 자율주행 기술은 물류 창고에 원활히 사용될 수 있어 전체 물류 체인의 자율성을 향상시킬 수 있다. 둘째, 자율주행 기술이 완벽히 개발되기 전에 로봇 기술의 상용화와 수익성이 달성될 것이다. 셋째,

자율주행 기술이 충분하지 않더라도, 개발자는 제품을 개발하는 방법을 숙지해 터미널 목표(생산)으로부터 멀어지지 않을 수 있다.

물류 비즈니스와 관련해서도 자율주행 라스트마일 배송의 효율성을 극대화시키기 위한 노력이 진행되고 있다. 전자상거래 플랫폼, 창고, 유통 센터 등에서의 일정 관리를 통해 시간 효율적인 배송을 성취하고자 한다. 앞서 언급한 세 가지 측면을 동시에 협력적으로 개선해 우수한 배송 서비스를 제공할 수 있을 것이다. 지금까지 중국의 여러 지방에서 300대 이상의 자율주행 자동차를 시범 운영했으며, 누적 주행 거리는 1,151,999km에 달한다.

10.6 교훈

자율주행 자동차 시스템을 개발하는 과정에서 배운 교훈이 있다. 첫 번째는 설명하기 쉬운 알고리듬을 통해 알고리듬 성능의 추정 및 예측이 쉬워 도로를 공유하는 다른 사용자가 수용할 수 있도록 해야 한다는 것이다. 딥러닝 기반 엔드 투 엔드 솔루션이 현 단계에서는 실용적이지 않지만, 기계학습 기반 방법이 명확하게 정의한 범위의 하위 모듈에서 광범위하게 사용된다는 것을 발견했다. 두 번째로, 라스트마일 배송 차량의 경로는 대부분 고정돼 있기 때문에 경로에 따른 세부 정보를 기록하기 위해 HD 맵에 크게 의존하게 된다는 것이다. 세 번째 교훈은 실제 도로 시험 과정에서 제어권 회수에 대한 높은 마일 지수를 추구하는 것은 개발자들이 문제나 위험을 발견하고 정복하기보다는 숨기도록 할 수 있다는 것이다. 위험을 정확하게 인지하고 매뉴얼 제어권 인수를 요청하는 것은 의미있는 일로, 전체 안전 보장 시스템에서 매우 중요한 부분이다. 네 번째 교훈은 사람과 자동화 기계에 적합한 일을 명확히 구분하는 것이 타당하다는 것이다. 오랜 시간의 시험 운영을 통해 차량이 복잡하지만 반복적으로 나타나는 시나리오를 처리하는 것이 실현 가능하고, 감시 요원이 필요할 때 차량의 제어권을 회수할 수 있다는 것을 알게 됐다. 또한 사람은 자율주행으로 인해 쓸모 없어지는 것이 아니고, 자율주행 자동차에 대한 자율주행 시스템 유지에 관련된 혁신적인 작업을 할 수 있다.

10.7 참고문헌

[1] Liu, S., Li, L., Tang, J., Wu, S., and Gaudiot, J.L. 2017. Creating autonomous vehicle systems. *Synthesis Lectures on Computer Science*, 6(1), pp. i–186. DOI: 10.2200/S00787ED-1V01Y201707CSL009. 190

[2] Liu, S., Tang, J., Zhang, Z., and Gaudiot, J.L. 2017. Computer architectures for autonomous driving. *Computer*, 50(8), pp.18–25. DOI: 10.1109/MC.2017.3001256. 192

[3] Liu, S., Tang, J., Wang, C., Wang, Q., and Gaudiot, J.L. 2017. A unified cloud platform for autonomous driving. *Computer*, 50(12), pp.42–49. DOI: 10.1109/MC.2017.4451224. 192

[4] Segal, A., Haehnel, D., and Thrun, S. 2009. Generalized-icp, in *Robotics: Science and Systems (RSS)*, 2009. DOI: 10.15607/RSS.2009.V.021. 193

[5] Li, W. and Leung, H. (2003, October). Constrained unscented Kalman filter based fusion of GPS/INS/digital map for vehicle localization. In *Proceedings of the 2003 IEEE International Conference on Intelligent Transportation Systems*, (2) pp. 1362–1367. IEEE. 193

[6] Ma, W. C., Tartavull, I., Bârsan, I. A., Wang, S., Bai, M., Mattyus, G., Homayounfar, N., Lakshmikanth, S. K., Pokrovsky, A., and Urtasun, R. (2019). Exploiting sparse semantic HD maps for self-driving vehicle localization. arXiv preprint arXiv:1908.03274. DOI: 10.1109/IROS40897.2019.8968122.

[7] Li, B. and Shao, Z. (2015). A unified motion planning method for parking an autonomous vehicle in the presence of irregularly placed obstacles. *Knowledge-Based Systems*, 86, 11–20. DOI: 10.1016/j.knosys.2015.04.016. 199

[8] Fan, H., Zhu, F., Liu, C., Zhang, L., Zhuang, L., Li, D., Zhu, W., Hu, J., Li, H., and Kong, Q. 2018. Baidu apollo em motion planner, arXiv preprint arXiv: 1807.08048. 198

퍼셉트인 자율주행 자동차

11.1 서론

11장에서는 마이크로트랜짓microtransit 서비스를 위해 가격을 합리적으로 맞춘 퍼셉트인PerceptIn의 저렴한 자율주행 자동차에 대한 사례 연구를 알아본다. 수십만 달러에 달하는 다른 L4 자율주행 자동차와 달리, 퍼셉트인은 보다 실용적이고 경제적인 접근 방법에서 시작한다. 작고 느리며, 1~5마일(1~8km) 거리를 주행하는 마이크로트랜짓 시나리오를 목표로 한다[1, 2].

문제는 오늘날 모빌리티 서비스 생태계가 중간 거리(몇 마일)를 커버하기에는 적합하지 않다는 것이다. 단거리 여행을 위해 우버Uber나 리프트Lyft를 사용하는 것은 어색할 정도로 비용이 많이 드는 것으로 보이며, 스쿠터나 자전거를 1마일(1.6km) 이상 타는 것은 많은 사람에게 부담스러운 거리일 것이다. 따라서 1~5마일(8km) 떨어진 곳으로 가는 것은 쉽지 않다. 그러나 여행은 전체 여객 거리의 절반 정도를 차지한다.

중거리 여행은 대부분 대학 캠퍼스나 산업 단지와 같이 교통이 제한적인 환경에서 이루어지는데, 이때는 전기로 동작하는 저속 자율주행 자동차를 배치하는 것이 기술적으로 가능하며 경제적으로도 합리적이다. 퍼셉트인은 현재 미국, 유럽, 일본, 중국에서 자율주행 자동차를 운영하고 있다. 소형 자율주행 자동차의 속도는 시속 20마일(30km)을 넘지 않고, 고속 교통 환경에 들어가지 않기 때문에 자율주행 자동차가 일반 도로와 고속도로를 운행할 때와 같은 안전 우려가 생기지 않는다. 자율주행은 복잡한 일이지만, 퍼셉트인의 진정한 도전은 이런 환경에서 주행하는 차량(이미 충분한 기술이 확보됐다)을 만드는 것이 아니라, 오히려 비용을 절감하는 것이다.

현재 생산되고 있는 자율주행 자동차의 가격이 얼마나 비싸냐면, 실험용 모델의 가격이 80만 달러에 달한다. 따라서 어떤 종류의 자율주행 자동차라도 훨씬 저렴한 가격에 판매하는 것은 불가능하다고 생각할 수 있다. 퍼셉트인의 지난 몇 년 간의 경험을 통해 오늘날 훨씬 경제적인 자율주행 자동차를 생산하는 것이 가능하다는 것을 보여준다.

11.2 고가의 자율주행 기술

자율주행이 한 가지 기술이 아니라 센싱, 로컬라이제이션, 인지, 의사결정, HD 맵 제작, 시스템 통합 등 많은 기술들이 집약된 복잡한 시스템이라는 것은 잘 알려져 있다. 기술을 개략적으로 설명하고, 고가의 센서, 컴퓨팅 시스템, HD 맵이 자율주행 개발의 주요 장벽임을 살펴본다.

11.2.1 센싱

자율주행에 사용되는 일반적인 센서에는 위성 항법 시스템^{GNSS, Global Navigation Satellite}^{System}, 라이다, 카메라, 레이더, 초음파 탐지기가 있다.

- 특히 RTK^{Real-Time Kinematic} 기능이 있는 **GNSS 수신기**는 최소 미터급 정확도로 글로벌 위치를 갱신해 자율주행 자동차의 로컬라이제이션을 보조한다. 자율주행용 최고급 GNSS 수신기의 가격은 10,000달러를 상회한다.

- **라이다**는 일반적으로 HD맵 생성, 실시간 로컬라이제이션, 장애물 회피에 사용된다. 라이다는 표면에서 반사된 레이저 빔의 반사 시간을 측정해 거리를 알아내는 방식으로 작동한다. 자율주행 자동차에 사용되는 일반적인 라이다 유닛은 150m 범위를 탐지하고, (⟨x, y, z⟩ 좌표계에 대해) 초당 100만 개 이상의 공간 포인트^{partial point}를 샘플링한다. 각 포인트는 서로 다른 프레임 사이의 포인트를 식별하기 위한 반사율 특성과 연관돼 있다. 차량의 이동 거리는 두 프레임에 대한 공간 포인트 사이의 거리를 비교하는 것을 통해 계산할 수 있다. 그러나 라이다 유닛은 두 가지 문제, (1) 매우 비싼 가격(고급 자율주행급 라이다는 80,000달러가 넘는다), (2) 폭우나 안개와 같은 악천후에서는 정확한 측정을 수행할 수 없다는 문제로 어려움을 겪는다.

- **카메라**는 차선 감지, 신호등 탐지, 보행자 탐지 등 개체 인식 및 추적에 사용된다. 카메라는 주로 차량 주위에 여러 대의 카메라를 설치해 개체를 탐지, 인식, 추적하는 방식으로 사용된다. 카메라 센서는 악천후에서는 신뢰할 만한 데이터를 획득할 수 없고, 엄청난 양의 계산이 필요하다는 커다란 단점이 있다. 카메라는 보통 60Hz 주기로 동작하고, 전체적으로 초당 1GB 이상의 원시 데이터를 생성할 수 있다.

- **레이더와 초음파 탐지기**: 레이더와 초음파 탐지기는 장애물 회피의 최종 방어선으로 사용된다. 레이더와 초음파 탐지기가 생성한 데이터는 차량의 경로에서 가장 가까운 개체와의 거리를 알려준다. 레이더의 큰 장점은 어떤 기

상 조건에서도 동작한다는 것이다. 초음파 탐지기는 보통 0~10m, 레이더는 3~150m 범위를 탐지한다. 두 센서의 가격은 합치더라도 1,000달러도 안된다.

11.2.2 로컬라이제이션

로컬라이제이션은 정확한 차량의 위치를 실시간으로 갱신하는 것이며, 이를 달성하기 위해 여러 기술을 활용한다.

- 로컬라이제이션을 위해 **GNSS**를 이용한다. 그럼에도 불구하고 신호가 건물에서 반사돼 노이즈와 지연을 일으키는 다중 경로 오차로 인해 GNSS만으로는 로컬라이제이션을 할 수 없다. 또한 GNSS는 하늘을 가로막는 것이 없는 환경을 요구한다. 터널과 같이 폐쇄된 환경에서는 GNSS의 정확도가 크게 떨어진다.

- **라이다**는 로컬라이제이션에 흔히 사용된다. 로컬라이제이션 서브시스템은 라이다 스캔을 통해 점군point cloud을 추출하는 것을 통해 환경의 '형태를 설명'한다. 그 다음, 로컬라이제이션 서브시스템은 불확실성을 줄이기 위해 HD 맵의 일부 영역과 라이다가 관측한 형태를 비교하고, 움직이는 차량의 위치를 추적한다.

- **카메라**를 활용한 로컬라이제이션 역시 가능한데 이 기술을 비주얼 오도메트리라고 한다. 비주얼 오도메트리는 (⟨x, y, z⟩ 좌표계와 공간 포인트를 식별하는 고유한 특징 추출자를 사용해) 공간 포인트를 추출한 다음, 연속적인 프레임 사이에서 탐지한 공간 포인트의 위치를 비교하는 것을 통해 두 프레임 사이의 차량 움직임을 추정하는 방식으로 동작한다.

11.2.3 인지

인지는 환경을 이해하는 것으로 개체 인식과 추적을 포함한다. 인지는 딥러닝을 통해 달성할 수 있다. 딥러닝은 카메라 입력을 활용해 정확한 개체 탐지와 추적을 구현한다. CNN은 심층 신경망의 일종으로, 개체 인식에 널리 사용된다. 일반적인 CNN 평가 파이프라인은 일반적으로 다음과 같은 레이어로 구성된다. (1) 첫 번째 레이어는 입력 이미지로부터 서로 다른 특징을 추출하기 위해 다양한 필터를 사용하는 컨볼루션 레이어다. 각 필터는 훈련 단계를 거친 후에 도출되는 '학습 가능한' 매개변수 세트로 구성된다. (2) 두 번째 레이어는 타겟 뉴런의 활성화 여부를 결정하는 활성화 레이어다. (3) 풀링 레이어는 표현 공간의 크기를 줄여 매개변수의 수와 네트워크의 계산을 줄인다. (4) 완전 연결 레이어의 뉴런은 이전 레이어의 모든 활성화 뉴런과 연결된다. 개체가 식별되면, 개체 추적 기술을 활용해 근처에서 이동 중인 차량뿐 아니라 도로를 건너는 보행자를 추적해 차량이 움직이는 개체와 충돌하지 않도록 할 수 있다.

11.2.4 의사결정

의사결정 단계에서는 행동 예측과 경로 계획 메커니즘이 결합돼 효과적인 행동 계획을 실시간으로 생성한다. 실제로, 자율주행 계획의 주요 과제는 자율주행 자동차가 복잡한 교통 환경을 안전하게 주행할 수 있도록 하는 것이다. 의사결정 유닛은 행동 계획을 결정하기 전에 행동 예측을 기반으로 주변 차량의 행동을 예측한다. 다른 교통 참여자들이 도달할 수 있는 위치 집합을 확률 분포와 연결해 확률 모델을 생성하는 것을 통해 다른 차량의 행동을 예측할 수 있다.

동적인 환경에서 자율주행 자동차의 경로를 계획하는 것은 복잡한 문제인데, 특히 차량의 기동 능력을 총동원해야 할 때에는 더 복잡해진다. 경로 계획에 대한 접근 방식 중 하나는 가능한 모든 경로를 탐색하고 비용 함수를 사용해 최적의 경로를 식별하는 것이다. 시스템이 실시간 항법 계획을 제공하기 위해서는 엄청난 양의 연산 리소스가 필요하다. 복잡한 연산을 극복하고 실시간 경로 계획을 효과적으로 수립하기 위해서는 확률적 경로 계획을 활용할 수 있다.

11.2.5 HD 맵의 생성과 관리

기존의 디지털 맵은 일반적으로 위성 사진을 이용해 생성되며 미터급의 정확도를 가진다. 미터급의 정확도는 사람이 운전할 때에는 충분하지만 자율주행 자동차에는 차선lane급의 더 정확한 지도가 필요하다. 따라서 자율주행에는 HD 맵이 필요하다.

기존의 디지털 지도와 마찬가지로, HD 맵은 많은 정보 레이어를 갖고 있다. 바닥 레이어에서는 위성 사진을 사용하는 대신 원시 라이다 데이터를 활용해 약 5 × 5 센티미터 크기의 그리드 입도granularity를 가진 그리드 지도를 생성한다. 그리드의 각 셀에는 기본적으로 환경의 고도 및 반사 정보가 기록된다. 자율주행 자동차가 이동하는 과정에서, 그리드 맵에 대해 수집한 새로운 라이다 스캔은 GNSS 초기 위치 추정치와 비교해 실시간 자기 로컬라이제이션을 수행하는 데 활용된다.

그리드 레이어의 최상층에는 의미 정보에 대한 몇 개의 레이어가 있다. 예를 들어 차선 정보는 자율주행 자동차가 올바른 차선에서 이동하고 있는지를 판단하기 위해 그리드 맵에 추가된다. 차선 정보의 최상층에는 교통 표지 라벨이 추가돼 자율주행 자동차가 지역 제한 속도와 주변에 신호등이 있는지 등을 알 수 있게 한다. 이를 통해 자율주행 자동차의 센서가 표지를 인식하지 못하는 상황을 추가로 보호할 수 있다.

기존 디지털 지도의 갱신 주기는 6개월에서 12개월 사이다. HD 맵이 최신 정보를 포함하고 있다는 것을 보장하기 위해서는 HD 맵의 갱신 주기를 1주일 이내로 단축해야 한다. 결과적으로 중형 도시에 대한 HD 맵의 운영과 생성 및 관리에 연간 수백만 달러가 필요할 수 있다.

11.2.6 시스템 통합

계획 및 제어 알고리듬이나 개체 인식 및 추적 알고리듬과 같이 앞서 언급한 요소들은 서로 다른 동작 특성이 있기 때문에 다양한 종류의 프로세서가 필요하다[3, 5].

반면 HD 맵에는 메모리가 강조돼, 제한된 연산 리소스와 전력량 내에서 요구를 해결할 수 있는 연산 하드웨어 시스템을 설계하는 것이 중요하다. 예를 들어 자율주행 연산 시스템의 초기 설계에는 인텔2® 제온 E5 프로세서와 4~8개의 엔비디아2® K80 GPU 가속기가 장착됐으며, PCI-E 버스와 연결된다. 최고 성능을 낼 때 전체 시스템은 초당 64.5 TOPS(Tera Operations Per Second, 초당 테라 연산)의 성능을 내지만 약 3,000와트의 전력을 소모해 엄청난 열을 발생시킨다. 전체 솔루션 비용은 30,000달러로, 일반적인 소비자들에게는 감당할 수도 없고 받아들일 수도 없을 비용이다.

최근 테슬라는 연산 파워와 비용 문제를 해결하기 위해 260mm² 크기의 실리콘 웨이퍼에 60억 개의 트랜지스터를 쌓아올린 완전 자율주행FSD, Full Self Driving 연산 시스템의 개발을 발표했다. 테슬라에 따르면 시스템은 기존에 사용되던 엔비디아 칩의 21배에 달하는 성능을 제공한다고 한다.

11.3 경제성과 신뢰성 확보

웨이모, 바이두, 우버 등 주요한 자율주행 회사들과 다른 회사들은 극한의 환경에서도 저렴한 비용에 안정적으로 운행할 수 있는 궁극의 유비쿼터스 자율주행 자동차를 설계하고 사용하기 위한 경쟁을 벌이고 있다. 모든 센서의 가격은 100,000달러가 넘고, 연산 시스템의 가격이 30,000달러가 넘을 수 있어 자율주행 자동차의 가격이 매우 비싸진다. 즉 시험 자율주행 자동차의 비용이 800,000달러가 쉽게 넘어갈 수 있다는 것이다. 차량의 비용 외에도 HD 맵의 생성과 유지 보수에 필요한 운영 비용은 여전히 불분명하다.

가장 진보된 성능의 센서를 사용하더라도 자율주행 자동차가 사람이 운전하는 차량과 복잡한 교통 환경에서 공존케 하는 것은 여전히 까다로운 문제다. 결과적으로 센서, 연산 시스템, HD 맵의 비용의 큰 절감뿐 아니라, 몇 년 내에 로컬라이제이션,

인지 및 의사결정 알고리듬을 획기적으로 개선시키지 않는 한 자율주행은 보편적으로 전개되지 않을 것이다.

문제를 해결하기 위해 퍼셉트인에서는 대학 캠퍼스, 산업 단지, 교통 제한 영역과 같은 시속 20마일(시속 32km) 이하의 속도 시나리오에 있어 섀시 제외 총 솔루션 비용 10,000달러 이하의 신뢰할 수 있는 자율 LSEV를 개발했는데 저속 주행으로 안전을 보장할 수 있기 때문에 즉시 배치할 수 있는 접근법이다. 그 다음 기술의 발전과 축적된 경험으로 고속 주행 시나리오를 구성할 것이며, 궁극적으로 어떤 주행 시나리오에서도 자율주행 자동차의 성능이 인간 운전자와 같아지도록 한다. 합리적 가격과 신뢰성 실현의 핵심에는 센서 융합, 모듈러 디자인 및 고정밀 비주얼 맵 등이 있다.

그림 11.1 퍼셉트인 자율주행 자동차 디자인

11.3.1 센서 융합

라이다만으로 로컬라이제이션이나 인지를 수행하려면 막대한 비용이 필요하고 신뢰도가 떨어진다. 합리적인 가격과 신뢰성을 갖추기 위해서 카메라, 관성 측정기^{IMU,}

Inertial Measure Unit, GNSS 수신기, 휠 엔코더, 레이더, 초음파 탐지기와 같은 센서 데이터를 상호 보완적으로 융합할 수 있다. 각각의 센서는 고유의 특성, 단점 및 장점을 가지고 있을뿐 아니라, 서로 상호 보완하는 것을 통해 한 센서의 고장이나 오작동 상황에서 다른 센서가 그 일을 넘겨받는 방식으로 시스템 신뢰성을 보장할 수 있다. 센서 융합 접근 방식을 통해 센서 비용을 2,000달러 미만으로 제어할 수 있다.

로컬라이제이션 하위 시스템은 GNSS 수신기를 통해 미터급에 준하는 정확도의 초기 로컬라이제이션 성능을 제공한다. 비주얼 관성 오도메트리VIO, Visual Inertial Odometry는 IMU와 카메라를 통해 로컬라이제이션 정확도를 데시미터급까지 향상시킨다. 또한 휠 엔코더를 사용해 GNSS 수신기나 VIO가 동작하지 못하는 상황에서도 차량의 움직임을 추적할 수 있다. VIO는 IMU와 비주얼 데이터를 융합해 위치 변화를 추정하는 것을 유의하자. 급커브와 같은 차량이 급작스럽게 움직일 때, IMU의 오류가 누적되는 것은 물론 연속 비주얼 프레임 사이의 중첩 영역이 없어져 VIO의 정확도 또한 떨어질 수 있다.

퍼셉트인에서는 신뢰할 수 있는 로컬라이제이션 결과를 얻기 위해 드래곤플라이 시스템DragonFly system을 개발했다. 드래곤플라이 시스템은 한 쌍의 카메라가 차량 전면을 향하고, 다른 한 쌍의 카메라가 차량 후면을 향하도록 하는 방식으로 여러 대의 카메라를 하나의 하드웨어 모듈로 통합시킨다[4, 6, 7, 8, 9]. 능동 인지 하위 시스템은 차량이 환경을 이해할 수 있도록 한다. 이러한 이해를 기반으로, 드래곤플라이 시스템과 100미터 범위의 움직이거나 서 있는 개체를 추적하는 밀리미터파 레이더를 조합하는 것을 통해 차량의 부드럽고 안전한 주행이 가능하다. 드래곤플라이 모듈은 공간 정보를 포착할 수 있는데, 딥러닝 기반 개체 인식 기술을 적용하는 것을 통해 보행자와 움직이는 차량 등의 개체를 쉽게 인식할 수 있을뿐 아니라 감지된 물체와의 거리 또한 정확하게 파악할 수 있다. 또한 밀리미터파 레이더는 어떠한 기상 조건에서도 빠르게 움직이는 물체 및 물체와의 거리를 탐지할 수 있다.

수동 인지 하위 시스템은 즉각적인 위험을 감지하는 것이 목표이며, 차량의 마지막 방어선 역할을 한다. 수동 인지 하위 시스템은 차량 주변의 0~5m 범위의 근거리 영역을 다룰 수 있다. 수동 인지는 밀리미터파 레이더와 초음파 탐지기를 조합하는 방식으로 이루어진다. 레이더는 움직이는 개체를 탐지하기에 매우 좋으며, 초음파 탐지기는 정적인 물체의 탐지에 매우 좋다. 어떤 물체가 근거리에서 감지되면, 차량의 현재 속도에 따라 차량의 안전을 보장하기 위해 서로 다른 정책을 시행할 수 있다.

11.3.2 모듈러 디자인

최근의 자율주행 연산 시스템은 설계 비용이 높아지는 경향이 있었지만, 퍼셉트인의 설계는 합리적인 가격의 연산 솔루션을 설계할 수 있다는 것을 입증했다. 메인 연산 유닛에 대한 연산 수요를 줄이기 위해 센서 자체에서 연산을 수행하는 모듈러 디자인 원칙을 적용하는 것을 통해 실현된다. 실제로 드래곤플라이 시스템 모듈은 400MB/s의 속도로 이미지 데이터를 생성할 수 있다. 모든 센서 데이터가 메인 연산 유닛으로 전송되는 방식이라면, 메인 연산 유닛은 신뢰성, 전력, 비용 등의 측면에서 매우 복잡한 장치가 될 것이다.

퍼셉트인은 보다 실용적인데, 기능 유닛을 모듈로 분할하고 각 모듈이 가능한 많은 연산을 수행하도록 하는 접근 방식을 사용한다. 이를 통해 메인 연산 시스템의 부하가 줄어들고, 설계가 간소화돼 결과적으로 신뢰도가 향상된다. 좀 더 구체적으로 설명하면, 드래곤플라이 시스템 모듈에는 GPU가 내장돼 있어 원시 이미지로부터 특징을 추출한다. 추출된 특징만 메인 연산 유닛으로 전송해서 데이터 전송 속도가 1,000배 향상된다. 동일한 설계 원칙을 GNSS 수신기 하위 시스템과 레이더 하위 시스템에 적용하면 전체 연산 시스템의 비용이 2,000달러 미만으로 감소된다.

11.3.3 고정밀 비주얼 맵

HD 맵의 생성과 관리는 전개 비용의 중요한 부분을 차지한다. 이를 위해서는 라이다 유닛이 장착된 차량이 필요하며 라이다의 비용이 매우 비싸 대규모 전개가 준비

되지 않았다는 것은 이미 확인했다. 대신에 HD 맵의 생성을 위한 데이터 크라우드 소싱 방법이 제안됐다. 크라우드 소싱 시각 데이터는 이미 많은 자동차들이 카메라를 장착하고 있기 때문에 매우 실용적인 해결책이 될 수 있다.

퍼셉트인의 철학은 처음부터 HD 맵을 구현하는 대신 비주얼 정보로 기존 디지털 맵을 향상시켜 데시미터급의 정확도를 성취하는 것이다. 이를 고정밀 비주얼 맵HPVM, High-Precision Visual Map이라고 한다. HPVM은 차량의 로컬라이제이션을 효과적으로 지원하기 위해 여러 레이어로 구성된다.

1. 바닥 레이어는 오픈 스트리트 맵Open Street Map과 같은 디지털 맵을 무엇이든 쓸 수 있다. 오픈 스트리트 맵의 바닥 레이어의 해상도는 대략 1미터다.

2. 두 번째 레이어는 지면 특징 레이어다. 지면 특징 레이어에서는 도로 표면의 시각적 특징을 기록해 매핑 해상도를 데시미터급으로 개선한다. 지면 특징 레이어는 주변 환경이 다른 차량과 보행자로 가득찬 혼잡한 도시 환경에서 특히 유용하다.

3. 세 번째 레이어는 환경의 시각적 특징을 기록하는 공간 특징 레이어다. 공간 특징 레이어는 지면 특징 레이어보다 더 많은 시각적 특징을 제공하며, 매핑 해상도는 데시미터급이다. 공간 특징 레이어는 시골과 같이 덜 붐비는 개방 환경에서 특히 유용하다.

4. 네 번째 레이어는 차선 표시, 신호등, 교통 표지 등을 포함하는 의미 레이어다. 의미 레이어는 차량의 경로 설정과 같은 계획 결정에 도움이 된다.

11.4 모빌리티 서비스를 위한 자율 LSEV의 전개

앞서 자율 LSEV을 개발하는 과정에서 경제성과 신뢰성을 확보하는 방법을 확인했다. 자율 LSEV가 모빌리티 서비스Mobility-as-a-Service, MaaS 생태계의 일원으로서 얼마나 유익한지를 설명한다.

오늘날 MaaS 생태계에서 우버나 리프트와 같은 카풀 서비스는 이동 거리가 보통 5마일(8km) 이상인 반면, 라임과 버드 스쿠터와 같은 마이크로 모빌리티 서비스의 이동 거리는 보통 1마일(1.6km) 미만이다. 실제로 1~5마일의 이동 거리는 전체 승객 마일리지의 60%를 차지하지만, 이러한 이동 거리는 현재의 MaaS 생태계에서 카풀이나 대중 교통의 형태로 잘 다루지 않는다.

지난 몇 년 동안의 자율 LSEV 기술의 상용화 과정에서, 1~5마일 여행의 상당수가 대학 캠퍼스, 교외, 산업단지와 같이 교통이 제한된 환경에서 이루어짐은 발견했다. 이런 영역에서 카풀이나 대중 교통 서비스는 대개 운전 비용이 높아 이용할 수 없거나 유지 비용이 너무 높으므로 1~5마일 이동 거리를 처리하기 위해 자율 LSEV를 전개하는 것은 경제적으로 합리적이며, 기술적으로도 문제가 없다.

그림 11.2 일본에서의 퍼셉트인 자율주행 셔틀 동작

1~5마일 여행이 제한적인 교통과 낮은 속도 제한 환경에서 꽤 발생하기 때문에 시속 20마일(시속 32km) 미만의 자율 LSEV의 교통과 시속 60마일(시속 96km) 이상의 일반 교통은 혼합되지 않는다. 따라서 1~5마일 여행 환경에 자율 LSEV를 전개하는 것은 더욱 안전하다. 자율 LSEV 전개에 대한 성공 사례가 점점 더 많아지면서, 곧 1~5마일 운송 요구를 충족하기 위해 MaaS 생태계에 자율 LSEV가 대규모로 채택될 것이다.

11.5 결론

지난 10년 동안 많은 진전이 있었지만, 완전 자율주행 자동차가 대부분의 도로와 고속도로에 진입하기까지는 아마 10년 혹은 그 이상의 시간이 필요할 것이다. 그때까지는 제한적인 환경에서 저속 자율주행 자동차를 운영하는 것이 실용적인 접근 방법이다. 이후 관련 기술이 발전함에 따라 차량과 전개 유형이 확장될 수 있으며, 궁극적으로는 어떤 상황에서도 전문적인 인간 운전자 이상의 성능을 가진 자율주행 자동차로 확장될 것이다. 퍼셉트인은 고속도로에서 주행할 수 있는 자율주행 자동차의 제작 비용보다 훨씬 더 적은 비용으로 소형 저속 자율주행 자동차를 만드는 것이 가능하다는 것을 보였다. 머지 않은 미래에는 청정 에너지 자율주행 셔틀이 평균 속도가 시속 7마일에 불과한 맨해튼과 같은 도심에서 승객을 수송할 수 있을 것이다. 자율주행 셔틀은 탑승 비용을 크게 줄이고 교통 조건을 개선하고 안전을 강화하며, 공기 질을 향상시킬 수 있다. 세계의 고속도로에서 자율주행을 다루는 것은 차후의 일이다.

11.6 참고문헌

[1]   Liu, S. 2020. *Engineering Autonomous Vehicles and Robots: The DragonFly Modular-based Approach*. John Wiley and Sons. DOI: 10.1002/9781119570516. 203

[2]   Liu, S. and Gaudiot, J.L. 2020. Autonomous vehicles lite self-driving technologies should start small, go slow. *IEEE Spectrum*, 57(3), pp. 36–49. DOI: 10.1109/MSPEC.2020.9014458. 203

[3]   Tang, J., Yu, R., Liu, S., and Gaudiot, J.L. 2020. A container based edge offloading framework for autonomous driving. *IEEE Access*, 8, pp. 33713–33726. DOI: 10.1109/ACCESS.2020.2973457. 207

[4]   Tang, J., Liu, S., Liu, L., Yu, B., and Shi, W. 2020. LoPECS: A low-power edge computing system for real-time autonomous driving services. *IEEE Access*, 8, pp. 30467–30479. DOI: 10.1109/ACCESS.2020.2970728. 209

[5]   Liu, S., Liu, L., Tang, J., Yu, B., Wang, Y., and Shi, W. 2019. Edge computing for autonomous driving: Opportunities and challenges. *Proceedings of the IEEE*, 107(8), pp. 1697–1716. DOI: 10.1109/JPROC.2019.2915983. 207

[6]   Liu, Q., Qin, S., Yu, B., Tang, J., and Liu, S. 2020. π-BA: Bundle adjustment hardware accelerator based on distribution of 3D-point observations. *IEEE Transactions on Computers*. DOI: 10.1109/TC.2020.2984611. 209

[7]   Fang, W., Zhang, Y., Yu, B., and Liu, S., 2018. DragonFly+: FPGA-based quad-camera visual SLAM system for autonomous vehicles. *Proceedings IEEE HotChips*, p. 1. 209

[8]   Fang, W., Zhang, Y., Yu, B., and Liu, S. 2017. December. FPGA-based ORB feature extraction for real-time visual SLAM. In *2017 International Conference on Field Programmable Technology* (ICFPT) (pp. 275–278). IEEE. DOI: 10.1109/FPT.2017.8280159. 209

[9]   Yu, B., Hu, W., Xu, L., Tang, J., Liu, S., and Zhu, Y. 2020. Building the computing system for autonomous micromobility vehicles: Designconstraints and architectural optimizations. In *2020 53rd Annual IEEE/ACM International Symposium on Microarchitecture (MICRO)*, IEEE. 209

자율주행 자동차 만들기 2/e
자율주행의 원리부터 연구 사례까지

발 행 | 2022년 7월 29일

지은이 | 리우 샤오샨 · 리 리윤 · 탕 지에 · 우 슈앙 · 장 뤽 고디오
옮긴이 | 남 기 혁 · 김 은 도 · 서 영 빈

펴낸이 | 권 성 준
편집장 | 황 영 주
편 집 | 조 유 나
　　　　김 다 예
디자인 | 윤 서 빈

에이콘출판주식회사
서울특별시 양천구 국회대로 287 (목동)
전화 02-2653-7600, 팩스 02-2653-0433
www.acornpub.co.kr / editor@acornpub.co.kr

한국어판 ⓒ 에이콘출판주식회사, 2022, Printed in Korea.
ISBN 979-11-6175-665-3
http://www.acornpub.co.kr/book/autonomous-vehicle-systems-2e

책값은 뒤표지에 있습니다.